NHK BOOKS
1220

未承認国家と覇権なき世界

hirose yoko
廣瀬陽子

NHK出版

はじめに

本書の出版直前の二〇一四年七月、ウクライナ東部を飛行中の民間旅客機（マレーシア航空）が撃墜され、乗員乗客二九八人全員が死亡する惨事が起きた。また、同じ頃、イスラエルはパレスチナ自治区ガザでの地上戦に突入し、多くの死者が出ている。これらは連日、重要ニュースとしてメディアに取り上げられているが、どちらも本書が扱う内容に深くかかわっている。二〇一四年は、国際政治における一つの大きな転換点として後世に記憶される年になるだろう。現在、世界は「ポスト・冷戦期の終わり」を迎えている。圧倒的な覇権国が消滅し、地域主義が高まる一方、リアリズム的視点からとらえれば多極化による不安定化が進んでいるといえよう。

そのような不安定化した世界を読み解くカギが「未承認国家」である。未承認国家（ないし、「非承認国家」。日本では両方が使われているが、本書では便宜的に「未承認国家」で統一する）という言葉は日本ではあまりなじみがない言葉であろう。仮に、そのような言葉がニュースなどで取り上げられた場合も、日本人にとっては他人事に感じられる場合が多いのではないだろうか。

しかし、未承認国家の問題は、実は日本人にとっても他人事ではない。未承認国家は現代の国際政治の重要なアクターであるだけでなく、国際政治の既存概念を揺るがす存在であり、地球に住む人間にとって、誰もがかかわらざるを得ない問題だからだ。また、日本は未承認国家のれっきとした宗主国であったという歴史も持つ。

未承認国家とは、学術的定義についてはあとで考えるが、一言でいえば、主権国家としての宣言をしつつも、国際的な国家承認を得ていない「国」である。一九九一年のソ連解体以降、未承認国家問題は世界のホットイシューとして取り上げられることが多くなったこともあり、未承認国家問題をなんとなく認識している方でも、それを「新しい現象」だと思われている場合が多いのではないか。

しかし、未承認国家は決して最近の現象ではなく、世界のいくつかの地域に歴史的に散見される。たとえば、日本の「傀儡《かいらい》国家」と国際的に認知されている、現在の中国東北部に存在していた満洲国（一九三二〜四五年）はまぎれもない「未承認国家」だといえる。満洲国については、日本の歴史家を中心に、日本の「傀儡国家」ではなかったとする説があるのも事実だが、日本の敗戦後の極東国際軍事裁判をへて、「満洲国は日本の軍事行動により建国され、建国後の国家体制も日本の強い影響下にあったことから、日本の傀儡政権であった」という認識が、国際的に共有されている。

ともあれ、建国の経緯とパトロン国家の傀儡であるかどうかは、未承認国家の性格を見るうえでは重要なポイントとなる。それは、現代の未承認国家を見るうえでもカギとなる。なぜなら、現代の未承認国家も「自ら建国し、利用される」ケース、「他国に建国される」ケースがあるほか、「傀儡」であるケースと「傀儡でない」ケースがあり、また時代や状況によって変わることもあるからだ。

未承認国家はこれまでの国家の概念を覆すだけでなく、国際的平和を脅かす存在でもある。そして、国際政治、国際法のグレーゾーンとして厄介視されがちな未承認国家は、実は大国に利用されて存在し続けているのだという事実もあるのだ。

本書では、以下のように未承認国家の問題を考えていく。

第一章では、第二次世界大戦後・冷戦後の世界の流れを概観する。それにより未承認国家が生まれる背景を探り、国家とは何かという根源的問題を問い直し、ついで現在の国際原則が矛盾しており、そのことが未承認国家問題の解決を阻害しているとともに、国際政治におけるさまざまなダブル・スタンダードがはびこる原因ともなっていることを見ていく。

第二章では、筆者が実際に見聞きした経験に触れたあと、未承認国家の誕生・実態・問題点について論じる。未承認国家が現代の国際問題でどのような意味を持ち、また影響を及ぼし、及ぼされているのかを検討していく。

第三章では、コソヴォ問題が未承認国家問題のパンドラの箱を開けてしまったこと、それが現在のウクライナ危機へとつながることなどを見ていく。そして、第四章では、帝国的な大国が世界戦略の一環として未承認国家を利用している状況について明らかにする。終章では、本書の総括をするとともに、今後の展望についても考えたい。

本書は未承認国家問題をより広い文脈で知っていただくことに第一義的な目的があるが、未承認国家という問題は多くが現在進行形で結論が出ていないものばかりだ。しかも、未承認国家が、日本であまりよく知られていない地域に多く存在しているだけでなく、未承認国家という存在そのものがあまり認知されていないことから、本書を読み進めていくうえでも、たびたびわかりづらい記述が出てくるものと思われる。その際には巻頭の「現代の未承認国家一覧」で場所や概要を確認して、イメージを膨らませながら考えていただきたい。

まだ記憶に新しい二〇一四年三月の、ウクライナ領であったクリミアのロシアへの編入という事件も、実はこの未承認国家についての理解があるとかなりクリアになる。しかも、その後も続くウクライナの東部(ノヴォロシア)の分離独立の動きは、今後、未承認国家という形に帰結する可能性も否めない状況にある。それだけ、未承認国家は国際政治における影響力を増しており、またわれわれの身近にある問題であるといえるだろう。本書を通じ、未承認国家の問題が、読者の皆様に少しでも理解していただけるよう願っている。

目次

第二章　未承認国家という現実　83

校　閲　下山健次／㈲シーモア
ＤＴＰ　㈱ノムラ

現代の未承認国家一覧（二〇一四年七月現在）

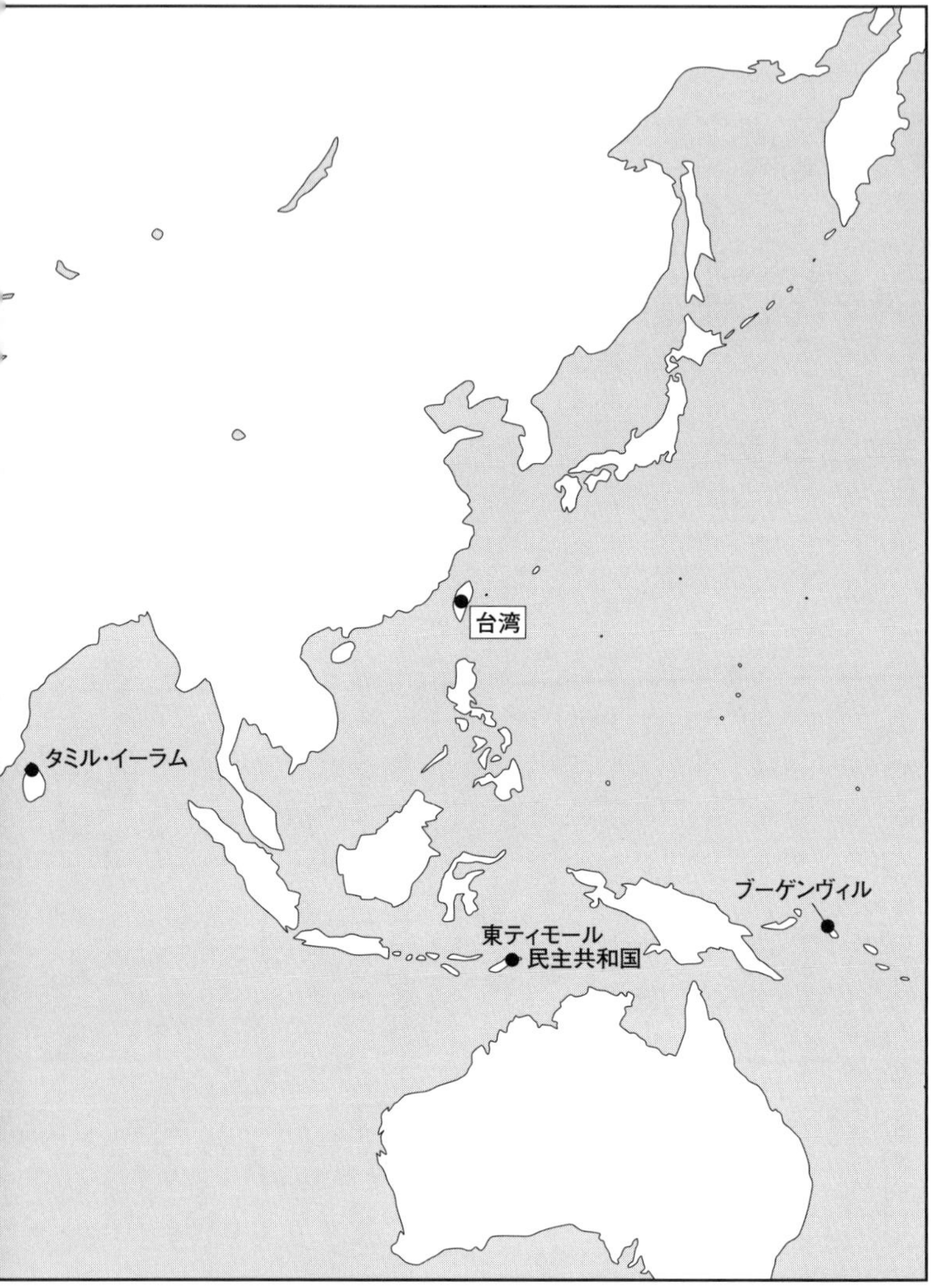

第二次世界大戦後に生まれた未承認国家（公式または自称の名称で表記）。

□ は現存する未承認国家。次頁以降に各国概要を掲載。

首都：スフミ　公用語：アブハズ語、ロシア語　通貨：ロシア・ルーブル
面積：8,600㎢（グルジア領の12.3%）

[概略]

分離独立要求が1992-93年に武力紛争に発展。当地人口の70%にあたる25万人が国内避難民化、1万～2万人が死亡。1993年にロシアによる支援により、アブハジア側が実質的に勝利して停戦。以後、CIS軍（実質的にロシア軍）と国連（UNOMIG）が平和維持活動を行ったが、国連はきわめて無力だった。事実上の独立を維持しつつも住民の90%がロシアのパスポートを持ち、実質的統合が進む。双方のゲリラ活動は停戦後も盛んで、2006年7月にはグルジアの侵攻によりコドリ渓谷で武力衝突も起き、グルジアがコドリ渓谷を制圧、支配を回復すると、緊張はさらに高まった。2008年2月のコソヴォ独立宣言後、再度、アブハジアはロシアや国連などに独立承認を申請する一方、ロシアがアブハジアへの政治的・軍事的肩入れを強め、さらにグルジアの偵察機撃墜事件なども起き、緊張が高まった。2008年8月に南オセチア・ロシアとグルジアの紛争に乗じてグルジアを攻撃。コドリ渓谷などいくつかの地域を奪還した。同年同月のロシアによる国家承認を得たあとは、ロシアとの関係を公式に多面的に強化。ロシアとの間にさまざまな条約、協定が結ばれており、黒海にロシアの軍事基地も。2010年からグルジア政府が信頼醸成プロセスを進めるも、和平に進展はなし。農業、海運、観光と、多くの経済リソースを持ち、グルジアとしては手放せない重要な地域。

アブハジア共和国

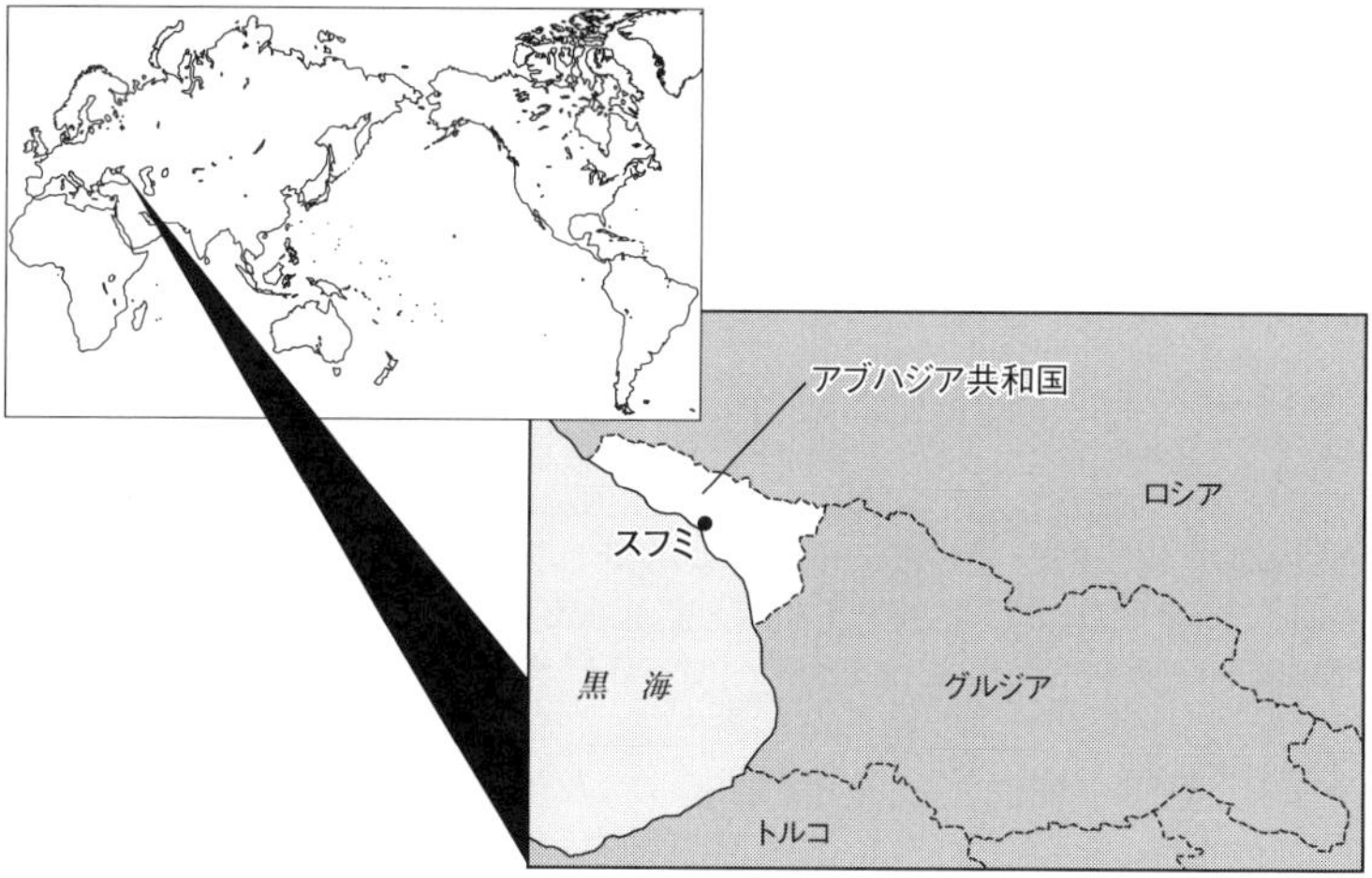

法的親国	グルジア
パトロン	ロシア
独立 （最新の）	グルジアからの独立宣言：1992年7月23日 ロシアからの最初の国家承認：2008年8月26日
国家承認 （　）内は主権がない国家	ロシア、ニカラグア、ベネズエラ、ナウル、ツバル（南オセチア共和国、沿ドニエストル共和国）*
民族	アブハズ人（アブハジア人）、ロシア人、アルメニア人、ギリシャ人、グルジア人など（実はソ連時代はグルジア人が45%、アブハズ人が17%とアブハズ人は少数派だった）
宗教	キリスト教（東方正教会およびアルメニア使徒教会）、イスラーム教スンニ派、無宗教も少なくない

*：約2年間のみバヌアツ。

首都：ツヒンヴァリ	**公用語：オセット語、ロシア語**	**通貨：ロシア・ルーブル**
面積：3,900㎢（グルジア領の5.6%）		

[概略]

同地域に7割を占めていたオセット人がグルジアの民族主義的政策に反発し、同じくオセット人のロシア連邦内の北オセチア共和国との統合要求を開始、1990年から武力紛争に発展。少なくとも1000人が死亡。1992年にロシアの仲介で停戦が成立。ロシアと北オセチアによる支援により、南オセチア側が実質的に勝利して停戦。以後、ロシア、グルジア、南北オセチアによる共同の平和維持軍（JPF：Joint Peace Keeping Force）が設置されるも、うまく機能しなかった。事実上の独立を維持しつつも住民の90%がロシアのパスポートを持ち、実質的統合が進む。2004年夏には小規模な武力衝突も。2008年2月のコソヴォ独立宣言後、再度、ロシアや国連などに独立承認を申請。2008年8月からグルジアとの衝突が増え、8日にグルジアによる南オセチア侵攻にロシアが呼応することで大規模な「5日間紛争」（グルジア紛争）が勃発。フランスのサルコジ大統領の仲介で停戦が成立するも、不安定状態は続いている。2008年8月のロシアによる国家承認を得たあとは、ロシアとの関係を公式に多面的に強化。ニカラグア、ベネズエラ、ナウルからも国家承認を得る。ロシアとさまざまな条約、協定が結ばれている。2010年からグルジア政府が信頼醸成プロセスを進めるも、和平に進展はなし。

南オセチア共和国

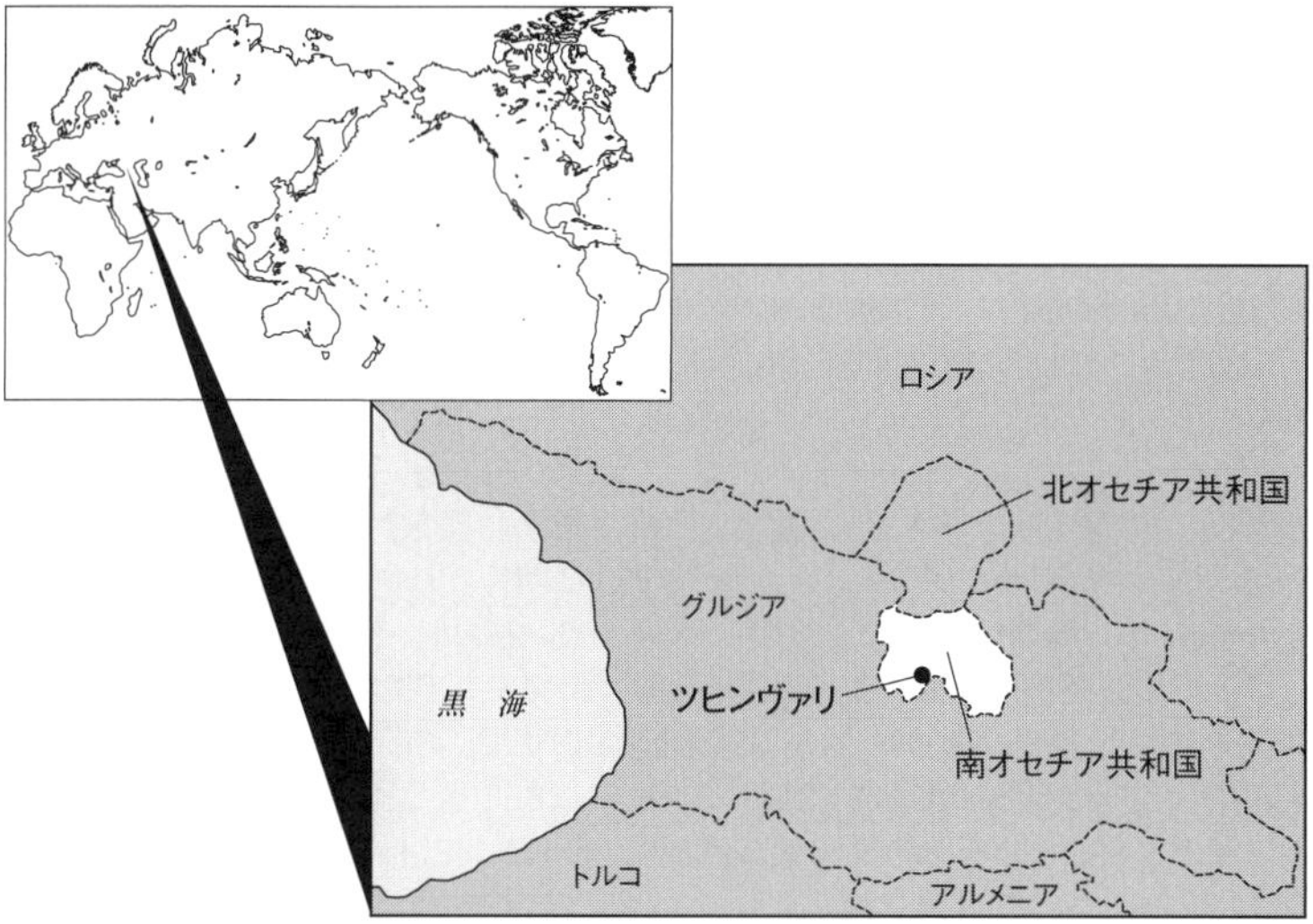

法的親国	グルジア
パトロン	ロシア
独立 （最新の）	グルジアからの独立宣言：1991年11月28日 ロシアからの最初の国家承認：2008年8月26日
国家承認 （　）内は主権がない国家	ロシア、ニカラグア、ベネズエラ、ナウル、ツバル（アブハジア共和国、沿ドニエストル共和国）
民族	オセット人（ロシア人、グルジア人、ウクライナ人、アルメニア人なども少数いる）
宗教	ロシア正教

首都：ステパナケルト（アゼルバイジャン名：ハンケンディ）　**公用語：アルメニア語**
通貨：アルメニア・ドラム
面積：4,400㎢【占領地を含む面積は14,167㎢】（アゼルバイジャン領の5.1%【16.4%】）

[概略]

ナゴルノ・カラバフ自治州（ソ連末期、アルメニア人が約76%を占めたアゼルバイジャン共和国内の地域）のアルメニア人が1988年にアゼルバイジャンからアルメニアへの移管を求める運動を開始し(のち、独立を求めるように)、紛争に発展。最低でも2万5000人が死亡し、約100万人のアゼルバイジャン人が難民・国内避難民に。停戦はロシアの仲介で1994年5月に達成されるが、OSCEミンスクグループ（共同議長は、露、仏、米）によるその後の和平交渉は難航。近隣諸国の複雑な国際関係（とくに、イラン・アゼルバイジャン、トルコ・アルメニア）も和平をより困難に。国家承認は得られていないが事実上の独立を維持（未承認国家）。停戦中だが事実上の独立。アルメニア人がナゴルノ・カラバフおよび同地とアルメニアを結ぶ地域などアゼルバイジャン領の16.4%を占領中。停戦から現在にいたるまで、しばしば停戦ラインで両軍の銃撃戦や誘拐などが生じ、一般人の犠牲も出ているが、とくに2008年3月上旬の交戦規模は大きかった。2008年8月のグルジア紛争後、トルコとロシアの仲介で、交渉が活発化し、11月2日には94年以来の当事国による合意文書（モスクワ宣言）が成立するも地位問題などは棚上げのままで、解決の見通しは立っていない。また、イランも仲介を試みようとしている。2008-09年のトルコ・アルメニアの和解プロセスに際し、両国の国内やアゼルバイジャンからの反発が大きく、同和解プロセスは10年4月に頓挫。2011年6月のロシアによる仲介（カザンサミット）も決裂。

ナゴルノ・カラバフ共和国（アルメニア人側の自称は「アルツァフ共和国」）

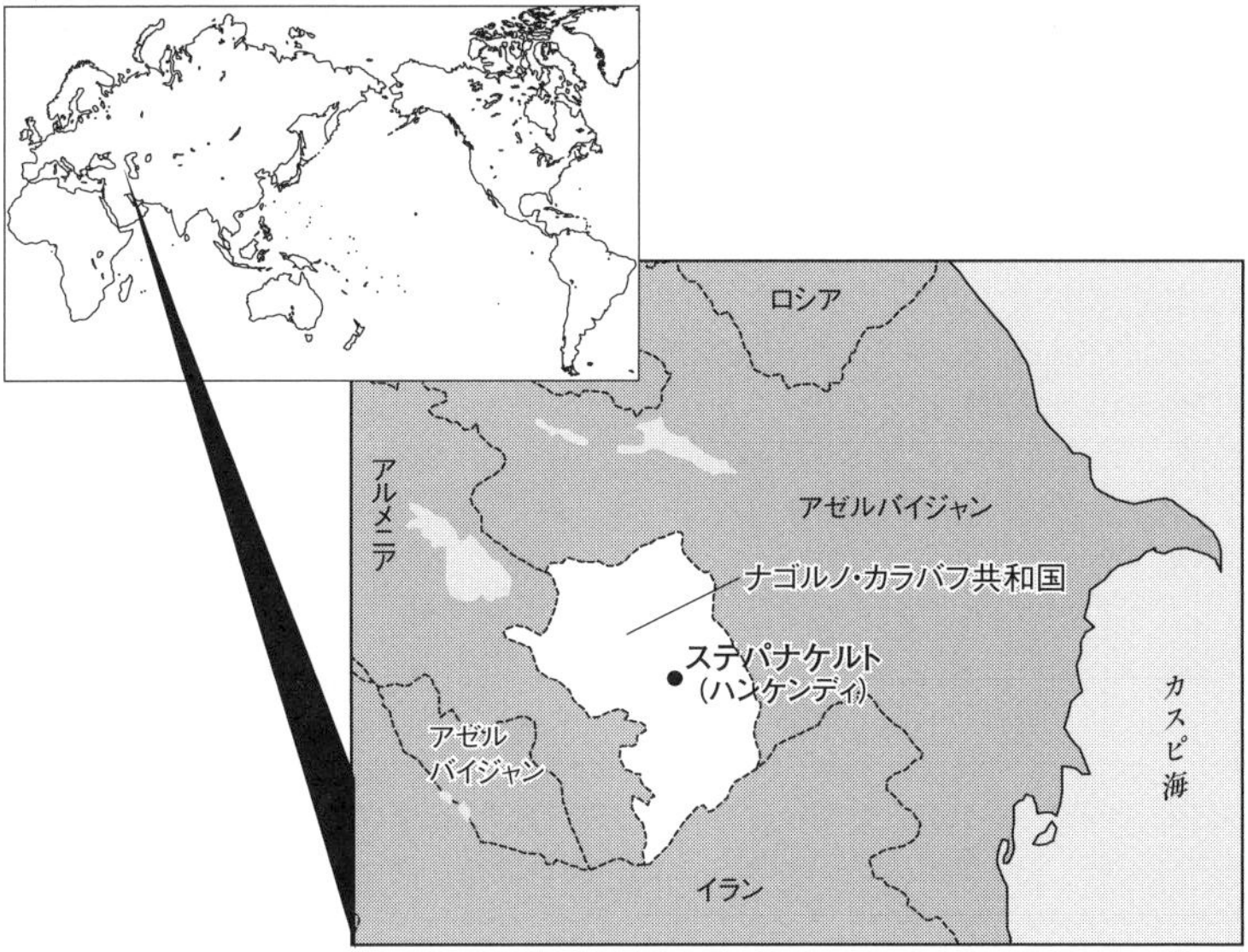

法的親国	アゼルバイジャン
パトロン	アルメニア、在外アルメニア人、ロシア、アメリカ*
独立 （最新の）	アゼルバイジャンからの独立宣言：1992年1月7日
国家承認	なし
民族	アルメニア人
宗教	アルメニア使徒教会

＊：ロシアは直接的パトロンではないが戦時に支援をしただけでなく、アルメニアを支援しているので間接的なパトロンだといえる。アメリカも直接的なパトロンとは言いがたいが、アルメニアロビーの影響を強く受け、アゼルバイジャンに経済制裁を課したり、ナゴルノ・カラバフへの直接の経済支援を行ったりしてきた。

首都：ハルゲイサ　　公用語：ソマリ語、アラビア語、英語　　通貨：ソマリランド・シリング **面積：137,600㎢**（ソマリア領の21.6%）

［概略］

19世紀末～ 20世紀初頭のアフリカ分割により英仏伊とエチオピア帝国に分割されたあと、1887年にイギリスの保護領となり、1905年に植民地化されイギリス領ソマリランドとなった。イギリス領ソマリランドは1960年6月26日にソマリランド国として独立するも、それは同年7月1日に予定されたイタリア信託統治領ソマリアの独立時に、同地域との統合を目的とした措置であり、独立は5日間にすぎなかった。7月1日に両地域は統合され、「ソマリア共和国」が発足したが、その後、ソマリアからの分離独立を求める声が高まっていった。1991年1月にモハメド・シアド・バーレ独裁政権が崩壊したあと、それまでの南部優遇政策と混迷をきわめるソマリア情勢に失望したイサック主体のソマリア国民運動（SNM）は、同年5月に北部の旧イギリス領ソマリランド地域の分離・再独立を宣言し、新生ソマリランド共和国を発足させた。住民はソマリランドとソマリアはまったく別の国であるという認識が強く、ソマリアと比べて政治、経済、治安のすべてが格段に安定しており、統合の可能性はきわめて低い。また、同じくソマリアからの分離を宣言したプントランドとは国境紛争を抱えており、懸念材料となっている。現在ソマリランドは旧英領ソマリランドの西半部を支配しているが、北東のマーヒル地域はソマリアへの帰属を2007年7月に主張し、南東主要産業は畜産業など第1次産業がほとんどだが、ベルベラ港が海上交通の要衝および輸出入の拠点としても機能しており、大きな財産となっている。天然資源としては石油・天然ガス・鉛・石灰・金などの埋蔵が確認されているが、本格的な採掘はされていない。

ソマリランド共和国

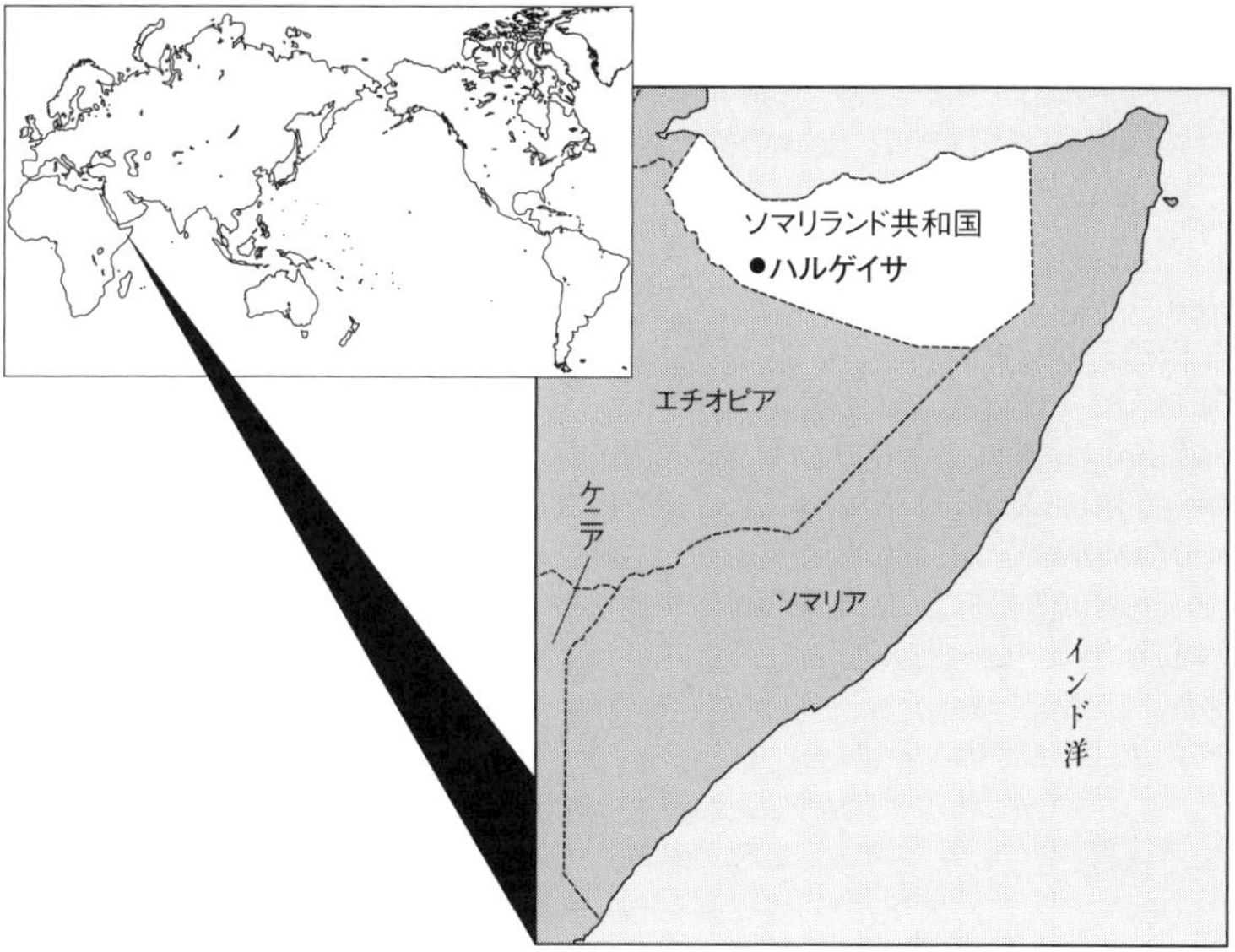

法的親国	ソマリア
パトロン	エチオピア、在外ソマリ人
独立 (最新の)	ソマリアからの独立宣言：1991年5月24日
国家承認	なし
民族	ソマリ人(6つの氏族に分かれる)
宗教	イスラーム教スンニ派(国教)

首都：ティラスポリ	**公用語：モルドヴァ語、ロシア語、ウクライナ語**
通貨：沿ドニエストル・ルーブル	**面積：4,163㎢**（モルドヴァ領の12.3%）

[概略]

ドニエストル川左岸には多くのロシア人、ウクライナ人が居住していたが、独立に先立ち、モルドヴァが数々の民族主義的政策（国語、国旗・国家など）を打ち出したことにロシア系住民が反発して沿ドニエストルの分離独立を宣言し、1991年12月にはロシア軍（第14軍）の支援を受けて武装蜂起した。武力衝突の結果多数の犠牲者を出したあと、1992年7月、OSCE（欧州安全保障協力機構）の仲介で停戦協定が締結され、翌8月兵力引き離しが完了した。現時点では、民族的・言語的な分離運動の結果というよりも、沿ドニエストル上層部の利権維持（沿ドニエストルは重要な産業を多数持ち、モルドヴァに電力供給もしているなど、豊かな地である。モルドヴァの国内総生産の約15%を生産している）のために分離状態が固定化されているという側面が強く、モルドヴァ政府と沿ドニエストル「政府」の間での国家体制に関する立場の相違と沿ドニエストル駐留ロシア軍の撤退が問題の本質となっている。1997年5月にモルドヴァと沿ドニエストルとの間で関係正常化の基礎に関する覚書が署名され、紛争解決に向けた一歩が踏み出された。その後、当事者であるモルドヴァ、沿ドニエストルに仲介役のロシア、ウクライナ、OSCEを加えた5者和平協議が開始された。ロシアがコザック・メモランダムという和平案を出し、押し切られそうになるも欧米が強く反発し、モルドヴァは署名を拒否し、以後、欧米の参加を求めるようになる。2005年10月、従来の5者協議に加えて、米国およびEUがオブザーバー資格で参加する拡大フォーマットで15カ月ぶりに和平交渉が再開され（「5+2」会合と通称）、その後、さまざまな提案がなされたが、沿ドニエストルが態度を硬化しており、和平交渉は進んでいないが、依然として「5+2」者協議の再開および信頼醸成措置に関する共同作業グループの開始に向けて交渉が続けられている。また、沿ドニエストルは2005年11月から施行されたEUによる新税関規則にも強く反発してきた。2011年6月に6年ぶりに「5+2」交渉が再開され、数回会合が持たれているが、なかなか進展がない。2014年3月のロシアによるクリミア編入に刺激され、ロシアに対して編入要求を行ったりと、和平にまた暗雲が立ちこめている。

沿ドニエストル・モルドヴァ共和国

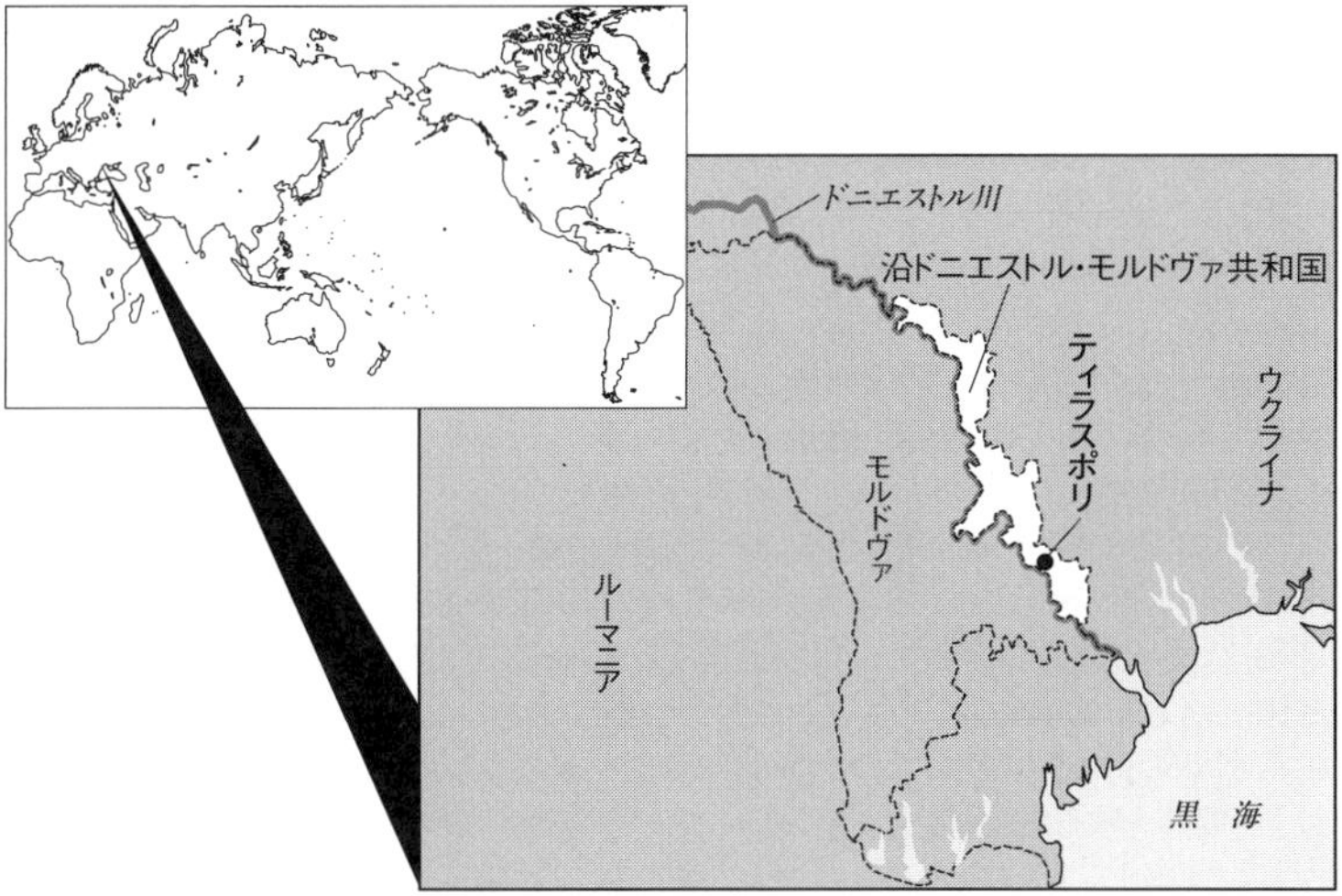

法的親国	モルドヴァ
パトロン	ロシア
独立 （最新の）	モルドヴァからの独立宣言：1990年9月2日
国家承認 （　）内は主権がない国家	（アブハジア共和国、南オセチア共和国）*
民族	ルーマニア（モルドヴァ）系、ウクライナ系、ロシア系（ほぼ1/3ずつ）
宗教	ルーマニア正教、ロシア正教、モルドヴァ正教（ロシア正教系）、ウクライナ正教、その他

＊：2006年6月14日、「アブハジア共和国、南オセチア共和国、沿ドニエストル共和国」の3未承認国家の「大統領」が、スフミで会談を行い、共同声明の形で「民主主義と民族の権利のための共同体」の設立を宣言している。

首都：レフコシア　　公用語：トルコ語　　通貨：トルコ・リラ
面積：3,355㎢（36.3%）

[概略]

キプロスは古くから地中海における要衝であり、紀元前1600年頃から交易都市として発展し、ギリシャ人が多く住んでいたが、1571年にオスマン帝国に占領されると、トルコ人が流入するようになった。1821年に起きたギリシャ独立戦争でギリシャへの統合を求める運動が高まるも、1878年6月、露土戦争後のベルリン条約によりキプロスはイギリス統治下に入り、1925年にはイギリスの直轄植民地となった。イギリスはギリシャ系とキプロス系の分割統治を行ったため、両民族間の分裂の素地ができあがっていった。第二次世界大戦後、ギリシャ系住民がギリシャへの統合を要求するもイギリスは無視していたが、1950年の住民投票で95.7%がギリシャとの統一に賛成し、キプロスはギリシャ政府へ国連への提訴を依頼したが、ギリシャはイギリスに配慮してそれを拒否した。1955年4月からはキプロスで不服従運動が起こったため、イギリスはトルコに働きかけ、キプロスに利害関係があるように主張をさせる一方、英希土三国会議も開催されたが、暴動が起き、会議は決裂した。他方、イギリスは第二次中東戦争の敗北でキプロスの部分的放棄を余儀なくされ、またキプロス側も憲法に大きな問題を抱えたまま独立に踏み切った。それでも、トルコ系住民とギリシャ系住民の亀裂は埋まらず、激しい武力抗争が展開され、1964年、キプロスは内戦状態に陥ったが、それは事実上、ギリシャとトルコの代理戦争となった。1974年、米英の仲介もあり、なんとか停戦を迎えたものの、分断状態と北キプロスの事実上の独立状態が続いており、南北間の往来は比較的自由であり、状勢は安定しているものの、予断を許さない状態が続いている。そもそもの根源であるイギリスが、キプロスに広大な軍基地とその治外法権を維持していることも深刻な問題である。なお、「首都」レフコシア（英語名：ニコシア）は、キプロス共和国の首都でもあり、かつてのベルリンのように、町が分断されている。

北キプロス・トルコ共和国

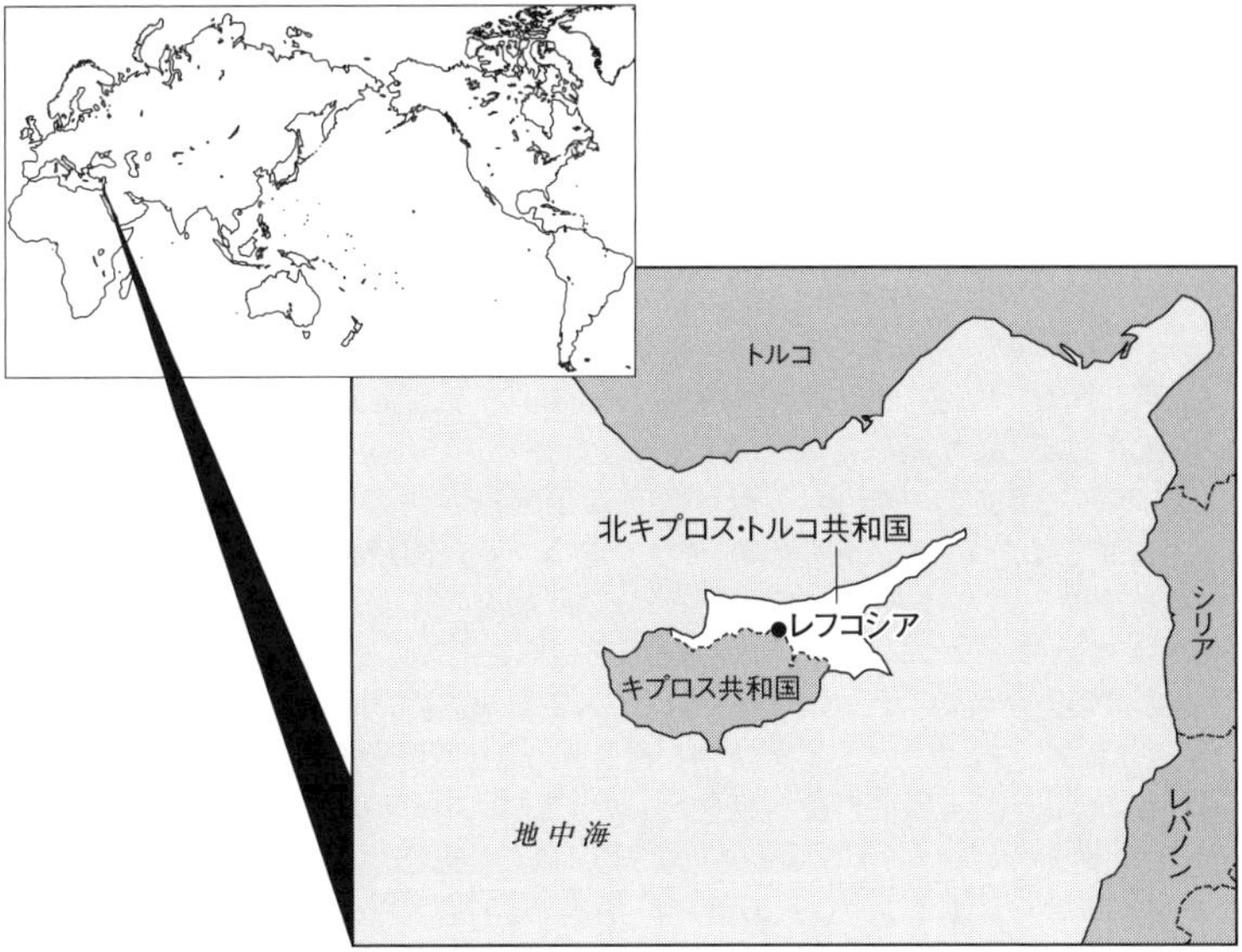

法的親国	キプロス共和国
パトロン	トルコ
独立 （最新の）	キプロスからの独立宣言：1983年11月15日
国家承認	トルコ
民族	トルコ人
宗教	イスラーム教スンニ派

首都：エルサレム** 公用語：アラビア語 通貨：新シェケル
面積：6,020㎢（イスラエル領の27.3%）

[概略]

パレスチナの地は、民族宗教ユダヤ教の聖典旧約聖書では、神がイスラエルの民に与えた約束の地であると説かれていたが、キリスト教が興ると、その聖地として世界中の信徒から重要視されるようになった。また、イスラーム教もエルサレムを聖地としたため、エルサレムをも擁するパレスチナは宗教的な対立と争奪の場となってしまった。そしてパレスチナに在住するアラブ人は、パレスチナ人と呼ばれるようになった。パレスチナが指し示す領域は、歴史的に狭くなり、現在では、もっとも狭義のパレスチナ自治区にあたる地域、もしくは政体としてのパレスチナ暫定自治政府を指し、ヨルダン川西岸地区とガザ地区の両地域を意味するようになった。パレスチナ自治区は、イスラエル建国直前の1947年に行われた国際連合総会決議181号（パレスチナ分割決議）が定めた、パレスチナをユダヤ人、アラブ人、国連統括地の3つに分割する決定を基礎としている。この決議は、これに反対する周辺のヨルダンとエジプトが第一次中東戦争でヨルダン川西岸地区とガザ地区を占領したためにパレスチナのアラブ人には領土が残されず、ユダヤ人によるイスラエル国家しか建設されなかった。だが、1964年にエジプトのナーセル大統領の後押しによって西岸地区とガザ地区のアラブ系住民とパレスチナ難民の統合抵抗組織としてパレスチナ解放機構（PLO）が設立され、事実上のパレスチナ亡命政府となった。PLOは当初、イスラエル国家を打倒し、パレスチナの地にすべての宗教の信者が共存する非宗派的な民主国家を樹立することを目標としていたが、1980年代後半に繰り広げられたイスラエルに対する大規模な抵抗運動（インティファーダ）のなかで現実主義路線に転じ、ヨルダンに西岸地区の放棄を宣言させ、西岸地区とガザ地区を中心にパレスチナ人の独立国家を樹立してイスラエルと平和共存する道を模索するようになった。こうしてイスラエルと解放機構の直接交渉の末、1993年のオスロ合意にもとづいてパレスチナ暫定自治区が設立されたが、PLO側の不満は大きかった。なお、オスロ合意はパレスチナ自治政府の将来について明示しなかったが、それが最終的にはパレスチナ国家の基礎となることがイスラエルとアラブの両陣営から不文律として認識されている。その後もイスラエル側の入植および壁の構築によるパレスチナ領の侵食が続く一方、パレスチナ側によるテロやイスラエル側による空爆など不安定な状態が続いており、パレスチナ難民は依然として多い。2014年7月にもガザへの軍事侵攻があった。

**：パレスチナの基本法ではエルサレムを首都としているが、現在はエルサレムがイスラエルの占領下にあるため、ラマッラーに首都機能がある。また最大の都市はガザである。

パレスチナ国

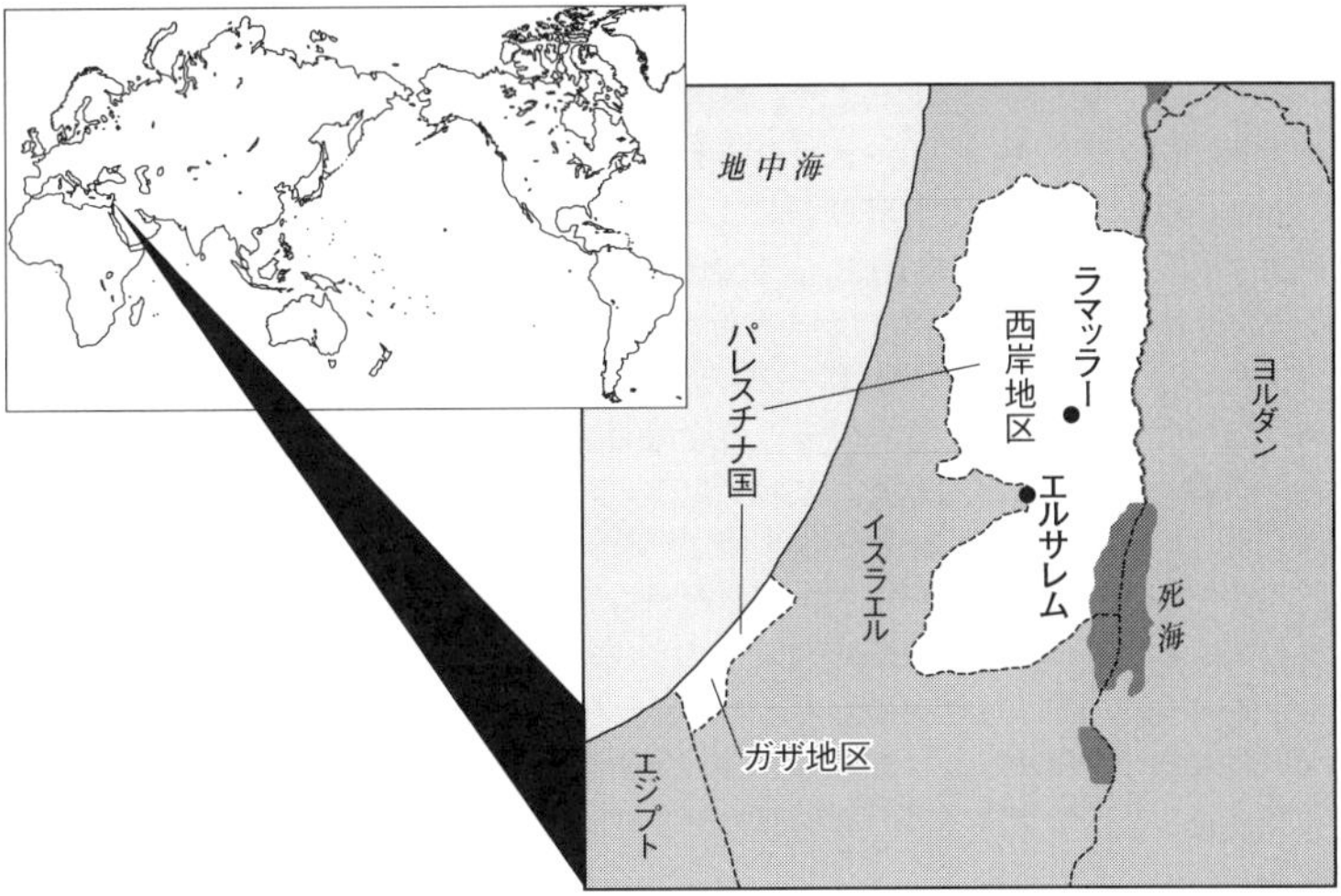

法的親国	イスラエル
パトロン	アラブ系の国家、団体など
独立 （最新の）	イスラエルからの独立宣言：1988年11月15日 イスラエルとパレスチナ解放機構（PLO）が「暫定自治政府原則の宣言（オスロ合意）」に署名・発効：1993年8月20日
国家承認	近年承認国が増え、国連での地位も上がっており、UNESCOメンバー、国連のオブザーバー国家に。現在、国連加盟国193カ国中、132カ国が国家承認している*。
民族	アラブ人（パレスチナ人）
宗教	イスラーム教（マイノリティとして東方正教会も）

＊：パレスチナの独立に反対しているのはイスラエルおよびアメリカと強い関係にある国々が多い（日本も含まれる）。

首都：プリシュティナ　公用語：アルバニア語、セルビア語***　通貨：ユーロ
面積：10,908㎢（14.1%）

[概略]

1980年代に、スイスのアルバニア人が設立した「コソヴォ共和国社会主義運動」が世界に広がっていくと、彼らは「コソヴォ解放軍（KLA）」と改名して運動を広めていった。他方、セルビア大統領のスロボダン・ミロシェヴィッチは、ユーゴスラヴィアの各共和国が対等の立場を持つ体制を改め、セルビア人によるヘゲモニーを確立することを目指し、1990年の「反官憲革命」のなかでセルビア内の自治州であったコソヴォ、ヴォイヴォディナの両社会主義自治州の自治権を大幅に減らし、コソヴォ・メトヒヤ自治州へと改称し、コソヴォの自治権は1974年以前の旧コソヴォ・メトヒヤ自治州の状態へと差し戻された。1995年になると、「コソヴォ解放軍」による殺人事件が増え、そのゲリラ活動や実力行使は1998年夏頃にピークを迎え、ユーゴスラヴィア軍による反撃が強化され、コソヴォ紛争に発展した。多くのアルバニア人非戦闘員が死亡し、ほかの旧ユーゴスラヴィア内の紛争とも相まって、国際的にセルビア悪玉論が浸透すると、NATOはセルビアに対して空爆を行い、政治的にもセルビアは国際的な立場を喪失した。そして、本来連邦解体以前の境界線が維持されるはずの前提が崩され、欧米の多くの諸国がコソヴォの独立を支持するようになった（第3章参照）。

上部に配置された6つの星は同地に居住する6主要民族（アルバニア人、セルビア人、トルコ人、ロマ〔アッシュカリィ、エジプト人を含む〕、ゴーラ人、ボシュニャク人）の融和と共生、団結を象徴する。なお、地の色はEU旗に由来し、欧州との協調路線を象徴している。
***：プリズレン市では2012年よりトルコ語も公用語。

コソヴォ共和国

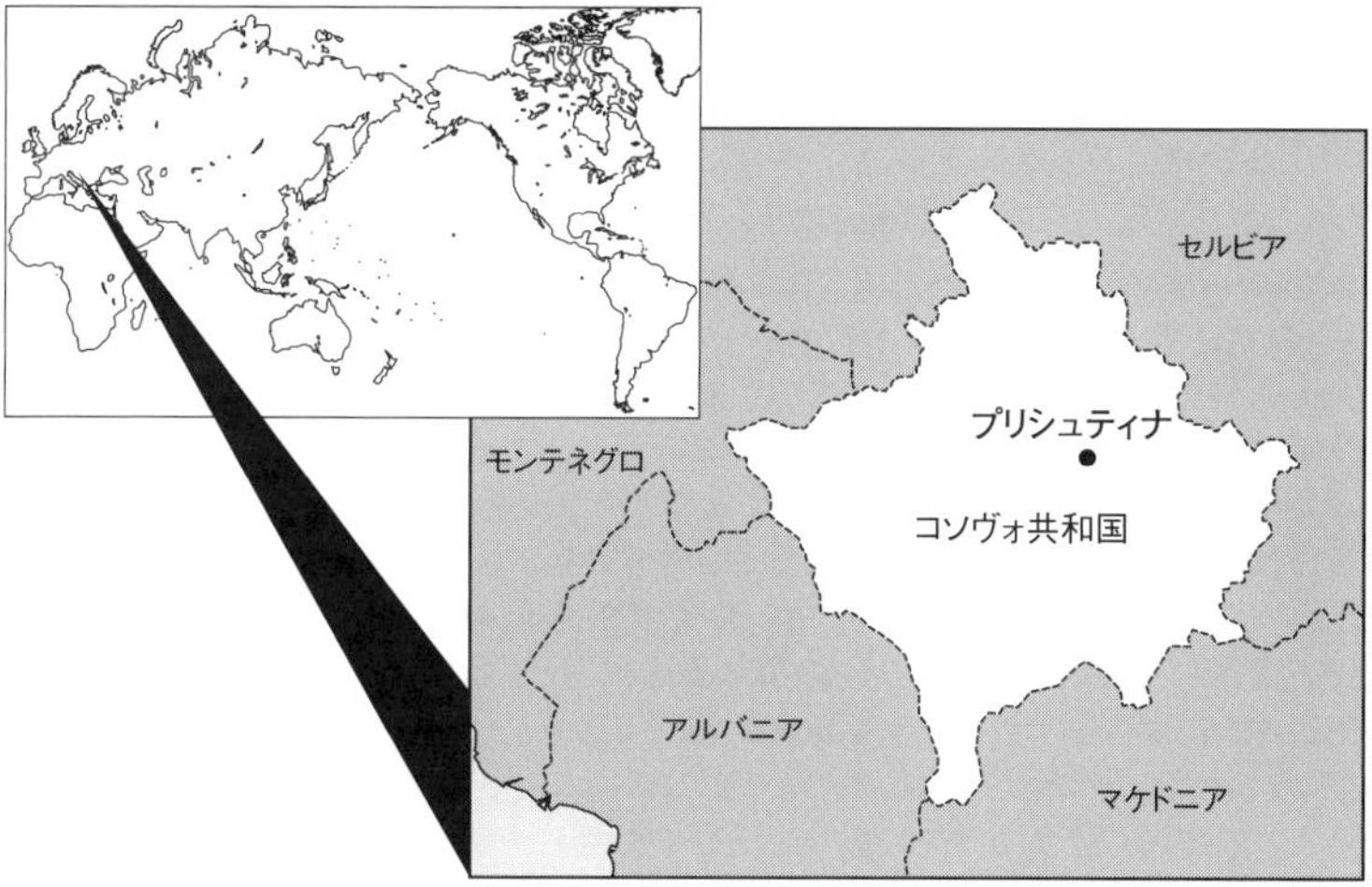

法的親国	セルビア共和国
パトロン	アルバニア、欧米諸国の多く
独立 （最新の）	ユーゴスラヴィアからの独立宣言：1991年10月19日 セルビアからの独立宣言：2008年2月17日
国家承認	1991年の独立宣言時はアルバニアのみ承認。2度目は国連加盟国109カ国が承認*
民族	アルバニア人、セルビア人、その他**
宗教	アルバニア人は大半がイスラーム教、セルビア人はセルビア正教

＊：2014年7月現在。なお、国連加盟国のほか、台湾およびマルタ騎士団も承認済み。承認国は漸増しているが、http://www.kosovothanksyou.com/で承認の最新情報が確認できる。バルト3国を除く旧ソ連諸国は1カ国も承認していない。

＊＊：アルバニア人が92%と圧倒的多数で、セルビア人が5.2%を占めるが、その他の民族にも配慮していることをアピールしている。たとえば、国旗・国章ともに同じデザインだが、それらには、コソヴォの地形が描かれ、

首都：台北市　公用語：中国語（北京語）　通貨：ニュー台湾ドル
面積：35,980㎢（台湾を含まない中国領の0.37%）

[概略]

オランダ統治時代、鄭氏政権時代、清朝統治時代、日本統治時代を経て、1945年10月15日に、連合国軍最高司令官総司令部（GHQ）が発した一般命令第1号にもとづいて中華民国軍が台湾に進駐し、同年10月25日以後は中華民国政府が実効支配している。中華民国は、アジアで2番目の共和国で、1912年に中国大陸に成立したが、アメリカ合衆国政府が支援する中国国民党と、ソビエト連邦政府が支援する中国共産党との間の内戦において事実上敗北し、1949年10月1日には中国共産党が中華人民共和国を樹立したため、同年12月7日、蔣介石総統率いる中国国民党政府が、首都を中国共産党に実効支配された南京から、臨時首都として台湾島の台北に移転したことにより、台湾島と周辺の島しょ群などを実効支配する「国家」として、1950年までに再編成された。同時に戒厳体制が発布された（党国体制）。経済発展にも成功し、かなり多くの国や国際機関と公的関係を維持しているが、“国民政府を認めるか、北京政府を認めるか”という「一つの中国論」により、公の承認は22カ国にとどまっている。なお、1970年代に外交的孤立に追い込まれていくなかで、国際的な活動のために妥協案として主権・国家承認問題を棚上げした。中華民国政府が中国全土を代表するという建前により「台湾」の名称を使えない一方、「中華民国（Republic of CHINA）」も国際社会で受け入れられなくなったため、オリンピックなどの協議会やスポーツ機構、国際機関などでは「チャイニーズ・タイペイ」の名称を使うことが多い**。

**：アジア開発銀行は「チャイナ・タイペイ」という呼称を使用。

台湾（中華民国）

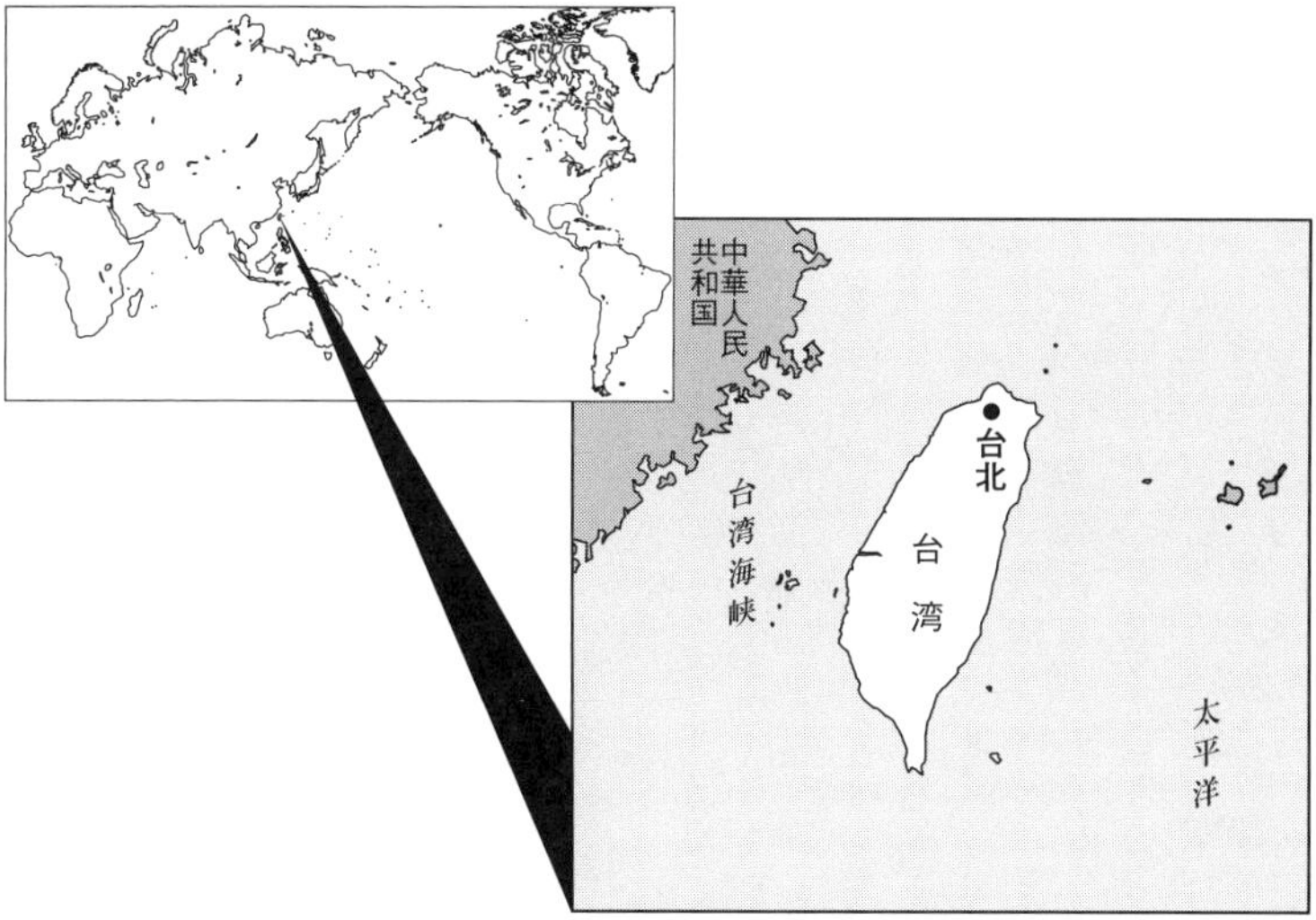

法的親国	中華人民共和国
パトロン	アメリカ（限定的）など
独立 （最新の）	独立宣言はしていない（1912年に中国大陸に成立し、1949年以降、台湾島と周辺の島しょ群などを実効支配）
国家承認	オセアニア6カ国、アフリカ3カ国、欧州1カ国、ラテンアメリカ12カ国の合計22カ国*
民族	漢族（ホーロー人、客家人、外省人の大多数など）および2％程度の台湾原住民など
宗教	道教、キリスト教、仏教、その他

＊：「一つの中国論」に順じ、これらの国は中国と国交を結んでいない。他方、北京政府を承認している場合は、台湾を承認できない。日米はじめ、国家承認していなくても、台湾を事実上、国家と同等に扱っている国は少なくない。

第一章

戦後世界を概観する

未承認国家を理解するためには、第二次世界大戦後から現代にかけての世界情勢の動きをおさえることが前提となる。未承認国家は第二次世界大戦以前にも存在していたが、現存する未承認国家について考えるうえでは、第二次世界大戦後の状況を理解すればまず足りると思われる。

一　世界大戦後の世界

第二次世界大戦

第二次世界大戦後の世界は、冷戦、すなわち東西二極対立の世界と言いかえても支障ないだろう。

一九一七年のボリシェヴィキによる二月革命と一〇月革命をへて、一九二二年一二月に世界初の社会主義国となるソヴィエト連邦が樹立された。だが、生まれたばかりの国ソ連が直面していたのは第一次世界大戦後の世界の混乱期のなかで国家としての安定を達成するという困難な試練だった。そこで新生ソ連は、戦時共産主義など例外的な政策も取り入れながら、共産主義国家の建設を進めると同時に、まだ国家として脆弱《ぜいじゃく》な状態での戦争を避けるため、一九三九年にはドイツと独ソ不可侵条約を結び、国際関係の混乱から距離をおいて静かに国家建設を進めることを選んだ。なお、独ソ不可侵条約には、秘密議定書が付随しており、それにより、バルト三国とモルドヴァが彼らの意思を無視する形でソ連に編入されることになり、それがソ連末期のバルト三国の独立運動、そして独立後の欧州連合（EU）、北大西洋条約機構（NATO）への加盟および反ロシア的（反ロ的）スタンスの原因となることになる。

一九四一年六月二二日、ドイツは不可侵条約を無視してバルバロッサ作戦を発動し、独ソ国境を越えてソ連になだれ込み、独ソ戦が始まった。だが、初期の劣勢をはね返し、甚大《じんだい》な被害を出しながらも、ソ連はドイツに勝利した。同戦争は、旧ソ連では「大祖国戦争」と呼ばれ、その勝利は大きな誇りとなってきた。そして、一九四五年二月には、ソ連、アメリカ、イギリスによる首脳会談であるヤルタ会談が行われ、ソ連の対日参戦に加え、国際連合（国連）の設立、ドイツと中東欧における米ソの利害調整など、第二次世界大戦後の秩序が議論されたが、これこそが冷戦の背景ともなるヤルタ体制を生んだのである。こうしてソ連は、日ソ中立条約を破って（ソ連は一九四五年四月に同条約の期間不延長を通告したものの、その発効には一年かかり、発効前の八月八日に対日攻撃を始めたため、明らかに条約違反であった）、対日戦にも勝利し、第二次世界大戦の勝者となった。

だが、第二次世界大戦の「勝利国」の一員であったソ連に対し、西側諸国はしだいに不信感を強めていく。とくに一九四六年二月、ジョージ・ケナンがアメリカ国務省に打電した米ソ関係に関するレポート、いわゆる「ロング・テレグラム」と、四七年六月にフォーリン・アフェアーズ誌に「X」名で掲載された「ソヴィエトの行動の源泉」という論文、いわゆる「X論文」（これも執筆したのは、ジョージ・ケナン）が世に出て、ソ連の動向への懸念が強まるなか、一九四六年三月にチャーチル英元首相の「鉄のカーテン演説」が行われた。「バルト海のシュテッティンからアドリア海のトリエステまでヨーロッパ大陸を横切る鉄のカーテンが降ろされた。中部ヨーロッパおよび東ヨーロッパの歴史ある首都は、すべてその向こうにある」と述べたこの演説は、冷戦、すなわちアメリカを中心とした西側陣営とソ連を中心とした東側陣営のイデオロギー対立が始まったことを確実にした。そして、一九四七年三月にはアメリカのハリー・トルーマン大統領が「トルーマン・ドクトリン」を発し、アメリカが「武装少数派、あるいは外圧によって試みられた征服に抵抗している、自由な民族」を支援するとした、共産主義に対する「封じ込め」政策を開始し、名実ともに冷戦の時代に突入した。

冷戦へ

アメリカはマーシャルプランによって大戦で疲弊した国々に経済援助をする一方、軍事同盟である北大西洋条約機構（ＮＡＴＯ）を創設してソ連包囲網を構築していった。ソ連もマーシャルプランに対抗して経済相互援助会議（ＣＯＭＥＣＯＮ、以後コメコン）を設立し、社会主義国に経済的な援助やさまざまな優遇措置をとる一方、ワルシャワ条約機構（ＷＴＯ）という軍事機構を創設して西側陣営に対抗した。両陣営が勢力拡大と核兵器を含む軍拡の競争を繰り広げるなか、米ソ両大国の戦争は核抑止によってなんとか避けられたが、朝鮮戦争、ベトナム戦争をはじめとした多くの代理戦争が繰り広げられただけでなく、キューバ危機のような一触即発の危機もあった。つまり冷戦時代といっても、各地で熱戦が繰り広げられていたのだ。冷戦期を通じ、ときに雪解け（デタント）の時期もあったが、一九八五年にソ連でミハイル・ゴルバチョフが共産党書記長（のち、大統領）に就任し、同氏が国内でペレストロイカ（改革）とグラースノスチ（情報公開）を進めるとともに新思考外交を展開していったことで、冷戦の緊張は一気に緩んだ。だが、そもそもソ連が改革をしなければならなかった背景にはソ連の経済がもはや危機的な状況にあったことがある。ソ連は計画・統制経済の失敗と弊害により経済状況がきわめて悪化していたのに加え、アメリカとの軍拡競争とコメコン諸国の連携維持のために膨大な支出を無制限に続けていたために、いよいよ経済的な限界を迎えていたのだ。そのため、自国の経済改革をするとともに、冷戦状況から脱することを余儀なくされたとも言える。

こうして、ソ連はアメリカとの協調を目指すようになる。一九八五年一一月のジュネーブ会談を皮切りに、八六年一一月には二度目の会談となるレイキャビク会談が行われた。同会談は決裂したものの、翌八七年九月には、中距離核戦力全廃が合意され、冷戦終結にはずみをつけた。そしてソ連は八八年に、深刻な米ソ代理戦争の一つであったアフガニスタンから段階的に撤退を始め八九年に完了させた。また、八八年にはゴルバチョフが「新ベオグラード宣言」のなかで、「シナトラ・ドクトリン」を明言することとなる。これは、一九六八年にチェコスロヴァキアの

「プラハの春」を軍事弾圧した際に当時のソ連書記長レオニード・ブレジネフによって行われた「ブレジネフ・ドクトリン」（制限主権論）の撤回を意味した。つまり、それまでは東欧諸国の主権は共産圏全体の利益の前には制限されていたのだが、シナトラ・ドクトリンにより東欧諸国に対するソ連とソ連共産党の指導性が否定されたのだった。その後、東欧諸国の多くで民衆が共産党政権を次々と倒す「東欧革命」の波が起こり、一九八九年一一月には冷戦の最大の象徴であった、東西ドイツを分断していた「ベルリンの壁」が解体された。こうして、翌一二月にジョージ・ブッシュ（父）とゴルバチョフの米ソ両大統領がマルタ会議で東西冷戦終結の共同宣言をし、冷戦時代にピリオドが打たれた。

冷戦の終わり

だが、米ソ両大統領の冷戦終結宣言よりも、より確実に冷戦の終結を決定づけたのが一九九一年一二月のソ連邦解体だ。当初、ペレストロイカを開始したゴルバチョフはソ連を解体させるつもりはなく、経済を中心とした改革によって国を立て直そうとしていただけだった。しかし、改革は難航し、経済状況は悪化の一途をたどった。さらにグラースノスチによって、これまで隠されていた諸問題が表面化し、また外国の情報もたくさん入ってきて人々の不満や民族意識が高揚していった。それにともない、各地で民族問題が爆発するようになり、それらのいくつかには軍も投入されて多くの犠牲者も出たために、モスクワに対する不信はさらに強められていった。こうして、連邦構成共和国が次々に独立宣言をしていき、ゴルバチョフの求心力は急落した。九一年八月にはゴルバチョフが幽閉される「八月クーデター」が発生し、のちに新生ロシアの初代大統領となるボリス・エリツィンの活躍でなんとか危機は免《まぬが》れたものの、ゴルバチョフの指導力は完全に地に落ちた。こうして、同年一二月八日のベロヴェーシ合意によって同月二五日にソ連は解体され、ソ連を構成していた一五の構成共和国がそれぞれ主権国家として独立した。バルト三国は旧ソ連諸国と袂《たもと》を分かち、二〇〇四年に揃ってEUとNATOに加盟して欧州とともに歩み始めたが、そのほかの一二カ国は若干のタイムラグはあるものの独立国家共同体（CIS）を形成し、各国が国家建設を進めていくこととなった。

冷戦の終結に際し、ジョン・ルイス・ギャディスの著書『ロング・ピース』（一九八七年）に代表されるように、冷戦が終結したら多くの紛争・戦争が起こるのではないかという議論がずいぶんなされた。だが、ここで注意したいのは、先にも述べたように、冷戦時代が決して平和ではなかったということだ。たしかに冷戦終結後、民族紛争や内戦など多くの血が流れ、世界が不安定化したのは事実だ。それでも冷戦期は、米ソ間の直接の戦争が回避されただけで、多くの代理戦争をはじめとして、かなり大規模な戦争が発生し、紛争・戦争による犠牲者は、実は冷戦期のほうが多かったのだ。

そして同時に重要なのは、冷戦終結後も冷戦的な状況が残ったということである。WTOが解散した一方、NATOはロシアを仮想敵国としているとしか思えない形で残存した。しかも東方に拡大し、二〇〇一年のアメリカ同時多発テロ（以後、九一一事件）後に、短期間のロシアとアメリカおよびNATOとの蜜月期間があったのを除いては、基本的にお互いを牽制し合う状況が続いてきたと言ってよい。冷戦が終わっても冷戦的空気は残ったのである。

冷戦後の世界

冷戦終結後、旧ソ連・東欧地域、ないし「黒海地域」で新興国家が急増した。東欧と黒海周辺地域に民族連邦制（本章四節）をとっていたソ連とユーゴスラヴィアが存在していたことと無関係ではない。

また、中東、アフリカなどもそうであるが、歴史的に国境が確立していなかった地域では、分離独立運動や実際の分離独立に際して、紛争・戦争が勃《ぼっぱつ》発した事例がきわめて多いのだ。

その背景に、アイデンティティ・クライシスが生じていたことを指摘するのは間違いではないだろう。連邦国家が解体されたことにより、その国境線の枠内に押し込められ、隠蔽《いんぺい》されていたすべての矛盾・齟齬《そご》が表面化して多くの混乱が起きるとともに、その連邦国家に支えられていた住民のアイデンティティが奪われる事態が生じた。つまり、自分が何者であるかという意識の拠りどころが失われ、これまでのアイデンティティに代わる新しいアイデンティティが必要となり、多くの場合はそれが民族意識に収斂《しゅうれん》していったのだ。これが、冷戦直後の紛争でよく見られた「民族浄化」、ないしエスニッククレンジングの背景となったと考えられる。つまり、自分の存在意義を確立するためには、認識された「他者」を排除するしかなかったとも言えるだろう。

モンテネグロのように、平和裏に分離独立できたケースもある。加えて、新興国家の勃興《ぼっこう》と同時に、とくに黒海地域では、未承認国家もいくつか生まれてくることになった。この背景には、元来、この地域においては、国民国家の歴史が浅く、「国境」が歴史的に確立していなかったということがある。

かつて存在しながら、今では存在しない未承認国家も少なくないが、現在も、世界中に未承認国家が存在していることは明らかである（表1－1）。台湾（中華民国は台湾島地域を一九四九年から実効支配しているが、「二つの中国問題」が起きて、一九七一年に国連総会で「中国」としての代表権を喪失するとともに、国連から脱退し、以後、未承認国家となっている）や北キプロスなど冷戦期に生まれて現在も存続している未承認国家もあるし、一九六〇年から六三年に存続したカタンガ（コンゴ民主共和国）や一九六七年から七〇年に存続したビアフラ（ナイジェリア）など冷戦期に生まれて消えた未承認国家もあり、未承認国家を単なる「冷戦終結の悪しき遺産」ととらえることは正しくないが、ソ連解体年である一九九一年およびそれ以後の数年、つまり冷戦終結を契機に多くの未承認国家が生まれたのは間違いない。加えて、「黒海地域」ではない地域にも、つまり世界中に未承認国家は存在していることがわかる。

エンティティの名前（存在期間*）	国際法上の「親国」	人口規模	国家承認	結　果
アブハジア（1992・2008-）	グルジア	240,075（2011）	5カ国と2未承認国家（ロシア、ニカラグア、ベネズエラ、ナウル、ツバル、南オセチア共和国、沿ドニエストル共和国）※約2年間のみバヌアツ	未解決
アンジュアン（1997-2008）	コモロ	277,500（2006）	なし	強制的な親国への吸収
エリトリア（1991-93）**	エチオピア	5,415,280（2011）	全世界	独立
沿ドニエストル（1990-）	モルドヴァ	527,000（2009）	なし	未解決
カタンガ（1960-63）	コンゴ	5,608,683（2010）	なし	強制的な親国への吸収
ガガウジア（1991-94）	モルドヴァ	160,700（2011）	なし	自主的に親国に統合
北キプロス・トルコ共和国（1983-）	キプロス	294,900（2011）	1カ国（トルコ）	未解決
クライナ・スルプスカ共和国（1991-95）***	クロアチア	430,000（1994）	なし	強制的な親国への吸収
クルド自治区（1991-2004）	イラク	4,690,939（2010）	なし	自主的に親国に統合
スルプスカ共和国（1992-95）***	ボスニア・ヘルツェゴビナ	1,440,000（2010）	なし	自主的に親国に統合
サハラ・アラブ民主共和国（西サハラ）（1976-）	モロッコ?	502,585（2010）	43カ国（アフリカ連合を含む）	未解決
ソマリランド（1991-）	ソマリア	3,500,000（2008）	なし	未解決
タミル・イーラム（1983-2009）	スリランカ	2,126,449（2004）	なし	強制的な親国への吸収
チェチェン（1991-）****	ロシア	1,269,000（2010）	1カ国（グルジア）	強制的な親国への吸収
ナゴルノ・カラバフ（1991-）	アゼルバイジャン	138,000（2006）	なし	未解決
東ティモール（1999-2002）*****	インドネシア	1,133,000（2008）	全世界	独立
パレスチナ（1988-。PLO設立は1964）	イスラエル	2,568,555（2007）	132カ国	未解決
ビアフラ（1967-1970）	ナイジェリア	13,500,000（1967）	5カ国（ガボン、ハイチ、コートジボアール、タンザニア、ザンビア）	強制的な親国への吸収
ブーゲンヴィル（1975-2005）	パプア・ニューギニア	175,160（2000）	なし	自主的に親国に統合
南オセチア（1992・2008-）	グルジア	72,000（2010）	5カ国と2未承認国家（ロシア、ニカラグア、ベネズエラ、ナウル、ツバル、沿ドニエストル共和国）	未解決
モンテネグロ（2003-2006）	セルビア・モンテネグロ	632,261（2011）	全世界	平和的独立
コソヴォ（1999・2008-）	セルビア	1,803,000（2011）	105カ国	独立が現実的になりつつある
台湾／中華民国（1971-。実効支配は1949-）	中華人民共和国	23,060,000（2011）	22カ国	未解決

* 成立年は基本的に独立宣言ないし独立法の採択や独立を決定する住民投票などがあった年とする。独立宣言が複数回だった場合も記載。
** 1993年5月24日に独立。
*** スルプスカ共和国とは、セルビア人共和国という意味だが、セルビア共和国とまぎらわしいので、日本外務省はスルプスカ共和国という呼称を用いている。
**** 第一次チェチェン紛争をへて、1996年の「ハサブユルト和平合意」でチェチェンの独立問題は2001年まで先送りされたが、99年に第二次チェチェン紛争が勃発（終結は2002年ないし2010年と定説がない）。現在はモスクワの傀儡であるラムザン・カディロフ政権による恐怖政治が続く一方、97年に選挙によって樹立されたアスラン・マスハドフ(のち、暗殺)政権の後継者たち(独立穏健派）は国外などで正式なチェチェン政府を主張し、また独立過激派のドク・ウマロフ（のち、暗殺）は2007年に広範囲の北コーカサスを支配する「カフカース首長国」の創設と自らを首長であると宣言したうえで、チェチェンをその一地方（ウィラーヤ）だとするなど、チェチェン独立運動は分散し、複雑化している。
***** 1974年にポルトガル政権が崩壊した際にも独立宣言。2002年5月20日に独立。
注）斜体の最後の2ケースは国家と未承認国家の間のボーダーラインのケース。筆者作成。

表1-1　第二次世界大戦後に生まれた未承認国家（ボーダーラインのケースを除き五十音順。略称）

二　国家とは何か

未承認国家について考える前に、その前提となる国家とは何かを理解しておく必要があるだろう。

国家という言葉は、きわめて日常的に用いられているが、国家とは何をもってして国家なのかという問題は、あまり考えられていないのではないだろうか。そもそも、世界に国家がいくつ存在するか、お考えになったことがあるだろうか。現在の国連加盟国は一九三カ国であるが、その数字は、世界の国家の数を意味しない。なぜなら、すべての国家が国連に加盟しているわけではなく、また、国連加盟国ですら、世界のすべての国から承認されているわけではないからだ。さらに、まさに本書が扱う、自ら国家だと主張しているが、ほかの諸国からほとんど、ないし完全に承認されていない未承認国家も存在している。「国家」たるものを客観的に判断することはそもそもきわめて難しく、国家が相対的な存在である以上、未承認国家を論じることが容易でないのは明白である。

そもそも国際政治において、国家というと、それは概して主権国家を意味する。主権とは、主として政治学や国際法学で用いられる、国家の最高独立性と絶対性を表す概念である。主権国家とは、主権を完全な形で行使できる国であり、「独立国」とほぼ同義語といえる。

主権国家の要件

ここで主権国家の要件を考えてみよう。法学や政治学などの学問領域においては、一九三三年に署名された一六条からなるモンテヴィデオ議定書（国家の権利および義務に関する条約：Convention on Rights and Duties of States）で示された主権国家の資格要件が公に採用されてきたと言ってよい。同議定書に署名したのはアメリカ合衆国と中南米諸国のみであるが、その内容は国際的に共有されてきた。

同議定書にもとづけば、以下の四点が主権国家の要件となる。

第一に、明確な領域である。一定に区画されている領土、領水、領空を所有していることが求められる。

第二に、恒久的住民の存在である。国民、人民が、その領内に恒久的に属していることが求められる。

第三に、政府ないし、主権の存在である。国内の自治を実効性あるものとする、正当な物理的実力が求められる。また、この実力は、対外的・対内的に排他的に、つまり主権的に行使できなければならない。

これら三点の要件の有無を判断するのは、自国ではなく、外国である。逆にいえば、外国にこれら三点の要件の存在を認めさせることができ、外国と外交できる能力があるということが、必要となる。そこで、第四に、外交能力と国家承認が必要となるのである。
日本の幕藩体制やフランスのアンシャン・レジームなどの主権国家以前の社団国家やアラブ首長国連邦などに代表されるような連邦国家など、前記四点の条件を満たさない国家は歴史的に存在してきたし、今も存在しているが、たいていの国家はこれらの条件を満たしていると言ってよい。

なお、社会学的な近代国家の定義もある。たとえば、マックス・ウェーバーは二点の要件をあげている。第一に、「社会のなかで正当な暴力を独占的に所有する」こと、つまり「警察や軍隊などの暴力手段を合法的に独占している」こと、第二に、「官僚や議員など統治組織の維持そのものを職業として生計を立てる専門家によって構成されている政治的共同体である」ことである。この背後にあるのは「秩序の保たれた社会では暴力は正統性を持たないはず」という観念である。つまり、この定義は主権度の高い西洋の国家を暗黙の了解としているのである。翻《ひるがえ》れば、ナショナリズム（第二章四節）は国家のない社会には起こらないとも読みとれる。

このように学問的に「国家」を考えると、専門領域によって「国家」の定義は異なってくるが、現実の政治で機能しているのは、国際法学・政治学的な定義、すなわちモンテヴィデオ議定書に記されたような基準である。モンテヴィデオ議定書に署名をしたのは、前述のように、アメリカと中南米諸国だけであるが、それでも、国際的に広く共有されてきた国家概念の基盤となってきたのである。

近代国家と民族国家

たしかに、国家も発展を遂げてきた。欧州の歴史のなかに現れる政治社会は、四つの段階をへて発展してきたと考えられる。第一段階が、ギリシャのポリスやローマのキヴィタスなど、小規模の国家形態をとっていた政治社会である。第二段階が、中世ヨーロッパの諸王国を例とする、単なる支配機構でもなければ、自由民の共同体でもない、世襲的な治者と披治者とをともに含む観念であって、この二元性のうえに、根本法や身分制議会ないし等族議会を生み出した立憲主義が成り立っていた政治社会である。そして第三段階がウエストファリア条約成立後の欧州の諸国家の形態である。第四段階が、フランス革命、あるいはドイツ統一以来の欧州諸国家の形態を指す語で、主権を有する国民国家である。

そして、本書が対象とする国家形態は、いわゆる近代国家であるが、それは一般的には一七〜一八世紀の欧州での革命以後に登場した民族国家（現代資本主義国家、社会主義国家、発展途上国なども含む）を指し示す。それはギリシャの都市国家、中世の封建国家、あるいは市民革命前の絶対主義国家とは、政治原理や政治運営の方法などにおいて異なる性格を持つ。近代国家の政治原理においては、主権は国民にあり（主権在民）、政治は国民が選出した代表者からなる会議体（議会）の制定した法律によって運営され（法治）、国民の権利・自由は最大限に保障され（人権保障）、そのために民主的政治制度（代議制・三権分立）の確立を必要とする。これらの基盤となる政治思想は、ホッブズ、ハリントン、ロック、モンテスキュー、ルソーなどによって体系化されたものであり、教科書などで目にされたこともあるのではないだろうか。

なお、そのなかでも、民族国家とは、歴史的、文化的に形成された、民族を基盤として成立した近代国家であり、国民国家とほぼ同義である。英語ではネイション・ステートだが、それは「一民族により構成される国家」となる。このように書くと民族国家は単一民族国家であるような印象を与えるが、実際のところ、世界に単一民族国家はほとんどなく、ほとんどの国は多民族国家であることは留意されるべきだろう。そして、民族国家の成立は、政治的な絶対君主による国家統一という側面に加え、国民国家の成立が画一的教育を施《ほどこ》された等質かつ流動的な労働人口を確保し、統一市場を発展させたことによって資本主義形成が進んでいったことと相互補完的であったことは、イギリスの社会人類学者アーネスト・ゲルナーのテーゼからもよく知られている。

このように、国家は歴史的に変遷《へんせん》し、近代国家ですら一様ではないが、それでも近代国家については、前述のモンテヴィデオ議定書で示された基準が国家を規定すると考えられてきた。だが近年、この基準は「国家」なるものを考えるうえでは大きな限界に直面していると言ってよい。その限界を如実《にょじつ》に感じさせるのが、本書の主題である「未承認国家」の存在である。

三　国境とボーダー

国家を考えるうえで、切り離せないのが国境線である。一六四八年に締結されたウエストファリア条約により、主権国家は明確な領域を所有することとされ、国と国の境にはその境界線が引かれるようになった。国境は陸にある場合もあれば、海や湖にある場合もあるし、山脈、河川、湖、海などの自然物によって定められた自然的国境もあれば、条約、経線／緯線、道路や民族などの根拠にもとづいて定められた人為的国境もある。ある国境において、政治秩序や地政学的バランスがどれくらい働いているかによって、また歴史的に自然に受け入れられているか否かによって、その開放性も変わってくる。

いずれにせよ、この境界線にかかわる主体が、その境界の引き方に納得をしていない場合、なんらかの政治的ないし軍事的トラブルになる傾向が強くなる。世界地図を見てすぐに気づくように、国境線には植民地や大国による支配の遺構であるものも多く、また、当事者たちの意図が加味されない国境も数多くある。とくに、アフリカ、中東、中央アジアなどに見られる「直線」の国境線は、そのような歴史を反映している場合が多い。そして、地域住民に受け入れられていない国境は紛争の原因になりやすい。

未承認国家にかかわる「国境」は、国際的には「国境」ではない。なぜなら、未承認国家は国際的に国家として承認されていない限り、国際法的な親国（Parent Country、以後、法的親国）の一部に過ぎないからだ。そこで使われるのが「線（line）」という単語である。「未承認国家」により呼び方は一定ではないが、「グリーン・ライン（Green Line）」（たとえば、北キプロス、パレスチナ）、「レッド・ライン（Red Line）」（たとえば、アブハジア）、「フロント・ライン（Front Line）」（たとえば、ナゴルノ・カラバフ）などの呼称が用いられている。

そして、このような脆弱なライン上には壁が作られるケースも多い（西サハラ、パレスチナ、北キプロス、ナゴルノ・カラバフなど）。日本は島国であるためイメージしづらいが、大陸では、検問所やパスポートコントロールなどの設備はあっても、壁で国家の境界線が示されているケースは多くない。つまり境界線に壁が設置されるというのは、むしろ異常事態だ。それでは、なぜ未承認国家に関する境界線では壁が建設されることが少なくないのだろうか。それは、未承認国家にかかわる境界線が法的正統性を欠き、脆弱であるがゆえに、既成事実化するという意味合いもあるし、政治的・防衛的な意味を有することもある。たとえば、パレスチナの壁は「分離壁」ないし「防護壁」と言われ、西サハラの壁は「砂の壁」と言われるが、「安全保障」という意味合いと同時に激しい「疎外」と和平への遠い道のりを意味する。以下では、壁から「線」を考えるうえで、二つの事例を紹介したい。

黒海に面し、豊かな油田を有するアゼルバイジャンはトルコ語系のアゼルバイジャン人を多数派とする国だが、同国内にはアルメニア人が多く居住する地域、ナゴルノ・カラバフが存在し、一九八〇年代から民族間の紛争が絶えず、ソ連解体後に激しい戦争となった。その結果、ナゴルノ・カラバフはアゼルバイジャン内の未承認国家となったわけだが、アゼルバイジャンとナゴルノ・カラバフの実効支配地域（アゼルバイジャン領の一六・四%）を分離するフロント・ライン周辺では、一九九四年の停戦後、小規模な銃撃戦などが頻繁《ひんぱん》に起こり、一般住民を含む多くの犠牲者が出続け、相互に「停戦違反」を掲げた非難合戦を続けていた。そのようななか、二〇一一年一〇月にアゼルバイジャン政府は一般住民を守るため、高さ三メートルの壁をフロント・ラインに建設する計画があること、そして、その時点で、すでに七〇〇メートルの壁が建設済みであることを発表した。壁の建設により、住民の安全性が高まったのは間違いないが、アゼルバイジャンでは壁に対する批判的な声が目立つ。なぜなら、多くのアゼルバイジャン人にとって、その壁はアゼルバイジャンからナゴルノ・カラバフを自ら隔離するもの、言いかえれば、ナゴルノ・カラバフの分離を事実上認め、奪還をあきらめた証拠のように感じられたからである。他方、ナゴルノ・カラバフ側は、アゼルバイジャン側による壁建設を「膨大な費用をかけたプロパガンダで、パレスチナの脅威がいかに大きいかを壁で世界に宣伝したイスラエルの模倣に過ぎない」と冷ややかに評する。

イスラエルの分離壁

アゼルバイジャンが模倣したと評されるイスラエルの分離壁はどのようなものだろうか。実際のところ、この壁は、プロパガンダという要素のみならず、政治的性格を強く帯びており、パレスチナのみならず、世界からも大きな反発を買っている（写真1-1）。

イスラエルは、二〇〇二年六月から、ヨルダン川西岸地区との境界のすぐ外側（西岸地区の内側）に分離壁を建設しはじめた。その分離壁は、溝・鉄条網（電気フェンス）・緩衝地帯などを含む幅六〇～一〇〇メートルの警備道路部分と、コンクリート壁からなる。二〇一二年時点では、予定の七八八キロメートルのうち四三九・七キロメートルが建設済み、五六・六キロメートルが建設中、残り二一一・七キロメートルは未着工という状態であった（グリーン・ラインの約二倍の長さ。一九四九年に第一次中東戦争終結の休戦条約が結ばれ、それによりイスラエルは分割地域を四〇％以上増やしたが、そのときの境界がグリーン・ラインと呼ばれる）。

写真1-1 ヨルダン川西岸の分離壁。パレスチナ旗が大きく描かれている。遠方にはイスラエルの監視塔。（毎日新聞社提供）

　壁を建設した理由について、イスラエル政府は、パレスチナ人による自爆テロを防止するためだとしている。筆者が現地でインタビューしたところ、たしかにイスラエルの

建設完了後	
壁の予測長さ	約788km （グリーン・ラインの2倍の長さ）
壁の場所	壁の6%がグリーン・ラインの100m以内。
実際にイスラエルに併合される予測領地	占領下のヨルダン川西岸の43.5%
壁外の入植者の予測パーセント値	88%
壁内に捕らわれたパレスチナ人の予測パーセント値	84.1%
壁とグリーン・ライン間に捕らわれたパレスチナ人の予測人数	343,300人 （パレスチナ人口の14.9%） ※二重壁エリアに住むおよそ93,000人のパレスチナ人も含む
壁により自分たちの土地から分離されるパレスチナ人の予測人数	522,000人 （パレスチナ人口の22.6%）
2004年9月現在の状況	
壁の長さ	186km
壁とグリーン・ライン間に捕らわれたパレスチナ人の予測人数	18の町村に住む13,332人
壁の場所	124km以上の壁がグリーン・ラインの東1km以上に存在
壁の建設で没収された土地	約8,000エーカー
壁とグリーン・ライン間で孤立した土地	25,153エーカー
壁の建設により破壊された、または破壊の危機にさらされている家屋数	約75世帯
壁の建設により破壊された樹木数	102,320本 （このうち83,000本はオリーブの木）
破壊された温室数	546棟
壁の建設で破壊された事業所数	124
壁により没収された井戸または壁の後ろとなった井戸の数	50ヶ所 （壁がある場所の半分以上の水を供給）

表1-2　パレスチナの「壁」の実情と影響
（駐日パレスチナ常駐総代表部ＨＰより抜粋）

人々は、壁のおかげでテロリストであるパレスチナ人からの攻撃は激減し、安心して生活できるようになったとこぞって絶賛する。他方、パレスチナ側はその理由を①植民地をさらに拡大するためにパレスチナの土地を没収し、地理上の境界線を引き直し、②パレスチナ人が自分たちの土地で生計を立てる事をできなくし、十分な水資源を与えず、行動の自由を制限して街や村に住み続けるという選択を実行不可能にして、パレスチナ人の大量移住を余儀なくさせるためだと主張している（表1-2）。

このように、両者の「目的」の理解は正反対であるが、分離壁のルートは入植地を囲むために一九四九年の第一次中東戦争の停戦ラインであるグリーン・ラインよりもかなり内側に入り込んでいることから、パレスチナ側が主張するように、「既成事実化により、入植地を恒久的な領土としようとしている」のではないかという疑念が国際的にも強く持たれているだけでなく、分離壁がパレスチナ人の生活を現実に脅かし、大きな損害を与えていることから、分離壁に対する国際的な批判はかなり高まっている。国際司法裁判所（International Court of Justice：ＩＣＪ）は二〇〇四年七月九日にイスラエル政府の分離壁の建設は国際法に反するものであり、パレスチナ人の民族自決を損なうものとして不当な差別に該当し、違法だという判決を下し、国連総会でも建設に対する非難決議がなされた。

だが、イスラエルの入植の動きは止まらない。二〇一三年一二月にも、ベンヤミン・ネタニヤフ首相はエルサレムと西岸地区において広大な入植地を建設する計画を準備しており、第三のパレスチナ囚人グループを和平交渉における合意に従って釈放したあとに、その入札を発表することを計画していると報じられた。ネタニヤフは、入札の発表を数週間延期するよう求めたアメリカの要求を拒否し、入札の発表と入植の決定を含む新たな声明を発表しないよう求めるＥＵ五大国からの警告を無視したのだった。実は、一度、ネタニヤフはアメリカおよびＥＵからの要求をのむ決定をしていたのだが、それはイスラエルの弱さを示すことになるという国内からの政治圧力に直面し、欧米との約束を反故《ほご》にしたのだった。イスラエルは入植の継続における「国家の権利」を強調している。もちろん、パレスチナ側は猛烈に反発している。パレスチナ問題の境界線はこれからもますますパレスチナ側に侵食していきそうであり、それを壁が固定化しそうである。「境界線」「壁」は通常、「停戦ライン」と一致するものだが、パレスチナの場合は、前述のように、イスラエルがパレスチナ領域を侵食する形で壁が建設されており、パレスチナ側には認められていないラインとなる。

なお、壁ではないが、境界の分離を明確に示すためにフェンスが建設されるケースもある。二〇一三年五月には、ロシア軍がグルジアと南オセチアの間の行政的境界線に有刺鉄線のフェンスを建設した。そのフェンスはグルジア領に食い込んでいると報じられており、南オセチアに隣接した村のグルジア人住民が生活に支障をきたしていることから、グルジア政府はロシアに対して公式の書簡を送付し、大きな怒りを表明している。

国境と領土

境界に壁が建設されるケースも、されないケースもある一方、その「境界」が、「国境」的な意味をおのずと持つことは間違いない。そして多くの場合、未承認国家側は「自国への入国」に際し、査証（ビザ）を要求する。その査証取得の敷居の高さ、すなわち「同国」への「入国」の難易度もその未承認国家の国際的立場を示していると言えそうだ。つまり、国際的な立場が強い国、たとえば台湾やコソヴォなどは、訪問者の国籍にもよるが、査証なしで「入国」できるケースが多いと言えよう。また、北キプロスは日帰りであれば「入国」は簡単であり、パレスチナも少なくとも西岸地区の観光地であれば、査証なしで簡単に入れる。沿ドニエストルへの「入国」も比較的容易だが、ほかの旧ソ連の未承認国家への「入国」は査証取得の手続きが複雑で、決して容易に「入国」できない。

加えて、国境線にともなって確定されるのが「領土」である。領土については、国境が定まっていない以上、ある国とある国の間でその概念に齟齬が起きる。

しかし、国際的には、「実効支配」をしている者が圧倒的に有利になるのが現実だ。たとえば日本の場合、実効支配している尖閣《せんかく》諸島においては日本が有利だが、竹島、北方領土については韓国、ロシアがそれぞれ実効支配しており、日本の分が悪い。

領土問題においては、しばしば「歴史的」な経緯がその主張の論拠とされるが、実は歴史的論拠はあまり説得力を持たない。なぜなら、第一に、関係国が共有する統一の歴史観はまず存在しえないからである。ある歴史的事件が、関係国によって異なる認識を持たれ、歴史教科書の記載が大きく異なることは頻繁に起きている。そして、どの歴史観が正しいかということは、国際裁判でも行われない限り、まず公に判定されえない。第二に、歴史は意図的に歪められることもある。自国に有利になるように、歴史認識が歪められ、自作の歴史教科書などを用いた歴史教育を通じ、国民に浸透させることは少なくない。旧共産圏でも行われていたが、とりわけ「存在を正統化」する必要に迫られている未承認国家ではよくあることである。第三に、長い歴史のなかで、領土の所在は、戦争や侵略などにより、国家間で何度も移動してきたということがある。歴史上のある時期にある国が所有していた土地についてその国に領有権があるということになれば、ある土地を「歴史的根拠」をもとに、複数の国が所有を主張する可能性があるということになる。もし今日、イタリアがかつてのローマ帝国の領土の所有を主張したら、だれもが荒唐無稽だと思うだろう。そもそも、最近は歴史が事実ではなく政治的目的のために作られているケースも多く、「歴史的根拠」はきわめて曖昧《あいまい》なのである。

四　解体される連邦国家

連邦制をとる国家は少なくない。しかも、連邦制が未承認国家成立の要因の一つとなることも少なくない。

連邦とは、複数の政治単位（共和国、自治共和国、州など）が連邦憲法などによって法的・政治的に結合し、対内的には各単位が自治権と独自の統治構造を維持しながら、対外的には統一国家を形成する状態、あるいは、そのような国家形態を指す。ロシア、アメリカをはじめとして、現在でも連邦制をとる国は少なくない。国名に連邦という言葉を含む国は、スイス連邦、ドイツ連邦共和国、オーストラリア連邦、ブラジル連邦共和国などがあるが、連邦という言葉を国名に冠さない連邦もアルゼンチン、オーストリアなどがある。ただ、連邦制度のありようは各国によって多様である。通常、連邦政府は外交、軍事、通貨をはじめとした主権国家としての主要な機能の統一的な権限を持つが、連邦の各構成単位は、独自に憲法、法律、議会、行政府、裁判所、税制などを持つほか、教育や福祉も担当する場合が多い。連邦政府と各構成単位の権限の違いや棲み分けは、各国の憲法や法律、政治構造、政権の意向などによって大きく異なってくる。

このように世界にある一定数存在する連邦であるが、ここ数十年の間に、ソ連やユーゴスラヴィア、そしてチェコスロヴァキアといった旧共産圏の連邦国家が解体し、他方、EUの統合進展が進むなど、連邦をめぐる動きが続いたことから連邦への注目が高まってきた。とくに近年では、一国内での多民族の平和共存を図ったり、地方分権を進めたりしながら主権国家としての統一を維持する手段として連邦制の重要性が増しており、各地でさまざまな連邦の形が模索されている。

たとえば、日本語でいうところの連邦には、連邦（federation）と国家連合（confederation）が含まれる。連邦は中央に統治機構がある形態をとるものであり、アメリカやロシアなどがそれに該当する。他方、国家連合は複数の国家が、条約や協定で規定した一部の国家機能を、共通機関により行使する状態もしくはそのような国家結合の形態をとるものだ。各構成国は、国家連合に委ねた権限を除いては、対外的に独立した主権国家であり、国家連合そのものは第三国からは国家として承認されない。英連邦が国家連合の好例だが、英連邦の場合はコモンウェルス（Commonwealth）を称する。なお、コモンウェルスが意味するものは幅広く、ヴァージニア州など四州が州憲法で「コモンウェルス（米国州）」と規定している事例もあれば、ロシアを中心とした「独立国家共同体＝ＣＩＳ」などに代表される緩やかな国家連合を指し示すこともある。

民族連邦制という実験

冷戦終結後にいくつかの未承認国家を生み出すことになったソ連（一九二二〜九一）と（旧・新）ユーゴスラヴィア（一九二九〜二〇〇三）、未承認国家問題とは無関係であるが、チェコスロヴァキア（一九一八〜九二）などのいわゆる旧共産圏の連邦国家はまた独特の形態をとっていた。それが、民族と領域を結合させた民族連邦制（ethnofederalism）である。

ソ連を例にとって説明すると、ソヴィエト体制は、理論的には共産主義の完成体として、民族と国家の消滅による究極の平等を目指していた。とくに、ウラディーミル・レーニンは民族・言語の将来展望として、強制的同化には反対しながらも、資本主義経済の発展にともなう自然な趨勢《すうせい》として同化・融合が実現するという展望を持っていた。そのため、本来的には、世界同時革命により、世界中の民族と国家の消滅が目指されたわけだが、実際にはソ連一国からそれを始めるという方向性に転換されたという経緯がある。だが、実際にはソヴィエト共産党ではロシア人、ウクライナ人、ベラルーシ人というスラブ系民族が圧倒的な実権を掌握していたが、主観的には諸民族の平等を目指し、特定民族（とくにロシア人）の優越を主張するのではなく、民族を超えた普遍主義・国際主義を前面に押し出して、民族間の格差の是正、非ロシア諸民族の独自な「民族形成」、対等の共和国からなる連邦制といった一連の政策をとった。そのため、中心民族の優位性を明示的に主張する中央集権国家や帝国とは大きな違いがある（塩川、二〇〇四）。

ソ連で社会的成功を遂げるにはロシア語の習得は不可欠であり、それゆえに母語よりロシア語を優先して子どもに教育しようとする両親も少なくなく、実際にもロシア語が優勢になってしまったが、子どもの教育言語は母語・ロシア語から選択でき、母語中心の生活をする機会も確実に保障されていた。そのため、各地にロシア語学校、母語学校がともにあり、親が選択することができた。ただ都市圏などではやはりロシア語を選択する親が多く、母語学校が駆逐された地域もあったというが、逆に地方や農村では母語学校のほうが優勢であったケースも多かった。とはいえ、このような一般的にロシア語が優勢であった社会システムの結果、ソ連解体直後は母語を知らない者も多く、イスラム・カリモフ（ウズベキスタン）やヌルスルタン・ナザルバエフ（カザフスタン）など中央アジアの大統領がソ連解体後に大統領になるために（大統領の立候補要件に母語の能力が含まれているケースが少なくなかった）、母語を必死で勉強したというのはよく知られたエピソードである。住民レベルでも、ソ連解体後に独立した各共和国では母語の浸透が目指されるようになった。最近では、ロシア語を知らない若者が増える一方、母語に加え、外国語として英語を習得するケースが増えている。

さらにソ連では民族の消滅のみならず、文化や宗教も弾圧され、多くの書物が発禁となったり、多くのモスクや教会が破壊されて信仰が禁じられた。ただし、イスラーム教徒に対しては、当局と癒着したムスリム宗務局の監視の範囲でのみ信仰が公に認められるなど、ある程度のガス抜きがなされたのも事実だ。しかし、実際には、人々はひっそりと文化や慣習を温存していた。だからこそ、ソ連解体後には各民族のナショナリズムが高揚するとともに信仰心が高まり、民族的な文化や慣習、伝統が各地で復活したのである。

民族連邦制においては、通例、連邦を構成する各共和国に基幹民族（Titular Nation）の民族名がつく。たとえばソ連のなかに、ロシア人が基幹民族であるロシア・ソビエト連邦社会主義共和国やアゼルバイジャン人が基幹民族であるアゼルバイジャン・ソビエト社会主義共和国などが含まれる、という具合である。旧ユーゴスラヴィアの「数え歌」は象徴的だ。

七つの国境（イタリア、オーストリア、ハンガリー、ルーマニア、ブルガリア、ギリシャ、アルバニアと接していた）、**六つの共和国**（スロヴェニア、クロアチア、ボスニア・ヘルツェゴヴィナ、セルビア、モンテネグロ、マケドニア）、**五つの民族**（セルビア人、クロアチア人、スロヴェニア人、モンテネグロ人、マケドニア人）、**四つの言語**（セルビア語、クロアチア語、マケドニア語、スロヴェニア語）、**三つの宗教**（ローマ・カトリック、セルビア正教、イスラーム教）、**二つの文字**（キリル文字、ラテン文字）、**一つの国家**（その独立を守ろうという国民の堅い意志）

この歌からも、民族連邦制の多様さと複雑さが見てとれるだろう。

連邦の解体と未承認国家の誕生

状況をより複雑にするのが、少数民族問題だ。民族連邦制においては、多くの場合、基幹民族は共和国の多数派を形成するが、ほぼ必ず、領内に少数民族が存在することとなる。この状況を理解するためには、ロシアの民芸品や土産物として有名な「マトリョーシカ」という木製人形を想像すると良いと言われる。腹部で接続されている人形を上下にわけると、なかから次々と一回り小さい人形が出てくるものである。

例として、マトリョーシカ構造でソ連を考えてみよう。ソ連を一番外側の人形と考えると、なかから一五の連邦構成共和国が出てくる（一つあけて一五も出てくると、マトリョーシカとはいえないが）。つまりロシア、ウクライナ、ベラルーシ（ソ連時代は「白ロシア」）、モルドヴァ（ソ連時代は「モルダビア」）、エストニア、ラトビア、リトアニア、アゼルバイジャン、アルメニア、グルジア、カザフスタン（ソ連時代は「カザフ」）、キルギス、ウズベキスタン（ソ連時代は「ウズベク」)、トルクメニスタン(ソ連時代は「トルクメン」)、タジキスタン(ソ連時代は「タジク」)である。そして、次にロシアなど、連邦構成共和国レベルの人形を開けると、そこから自治共和国、自治州、自治管区など主として民族単位とした行政単位がさらに出てくるのである。

筆者はしばしば、「ソ連が解体して、ソ連を構成していた多くの共和国が独立したのに、どうしてチェチェンは独立できなかったのか」という質問を受けるが、その答えは簡単だ。ソ連解体時に独立できたのは、マトリョーシカの二番目を構成していた連邦共和国だけだからである。チェチェンはソ連時代、ロシア共和国のなかの「チェチェン・イングーシ自治共和国」だったが、ソ連解体後は、ロシア共和国がロシア連邦に格上げされたのにともなって「自治」がとれ、さらに一九九二年六月のロシア連邦大統領令にもとづき、チェチェン共和国からイングーシ共和国が分離独立し、別個に共和国を形成することになったという経緯がある。

ともあれ、ソ連時代の行政単位に照らせば、ソ連解体にともなって独立した一五共和国とそれらのなかで自治を得ていた構成体では独立性のレベルが異なり、後者は独立を得られなかった。とはいえ、ソ連解体の際に、すべての共和国が明確に独立を唱えたわけではなかったことには留意されるべきだろう。とくに、独立時に民族主義を掲げる勢力ではなく、旧共産党の幹部が主導権をとった共和国政権では、むしろ、コンフェデレーション(国家連合)論が主流であった(塩川、二〇〇四)。

(1)連邦時代の自治地域	(2)自治の歴史などの根拠がない
アブハジア(旧ソ連のグルジア) 南オセチア(旧ソ連のグルジア) ナゴルノ・カラバフ(旧ソ連のアゼルバイジャン) コソヴォ(旧ユーゴスラヴィアのセルビア) チェチェン共和国 (旧ソ連のロシア)* スルプスカ共和国(旧ユーゴスラヴィアのボスニア・ヘルツェゴヴィナ)*	沿ドニエストル(旧ソ連のモルドヴァ) クライナ・スルプスカ共和国(旧ユーゴスラヴィアのクロアチア)*

注1) 法的親国とその冷戦時代の所属を各未承認国家の名称の後の括弧内に示した。
注2) *印を付したチェチェン共和国、スルプスカ共和国、クライナ・セルビア人共和国は、一時、未承認国家であったといえるが、現在は未承認国家だとはいえない。

表1-3　旧ソ連と旧ユーゴスラヴィアの連邦の遺産と未承認国家の関係

その一方で、ソ連解体に際して、自治共和国、自治州などの行政単位までもが独立を求めるケースも出てきた。そのような場合、独立を目指す行政単位は、それが所属する主権国家と独立闘争を繰り広げることになる。たとえば、ロシアとチェチェン、グルジアとアブハジアおよび南オセチア、アゼルバイジャンとナゴルノ・カラバフ、モルドヴァと沿ドニエストルといった具合である。そして、現在でも、ソ連から独立した主権国家のなかに依然として自治共和国、自治州、自治管区などが存在しているケースは少なくない。

旧ソ連でも旧ユーゴスラヴィアでも、連邦解体の過程で各民族のナショナリズムないしエスノナショナリズムが爆発する形で民族紛争が発生し、それが未承認国家化を招いたという図式が見てとれる。表1－3は、旧ソ連および旧ユーゴスラヴィアの未承認国家(一時的なものも含む)を、(1)連邦時代に自治が認められていた地域だったという基盤があるもの、(2)かつて自治権などを有しておらず、歴史的な地域的根拠がないにもかかわらず、住民が意図的に境界線を引いて「地域」を新たに創造したうえで国家としての独立を主張するものの二つに分類して提示したものである（現存する未承認国家の概説については巻頭を参照）。

こうしてみると、過去に自治権を有していた地域のほうが、未承認国家になる確率は確実に高いといえる。だが、仮にそのような歴史がなくとも、(2)のケースのように国家性を主張する例もあり、かつ沿ドニエストルについて第二章で論じるように、根拠がなくても内的・外的な条件を満たすことができれば、未承認国家として存続できることがわかる。いずれにせよ、連邦制、とくに民族連邦制と未承認国家誕生の関係は間違いなくありそうだ。

五　矛盾する国際原則

「領土保全」か「民族自決」か

未承認国家は、まぎれもなく地位が未確定で、国際法が機能しないグレーゾーンであり、二〇〇八年のグルジア紛争（これはロシアとグルジアという国家間のれっきとした戦争であるが、日本では「グルジア紛争」と呼ばれてきたので、本書でも便宜的にその呼称を用いる）が証明したように、戦争・紛争を再発させる可能性を高く秘めた地である。

これらの状況を考えれば、世界の平和・安定を目指すためには、未承認国家の問題を解消することが必須であることがわかる。だが、実際は、未承認国家の問題はなかなか解決を見ず、長らく「放置」されていると言って過言ではない。

そこには、深刻な国際原則の矛盾、すなわち、「領土保全」と「民族自決」という二つの国際原則の矛盾がある。歴史的に前者のほうが優先されてきたとはいえ、後者も重要な原則であることは言うまでもなく、歴史的には後者が優勢になったこともあった。

「未承認国家」問題に限らず、ひとたび紛争や戦争が勃発すると、通常、その参戦者間の認識、立場はほぼ一八〇度対立する。だからこそ紛争当事者間の交渉による政治的解決はきわめて難しく、そのために国際機関や地域機構、第三国などが「中立な立場で」（ただし中立でないことも少なくない）仲介をして和平に導くのが一般的である。

だが、「未承認国家」を国内に抱える法的親国にとって「未承認国家」の存在は単なる分離主義勢力であり、違法行為の産物にほかならない。たとえば、アゼルバイジャン政府は、自国内で不法占領と主権宣言をした「ナゴルノ・カラバフ共和国」のアルカジー・グカシャン元「大統領」ほかの有力政治家を戦争犯罪人として国際指名手配し、各国・各国際機関に対して逮捕を要請している。CIS諸国は分離主義勢力に悩まされており、実際、ロシアもチェチェン「武装派」を戦争犯罪人として諸外国に逮捕と引渡しを要求している。また、EUが沿ドニエストルのEU加盟を国家承認とあわせて拒否したという経緯もあり、アゼルバイジャンは諸外国からの支持獲得に自信を持っているが、実際のところ、諸外国は同問題には無関心に見える。実際、アゼルバイジャンが国際的に逮捕要請している人物が欧米を何事もなく訪問しているからである。そのような事実があると、アゼルバイジャンは激しい怒りを表明するが、このことは諸外国が未承認国家の問題をなるべく刺激しないようにしていることの証明のようにも見える。

二〇〇八年までは、未承認国家を国家承認したという事例はきわめて少なかった。トルコが北キプロスを承認し、アルバニアがコソヴォを承認しているくらいのものだった。旧ソ連の四つの未承認国家が相互に承認し合っているということもあった。その四カ国は「四カ国外相会議」なども行っていた（のちに、ナゴルノ・カラバフは離脱）。ロシアのウラディーミル・プーチン大統領はかねてより未承認国家「首脳」と会談したりしており、ロシアは国家承認していないにもかかわらず、実際には「国家待遇」で旧ソ連の未承認国家とつきあっていた。このような状況が長年続いていたが、第三章で述べるように、二〇〇八年以降、コソヴォを多くの欧米諸国などが国家承認するようになり、アブハジア・南オセチアをロシアおよびロシアの圧力を受けたいくつかの国が承認するにいたった。

パレスチナの「国家化」

さらに、パレスチナの「国家化」をめぐる動きも近年、大きな変化を遂げてきた。パレスチナは国家の証明ともいうべき国連加盟を目指しており、着々とその地歩を固めているといえる。

二〇一一年九月に、パレスチナは国連加盟申請を行い、イスラエルとアメリカの強い反対を受けつつも、多くの国の賛同を得た。その際、アメリカが即座に拒否権発動を宣言するなど、国連加盟への道は険しいことは明らかだが、その夢をかなえる第一歩ともいえる動きが、同年一〇月の国連教育科学文化機関（UNESCO、以後ユネスコ）への正式加盟であった。パレスチナは、西岸のイエス・キリストの誕生やキリスト教の発展に縁があるベツレヘム、ジェリコなどの地を世界遺産に登録し、パレスチナの領土とその歴史遺産の主権を世界に認めてもらい、ひいてはパレスチナの国家化を既成事実とするため、一九八九年からユネスコに加盟申請をしていたが、最初はまったく相手にされていなかった。だが、国連加盟という最終目的のため、周辺機関への加盟から始めて徐々に地歩を固めていくという作戦は効を奏した。二〇一一年一〇月初めには、ユネスコ執行委員会がパレスチナの正式加盟を勧告し、同月三一日に賛成一〇七、反対一四、棄権五二で加盟が可決されたのである。これは、国際的に「国家」と認められていない「国家」が国連の主要機関で「加盟国」の地位を得た史上初の事例となった。

だが、イスラエル、アメリカはこの加盟承認を「反中東和平」だとして激しく反発した。イスラエルはこの動きに力で報復し、次々とパレスチナの地への入植を進め、空爆やときに地上侵攻も躊躇《ちゅうちょ》しない。また、パレスチナの独立にイスラエルとともに強く反対しているアメリカは、この決定を受けてユネスコへの拠出金を停止した。アメリカはユネスコ分担金の二二％を担う最大の拠出国で、拠出金は年間八〇〇〇万ドルにのぼる。だが、アメリカ国内法は、「パレスチナを国家として認める国連組織には資金を出さない」と規定しているため、アメリカ国務省は二〇一一年一一月に予定していた六〇〇〇万ドルの拠出を凍結すると発表したのだった。ユネスコはほかの国際機関と同様に財政難であるため、このアメリカの動きはユネスコにとって大きな打撃となった。なお、ロシアと中国が主導するBRICS（新興経済大国のブラジル、ロシア、インド、中国、南アフリカ）はパレスチナ支持派であり、ここでも国際政治におけるアメリカ対中ロという図式が見てとれる。ともあれ、パレスチナが一定の支持を獲得していることは間違いない。

さらに二〇一二年一一月二九日の国連総会では、国連におけるパレスチナの地位を「オブザーバー機構」から「オブザーバー国家」に格上げする決議が賛成一三八（日本、フランス、北欧諸国、アラブ諸国、中国、ロシア、インドなど）、反対九（アメリカ、イスラエル、カナダ、チェコ、パナマなど）、棄権四一（ドイツやイギリスなど）の圧倒的賛成多数で採択された。オブザーバーとは、国連総会において、投票権を持たない「オブザーバー」として参加するために招待を受ける実体あるいは国際組織」とされる国家・組織のことである。パレスチナは一九七四年一一月、パレスチナ解放機構（PLO）として国連総会のオブザーバー資格を獲得し、一九八八年一二月にPLOから「パレスチナ」に改称し、一九九八年七月には国連総会での発言権を得ていた。今回の「格上げ」後でもオブザーバーということには変わりはないが、その後につくのが「機構」か「国家」ではその意味合いは大きく異なる。「国家」への格上げは、パレスチナを事実上、国連が国家として認めたことを意味する。さらに「国家」というステイタスを得たことで、国際刑事裁判所（ＩＣＣ）への加入も可能となるなど、その意味は甚大だ。

なお、国連は、本決議のなかで、パレスチナによる国連への正式加盟申請について「安全保障理事会が前向きに検討すること」に期待を表明するとともに、パレスチナとイスラエルの「二国家共存」の実現のため、中東和平交渉の再開および加速化が緊急に求められると謳《うた》っていた。この決議により、パレスチナではイスラエルの力による入植地拡大を食い止め、国際的にパレスチナの独立を獲得するうえでの大きな一歩だとして人々が歓喜に沸いたが、イスラエルは平和を後退させる動きとして猛反発を見せた。また、「アメリカとイスラエルの孤立」が明確なものとなったと見なされた。

このように、二〇〇八年以降、未承認国家の「国家化」が急に現実味を帯びてきたのである。しかも、必ずしもアメリカなどの大国が承認をしなくても、独立が承認される可能性すら多分にありそうである。さらに強調したいのは、国家としての承認が得られていなくても、未承認国家が国際関係を築いている例は少なくないということだ。

だが、未承認国家が生き延びるためには、その承認、非承認にかかわらず、パトロンや大国からの政治的、経済的、軍事的支援が必要だ。パトロンにとってもメリットがある場合があり、たとえばロシアによる旧ソ連の未承認国家に対する支援は、ロシアにとって、旧ソ連圏に対する影響力を保持するための有益な外交カードである。しかし、そのような未承認国家に対する諸外国による支援は、法的親国からすれば、先述したように主権侵害にほかならない。なぜなら、法的親国にとっては、未承認国家はまぎれもない自国の主権領域だからである。

爆弾としての民族自決

そもそも、未承認国家の存在そのものが、法的親国にとっては違法であるが、未承認国家側は人民自決原則を援用して、「民族自決」を主張することによって、自身の正統性を確保し、ひいては国家承認を得たうえでの独立を目指している。

民族自決原則とは、ある民族集団が自分たちの意志にもとづいて、その帰属や政治組織、政治的運命を決定し、他民族や他国家の干渉を認めないとする集団的権利であり、自決権とも呼ばれる。

民族自決原則を最初に唱えたのは、一九一七年の一〇月革命に際してレーニンが発表した「平和に関する布告」だとされているが、マルクス主義者やソ連のボリシェヴィキたちが皆、民族自決原則を支持していたという理解は間違いであり、レーニンが突出してその原則を支持していたとされるし、同様に民族自決を支持したとされるヨシフ・スターリンの持論とレーニンのそれにも乖離《かいり》があったため、その理解には注意が必要だ。

そして、民族自決原則が世界規模で影響を持つようになったのは、当時のアメリカ大統領ウッドロウ・ウィルソンが翌一九一八年に「一四カ条の平和原則」のなかで提唱し、それがヴェルサイユ条約での原則とされたことが契機であると考えられる。その原則こそが、その後しばらくの民族独立の基準となっていった。

そして、それが法律の形で明確に定められるまでには、第二次世界大戦の混乱をへたあとの、一九六〇年を待たねばならなかった。同年一二月一四日に、国連憲章第一条二、国連総会決議第一五一四号「植民地諸国、諸人民に対する独立付与に関する宣言」(「植民地独立付与宣言」)において、はっきりと民族自決の原則が明記されたのである。その後、国連のお墨付きもあり、民族自決原則は一般国際法上の権利として認められるようになり、多くの植民地の独立が可能となったのである。加えて、一九六六年に採択された国際人権規約により、規約締約国は自決権を保障する国際法上の義務も負うこととなった。

だが現在、この原則が「主権尊重・領土保全」と矛盾することで大きな問題をはらむようになったのは前述の通りだ。国家内部の少数民族や先住民の自決権がどこまで認められるのかという問題に、答えはまだ出されていない。

とくに同原則の概念は、歴史の変遷とともに変化してきたが、一九八〇年代後半以降の旧ソ連・東欧圏の変容の折にも熟考を迫られることになる。ペレストロイカの進展にともない、民族問題、さらに分離独立運動が次々と表面化したことは、植民地の独立問題に消極的になりつつあった国連に新たな問題を突きつけた。国家の分離に正統性を与える必要が生じただけでなく、旧連邦構成共和国が主権国家化すると、国家レベルの自決問題と国内レベルの自決問題が密接に関連しながら生じてきたのである。

なぜか。それは民族のマトリョーシカ構造のたとえ（本章四節）を思い出せば容易に想像できるだろう。マトリョーシカで言うところの外側と二番目の人形が独立したため、そのなかに内包されている人形たちが独立を要求しはじめるという具合である。

意識的に回避されてきた自決とマイノリティ保護の関係の明確化が急務となった。こうして、「人民自決」を意図的に「民族自決」に読み替える趨勢が出てきた。ＯＳＣＥ（Organization for Security and Co-operation in Europe：欧州安全保障協力機構）や大国は、国家承認の際に「人民自決」原則を都合よく読み替え、一九九一年六月のＯＳＣＥ少数民族会議では、国家レベルでこの点を確認しようとしたのだった。

しかし、単一民族国家と見なせる国家が一〇％にも満たない現状では、「民族自決」原則は大きな爆弾でもある。先進諸国では民族的少数派に対する寛大な譲歩などにより、分離・独立運動の顕在化を極力抑え込むことができた（エスニック運動への封じ込め）が、多くの矛盾を内包していた旧ソ連・東欧の国家には分離運動を制御することができなかった。

優先される領土保全

ウエストファリア条約の公理とされる「領土保全」の原則は現在の領土の状態が守られるということを、「主権尊重」は主権が平等に尊重され、内政干渉を受けないことを保障するものである。そして現行の国際システムが平和と安全のために最適だと認識されている以上、自決原則が優先されることは想定しがたい。なぜなら、新しい国家が生まれるということは、現行の国際システムに変更が起きることを意味するからだ。現行システムが安定していると考えられている以上（各地で内戦、紛争、テロが頻発する現行のシステムが安定しているとはとても言いがたいが）、大国は「変化」を恐れる。とくに、新しく生まれた国家は小さく、とても脆弱であり、その国自体が混乱したり、経済的困窮に陥ったりすることも少なくない。そうすると、その混乱が周りの国にも波及してしまう。たとえば、生活の安定や職を求めて周辺国への移民が急増することもあるだろう。そうなると、地域全体が不安定化してしまう。そのため概して「現状維持」が志向されてきたのである。

「民族自決」と「領土保全・主権尊重」という重要原則が矛盾する形で並立するなか、一般的に「領土保全・主権尊重」が優先されてきたにもかかわらず、「民族自決」が優先された例外的な時期が四度あった（表１－４）。一九世紀、第一次世界大戦後、第二次世界

場所	時期
ラテンアメリカ	19世紀
欧州	第一次世界大戦（1914-1918）後
アジア、アフリカ、カリブ地区、太平洋地区	第二次世界大戦（1939-1945）後
東中欧	冷戦終結後（1989）

表1-4　国家の独立の歴史的な４つの波

大戦後、冷戦終結後の四つの時期である。ただし、一九世紀の事例は、ラテンアメリカにおける事象であり、また、「民族自決」に関する原則が公に出される前のことであるので、今回の議論からは除外して考えるべきだろう。本書は例外的な時期は三つあったという前提で話を進める。

第一次世界大戦後には、一九一八年一月にパリ講和会議において、ウィルソン米大統領の提唱した「一四カ条の平和原則」の一つである「民族自決」の原則のもと、ロシア革命と、敗戦国となった「中央同盟」の解体によって生まれた中東欧地域の空白地帯が「国家承認」を受け、独立の対象となった。実は、ウィルソン米大統領は、中東欧地域のみならず、欧州諸国の植民地にも自治権を与えようとしていたが、戦勝国のイギリスとフランスが猛反発したため、またアメリカ自身も植民地を所有している立場から、欧州諸国のみに犠牲を強制することはできなかったため、民族自決権の適用、すなわち新興国への独立の付与は中東欧地域に限定されることとなった。また、この際の「民族自決」原則の中東欧地域への適用の背景には、巨大化したオーストリア＝ハンガリー帝国を解体しようとする列強の意思も大きく働いたと言われる。加えて、ロシア帝国やオスマン帝国など当時の大きな帝国は多民族国家が多く、民族自決権を提示することで、これらの国のなかの内乱を誘発し、それら帝国を弱体化させる狙いもあったとされる。結果、第一次世界大戦後に、独立した国家は表1－5の通りである。

これら諸国の国家承認がなされたのは一九二〇年であった。これら新興独立諸国は、前述「一四カ条の平和原則」を礎《いしずえ》に生まれたヴェルサイユ体制のもとで独立が維持されたが、世界恐慌

国　名	独立日	～から独立	備　考
エストニア	1918年2月24日	ロシア帝国	
オーストリア	1918年	オーストリア＝ハンガリー帝国	
チェコスロヴァキア	1918年	オーストリア＝ハンガリー帝国	
ハンガリー・ソヴィエト共和国	1919年3月21日	オーストリア＝ハンガリー帝国	1920年に国王空位で摂政が統治する王制へ移行し、ハンガリー王国に
フィンランド王国	1917年12月6日	ロシア帝国	1919年に共和制へ移行し、フィンランド共和国に
ポーランド	1918年11月11日	ロシア帝国	
ラトビア	1918年11月18日	ロシア帝国	
リトアニア王国	1918年2月16日	ロシア帝国	同年11月2日に共和制へ移行し、リトアニア共和国に
ユーゴスラヴィア王国（セルボ・クロアート・スロヴェーヌ王国）	1918年		セルビア王国を主体に成立

表1-5　第一次大戦後に独立した国家

が勃発すると、新興国であるがゆえに、元来の脆弱性にプラスして農民問題や工業の未発達など雇用や経済の諸問題もあり、政情が不安定化してしまった。また、脆弱なうえに小国であったがために大国の緩衝地帯と化し、第二次世界大戦が勃発すると次々と侵略され、事実上、独立を奪われる形となり、その独立は多くのケースで短命に終わった。

一方、第二次世界大戦後ほどではないが、第一次世界大戦後にも脱植民地化が進み、イギリス、アメリカ、フランス、イタリアなどの植民地の一部が独立した。

第二次世界大戦後には、脱植民地化の波が世界を席巻した。それはアジア、アフリカで多くの新興独立国を生むことになった。とくにそれを勢いづかせたのが一九六〇年一二月一四日に国連総会において可決された決議一五一四第一五項「植民地独立付与宣言」である。その決議票の内訳は、賛成八九、反対〇、棄権が九（オーストラリア、ドミニカ共和国に加え、主要な植民地の宗主国であったアメリカ、イギリス、フランス、ベルギー、ポルトガル、スペイン、南アフリカ）だった。

また冷戦終結直後も民族自決原則が圧倒的な勢いを持った時期である。ソ連とユーゴスラヴィア、チェコスロヴァキアの解体により、それぞれから多くの国が独立したのである。加えて、二〇〇二年の東ティモールのインドネシアからの独立にいたるまで、断続的に世界の脱植民地化も続いてきた。

だが、いくら民族自決原則という正当な権利を掲げたとしても、その土地・民族を失う側はそれらを容易には手放さない。とくにビアフラや南スーダンなど、資源問題が絡む場合は余計にその傾向が強まるだろう。民族自決原則を掲げて独立が達成されたケースでも、流血をともなった事例は少なくない。

そもそも民族自決は、先ほども述べたが、きわめて曖昧な道徳的原則である。第一次世界大戦後の欧米諸国はこの原則で中東欧の諸問題が解決できると考えたが、民族問題の解消はそれほど簡単ではなかった。欧州では、民族自決原則をも根拠にする形でナチス・ドイツの横暴、すなわち、チェコスロヴァキアやポーランド、オーストリアなどに住むドイツ系住民の保護を名目に、それらの地域を侵攻するとともに、ユダヤ人に対するホロコーストを断行するという歴史の悲劇が引き起こされた。アメリカでは人種差別に反対する公民権運動が活発化し、政治の発展には寄与したものの、長く続いた人種差別で黒人は苦難を強いられた。

このように民族自決が優先されたのは大きく三つの時期だけであり、その間、断続的に小規模に民族自決権が意味を持ってきたのが実情である。二〇一一年七月九日に南スーダンの独立が承認されるなど（コラム参照）、もちろん例外的な動きもあり、「領土保全」の優先という原則が必ずしも保持されているわけではないこともわかる。旧ソ連・ユーゴスラヴィアについては、後述のように、冷戦終結時の国際的な旧東側領域の国境についての考え方についての合意があったが、それすらも、コソヴォ承認問題で揺らいでいる。このように未承認国家や新国家の承認には原則がないのである。そのため、国際社会は、未承認国家の問題に白黒つけることができないでいると考えられる。

column

スーダンでは北部（アラブ系民族、宗教はイスラーム教徒が中心）と南部（アフリカ系民族、宗教は主にキリスト教など）の間で長年にわたる対立があったが、とくに一九八三年以降、北部政府と南部反政府勢力スーダン人民解放運動／スーダン人民解放軍（ＳＰＬＭ／ＳＰＬＡ）の間で二〇年以上にわたる内戦が勃発した。紛争は長期化し、甚大な犠牲者が出たが、二〇〇五年に北部政府の政権党である国民会議党（NCP）とSPLM／SPLAとの間に南北包括和平合意（Comprehensive Peace Agreement：CPA）が成立し、南北内戦が終結した。その後、統一政府および南部政府成立、憲法改正・南部憲法制定、南部住民投票法制定、総選挙実施などのCPAの履行が進んでいったのをへて、二〇一一年一月九日～一五日にスーダンからの南部スーダンの分離独立を問う住民投票が実施された。結果は、圧倒的多数（九八・八三％）で分離独立が支持され、南スーダンの独立が決定した。南北の境界線の一部未確定、アビエ地域の帰属問題、南スーダン産石油収益の南北利益配分問題や債務問題など、南北間の未解決問題は山積していたが、それらは継続交渉事項とされ、まずは独立が優先された。そして、二〇一一年七月九日に晴れて独立の運びとなり、同日、日本を含む主要国が国家承認をし、国際的に独立国としての地位を勝ち取った。

それでも、例外的な三つの時期と単発的な例外を除いては、概して「民族自決」よりも「領土保全・主権尊重」の原則が優先されてきた。そもそも民族自決というのはたいへん曖昧な概念であることを何度も述べているが、同時に、現在、同一民族で構成される国家は世界の一〇％にも満たないといわれており、民族自決権をもっとも重要な道徳的原則として扱うと、多くの地域で流血の惨事が発生するのは想像にかたくなかろう。

たとえば、国連も「領土保全・主権尊重」の原則をより尊重していることを示唆する事例として、近年、旧ソ連の未承認国家に対して出された国連決議を紹介する。それは、二〇〇四年一月三〇日の「国連決議第一五二四号：グルジア情勢に関する決議（UN Security Council Resolution 1524:The situation in Georgia）」であり、全会一致で議決された。そのなかの「紛争の結果として地理的な変更が行われることは受け入れがたいことを再確認」という文言から現在の領土保全を優先する立場が確認できる。

再燃する凍結された紛争

同決議は平和維持部隊その他の安全と移動の自由の確保について、アブハジアとグルジアの双方に責任があるとし、そのことはアブハジアに一定の責任能力を認めていることになり、また、アブハジアとグルジアを同等の交渉主体としているが、これはアブハジアに対する国家承認を意味しない。

この「交渉主体」の問題も、未承認国家問題では一つのカギとなる。和平交渉の際、未承認国家側は自分たちが交渉主体となることを主張するが、未承認国家は法的親国にとって「存在しているべきではない」存在であるため、法的親国は未承認国家との交渉を拒否するのが通例である。

なぜなら、法的親国が未承認国家と直接交渉をすること自体、法的親国が未承認国家の存在を公認してしまうことになるからだ。そのため、アゼルバイジャンはナゴルノ・カラバフとの交渉をいまだに拒んでおり、和平交渉は常にアゼルバイジャンとアルメニアの代表が行ってきた。コソヴォとセルビアが直接交渉をするまでにも長い時間がかかった。

平和維持について補足すると、CISが平和維持で国連やOSCEと並び、特別な役割を担っているという旧ソ連地域の紛争に共通の問題がある。グルジアはそもそもソ連解体直後の内政の混乱および強い民族意識により、CISに加盟していなかった。しかし、一九九三年にロシアのエリツィン大統領がグルジアの紛争解決と引き換えにCISおよびCIS安全保障条約への加盟を迫り、グルジアのエドゥアルド・シェワルナゼ大統領はその要求を受諾せざるを得なかった。それにより、グルジアは両紛争を「停戦」という形で凍結することができたが、問題は依然として解決していない。

民族問題が解決しないことへの不満から、グルジア、アゼルバイジャン、モルドヴァはCIS安全保障条約を脱退し、ウクライナとともに反ロシア的地域協力機構とされるGUAMを構成しているが、GUAMは民族問題の解決も大きな目的としており、実際に未承認国家を抱え、それによりロシアの圧力を受けている三国が参加していることから、未承認国家問題が法的親国に与える影響の大きさがうかがえる。なお、GUAMという名称は加盟国の頭文字からきているが、一時、ウズベキスタンが加盟していたときはGUUAMという名称だった。GUAM諸国は反ロシア的な立場をとる一方、親欧米路線を追求するとされてきたが、その志向性は政権やときの政治指導者によって波があり、国際情勢や地域情勢の影響によっても状況が変わってきたし、アゼルバイジャンは極力欧米とロシアの間で中立的であろうとするなど、動向は一様ではないが、欧米諸国からは支援を受けている機構である。

「凍結された紛争」か「長期化した紛争」か

このＧＵＡＭは黒海地域に位置しているが、この地域の脆弱性は常々懸念されてきた。たとえば、エコノミスト誌は、現状維持されている未承認国家の問題が武力闘争の形で再燃する可能性を危惧し、「黒海地域のいわゆる凍結された紛争がいつか再燃したら、誰かが非常に大きなバケツをもって待機していなければならない」と論じた。つまり、一度「凍結された紛争」が再燃すれば、それは周辺地域に飛び火し、広汎に拡大する可能性が高いため、適切な非当事者が柔軟に紛争解決に粘り強く取り組まねばならないということを示唆している。数年前まで、未承認国家の状況は「凍結された紛争（The frozen conflict）」もしくは「平和でも戦争でもない状態（No Peace, No War）」と表現されてきた。

つまり、一見安定しているかのように見える未承認国家の存在は、決して平和を意味するものではなく、戦争状態と表裏一体である。地域の情勢が不安定であると、その地域において次々と紛争が連鎖することがある。紛争が一つ起こると、難民が発生し、近隣地域に流れるため、社会不安が起こりやすい。また、同一地域内では社会、経済状況が似ている場合が多く、どこかがなんらかの要求をすれば、別の地域も追従する可能性が高くなるだけでなく、その人々の不満を醸成しやすい環境が、平和的な話し合いの芽を摘み、紛争の引き金を引きやすくすることもある。たとえば、ロシアで一九九二年に起きたイングーシ・北オセチア紛争は、チェチェン紛争、グルジアの諸紛争、ナゴルノ・カラバフ紛争の影響を多分に受けていると言われてきた。

　グルジアなどは、「凍結された紛争」という言葉に反発し、「長期化した紛争（Prolonged Conflict）」と呼ぶことを長年主張してきた。実際に、グルジアとアゼルバイジャンでは、それら紛争は決して凍結されておらず、頻繁に小競り合いや銃撃事件が発生し、多くの死傷者を出してきた。二〇〇八年のグルジア紛争は世界に未承認国家の脆弱性をまざまざと見せつけることになり、「長期化した紛争」という言葉が一般的に使われるようになったのである。

　国際社会は未承認国家の存在を世界平和の脅威であるということを明確に理解しているのであるが、それを中立的に解決する基準がないのが実情であり、だからこそ未承認国家に対する日和《ひより》見《み》的な政策が散見されるともいえるだろう。そしてその日和見的な対応が、未承認国家の明確な解決方法が確立するのを妨げ、未承認国家をよりグレーゾーンに追いやっている気がしてならない。

第二章
未承認国家という現実

一　未承認国家とは

未承認国家について、最初に「主権国家としての宣言をしつつも、国際的な国家承認を得ていない国」だと簡単に述べたが、それでは定義として不十分である。とはいえ、その実態の多様性を反映してか、未承認国家に関する広く共有された定義は確立しておらず、呼称も確立していない。

一方、日本語では、英語の Unrecognized States を邦訳した単語である「未承認国家」ないし「非承認国家」が用いられている。かつて、圧倒的に「未承認国家」という単語のほうが多く使われていたが、「未」という言葉には、現在は承認されていないが、将来的には承認されるという含意があるかの印象を与えることから「非承認国家」という呼称のほうが適切だと考える者も少なくない。ただ、筆者は長年にわたり自身の著作において未承認国家という呼称を用いてきた経緯もあり、本書では「未承認国家」という呼称で統一する。

定義できるのか、どう定義するのか

それでは、未承認国家の定義について考えてみよう。近年まで、国際政治学の分野で未承認国家の定義といえば、パル・コルスト（Kolstø, 2006）やスコット・ペッグ（Pegg, 1999）の定義が主に使われてきた。しかし、二〇一二年、ニーナ・カスパーセンは、これまでの未承認国家研究が「外側からの視点」でなされてきたことを批判しつつ、豊富なフィールドリサーチをふまえて、「内側からの視点」を加味した新しい定義を提示した。筆者は、そのカスパーセンの定義が現状ではもっとも未承認国家の実態を適切にとらえた定義だと考えている。その定義は次のようなものである（Caspersen, 2012, p.11、傍点部分は、コルストやペッグの定義に、カスパーセンが新たに加えた要素である）。

第一に、未承認国家は、それが権利を主張する少なくとも三分の二の領土とおよび主要な都市とカギとなる地域を含む領域を含合しつつ、事実上の独立を達成している。

第二に、その指導部はさらなる国家制度の樹立と自らの正統性の論証を目指す。

第三に、そのエンティティ（政治的な構成体）は公式に独立を宣言している、ないし、たとえば、独立を問う住民投票、独自通貨の採用、明らかに分離した国家であることを示すような同様の行為を通じて、独立に対する明確な熱望を表明している。

第四に、そのエンティティは国際的な承認を得ていない、ないし、せいぜいその保護国およびその他のあまり重要でない数カ国の承認を受けているに過ぎない。

第五に、少なくとも二年間存続し続けている。

この定義は、未承認国家の実態をより的確にふまえていると思われる。つまり、未承認国家とは、前述のモンテヴィデオ議定書の国家の要件に照らせば、三つの条件、すなわち、領域、恒久的住民、政府を備え、自らは外交能力もあると考え、諸外国に国家承認を求めるものの、承認を受けていない「国家」であり、いわゆる国際法的な主権国家にはあたらないものだといえるだろう。

このように、カスパーセンにより定義がかなり現実的に改善されたとはいえ、いまだ広く共有され確立した定義がないということは、未承認国家はそれだけ曖昧かつ学術的に成熟していない課題であるということがいえるだろう。筆者自身も未承認国家についてさまざまな文献を読んできたが、実際に自分が現地に行ってみるまで、彼の地のイメージはまったくつかめなかった。

そもそも未承認国家を専門にする研究者は少ない。筆者も国際政治学をバックボーンに、旧ソ連の地域研究を行ってきた。筆者がとくに専門としているフィールドは南コーカサス地域である。筆者の博士論文は、ナゴルノ・カラバフ紛争を主な事例研究とした旧ソ連地域の紛争や民族問題を扱ったが、その執筆のために、筆者は二〇〇〇年から〇一年にかけて国連大学「秋野記念フェロー」として約一年間アゼルバイジャンを拠点に研究を行った。ナゴルノ・カラバフはれっきとした未承認国家であり、また、ロシアが未承認国家を支援した、ないし支援し続けている事実や、ロシアが未承認問題を利用してその法的親国に政治的、経済的、軍事的な圧力をかけ続けてきたことから、ナゴルノ・カラバフとその他の旧ソ連の未承認国家の比較研究を行うようになった。旧ソ連の政治を考えるうえで、未承認国家問題を無視することは絶対にできないのだ。

筆者は、地域などを扱う研究においては、文献研究と現地調査の二本立てで行うことが必須であると従来から考えている。文献はこれまでの研究者やジャーナリストなどが集めた情報、分析、議論の宝庫であり、もちろん必須のものだ。だが、文献が真実を語っているとは限らない。情報が古くなり、変化が生じてしまっているということもあるし、情報そのものが間違っていたり、具体的にはプロパガンダ的なものであることも少なくない。そもそも収集した人物のバイアスが情報を意識的・無意識的に歪めていることも大いにありうる。本書でも述べるように、未承認国家では都合のよい歴史の創作が行われており、未承認国家の教科書などを見ると、その都合のよさに愕然とさせられる。

未承認国家への入国の難しさ

筆者は未承認国家においてもできる限り現地調査をしてきた。まず訪問を試みたのはナゴルノ・カラバフだったが、いまだにそれは達成できていない。未承認国家に「入国」するには、その国によってシステムに大差があるが、多かれ少なかれ「国境」通過のための手続きが必要で、査証が必要なケースも少なくない。だが、通常であれば査証はパスポートにべったりと貼り付けられるものだが、そこは未承認国家も国際的な立場をわきまえていて、パスポートには貼り付けず、別紙をパスポートに挟んだり、クリップ留めにしたりする場合が多い。なぜなら未承認国家は国際承認されていない存在であり、そこへの入国は、その法的親国の「主権の侵害」を意味することになるからだ。法的親国が未承認国家との行き来を制度的、暗黙的に認めている場合は問題ないが、厳しい罰則規定を定めている場合もある。たとえばアゼルバイジャンだ。ナゴルノ・カラバフをアゼルバイジャン政府の許可なく（一部の国際機関のスタッフなどを例外としてまず許可は下りないと考えたほうがよいが）訪問した場合は違法となり、その後、アゼルバイジャンへの入国ができなくなるばかりか、悪くすれば三カ月以上投獄された例もある。

筆者はかつてアルメニアの首都・エレヴァンにあるナゴルノ・カラバフの領事館で、ナゴルノ・カラバフで現地調査をするために査証を取得しようとしたことがある。査証が出ることはわかったが、先方は筆者のパスポートに査証を貼り付けると言って譲らず、訪問を断念した。その後は、アゼルバイジャンに配慮し、ナゴルノ・カラバフがアゼルバイジャンの主権下に戻るまでは訪問をしないことに決めた。だが、筆者に対するナゴルノ・カラバフの対応は異例だったようだ。実は、筆者はナゴルノ・カラバフを訪問した人を数多く知っている。そして誰もが、査証はきわめて容易に出され、しかもパスポートに貼られることもなかったというのだ。人によっては、アルメニア人有力者にともなわれて、査証はもちろん、一切の手続きもなく、アルメニア国内であるかのようにナゴルノ・カラバフに入ったという。ちなみに、アルメニアでアルメニアの地図を買うと、ナゴルノ・カラバフがアルメニアの一部として明確に描かれている。アルメニア人からすれば査証の存在そのものに違和感があるのかもしれない。

かつてはグルジア側からも行くことができたが、近年はロシア側からしか入れないアブハジア、南オセチアへの訪問に対し、アゼルバイジャンほどではないが、グルジアも神経質になっているようだ。研究目的、医療目的、ボランティア目的など確たる目的を示したうえでグルジア政府に正式に申請し、了承をとればよいのだが、無許可で両地域に行き、それが公になると、グルジアへの再入国ができなくなるケースもあるという。実際に筆者の知人のアメリカ人研究者は、その理由で、グルジアに永久に入国できなくなった。

未承認国家に行ってみた

その後、筆者は未承認国家である沿ドニエストル、コソヴォ、パレスチナ、北キプロス、そしてかつて未承認国家であったスルプスカ共和国とモンテネグロで、実際に現地調査を行った。沿ドニエストルについては、拙著『強権と不安の超大国・ロシア』（光文社新書）に一章を使って現地の詳細を書いたのでご関心がある方はそちらをご参照いただきたいが、ソ連時代のシンボルが用いられ、レーニン像が町中に残るさまはまさにソ連の亡霊のようであった。住民にはプロパガンダが植え付けられているのか、筆者のような外国人には日本語がわかるスパイによる徹底的な監視がつけられた。同地では住民は皆本心を語ろうとしない。だが、行間から彼らの不満とやるせないあきらめの気持ちを感じとることができた。

多くの未承認国家は、査証の付与に関しては、その書類をパスポートに挟み込むような方式をとっているが、コソヴォでは通常の主権国家のように、パスポートにはしっかりとコソヴォの入国・出国印が押されたし、多くの国から国際便が就航している。しかし、コソヴォではコソヴォという国家としてのアイデンティティがまったく感じられなかったことに衝撃を覚えた。領内に住んでいる多民族の調和をモチーフとした国旗は義理で掲揚されているような雰囲気で、アルバニア人はアルバニアの、セルビア人はセルビアの国旗を公共施設や自宅などに掲揚していた。筆者が「なぜコソヴォの旗よりもアルバニアやセルビアの旗が掲揚されているのか」と、コソヴォの住民たちに聞くと、「こんな人工的な国にアイデンティティなんて感じられない。自分はアルバニア人で、アルバニアにアイデンティティを感じる」というような内容の答えばかりが返ってきたのだ（本章の写真2－3を参照）。それでも、コソヴォは欧米諸国のディアスポラ（海外に離散した同胞）などから手厚い政治的、経済的な支援を得て、未承認国家のなかでは、かなり主権国家に近い存在になりつつある。

パレスチナでは、イスラエルの攻撃によりしばしばパレスチナ人が死傷していること、壁や住宅の建設によりパレスチナが主張する領土をどんどん侵食していることなどからパレスチナ人のイスラエルに対する反発がきわめて大きい一方、イスラエル側もパレスチナをテロリストと言い放つなど、相互に強いナショナリズムが見てとれる。とくに、パレスチナ側は攻撃されればされるほど、反イスラエル意識で人々が心を一つにするという側面もある。パレスチナとイスラエルは壁などで明確に分断されている一方、個人レベルでは交流も若干はあるようであったが、イスラエルの武力的なパレスチナ領への侵食や、子どもに対してまで容赦なく攻撃する姿勢が問題解決をより困難にしていると感じざるを得なかった。

写真2-1 観光客でにぎわう北キプロスの街を行く軍人（筆者撮影）

北キプロス（自称「北キプロス・トルコ共和国」）は、まさにリトル・トルコであった。南北キプロスの行き来は、現地で容易に取得できる紙の査証で簡単にできるため、観光客も多く北キプロスに入っており、未承認国家にしては活気があって驚いたが、いたるところに軍人がいて、緊張感はもちろん漂っていた（写真2−1）。また、キプロスではギリシャ正教が信仰されているのに対し、北キプロスではイスラーム教が信仰されているが、分断前には教会などキリスト教の宗教施設として使われていた建物が、モスクなどイスラーム教の宗教施設に改修されていたのも象徴的であった。北キプロスはトルコとの

関係しか法的な国際関係がなく、航空機もトルコとの間でしか就航していないが、国際的な存在感を高めるために、欧州を中心とした多くの大学の分校を誘致し、きわめて安い授業料で「留学」できるということを売りに、欧州などの学生を呼び込む活動を熱心に行っている。他方、その「法的親国」であるキプロスは観光産業に依存する経済であるため、欧州の景気に経済を大きく左右されてきただけでなく、経済的・文化的に関係の深いギリシャの金融危機の煽《あお》りも受け、二〇一三年三月にはキプロスはユーロ圏で救済を受ける五番目の国になった。

また、キプロスはタックス・ヘイブン(租税回避地。無税もしくはきわめて低い課税の税制をとる国や地域)としても有名で、ロシアとの関係がきわめて密接である。キプロスでは多くのロシア人が居住したりバカンスを過ごしたりしており、ホテルでは英語よりロシア語のほうが通じるほどであるし、さながらリトル・ロシアという感じすらした。また、ロシア・東欧諸国からのマネーロンダリングで悪名高い国だったという側面も持つ。そのようになってしまった現実を、キプロスの人々は、豊かな観光資源が多くあった北キプロスを強奪されたからだと考えているようであり、キプロス分断の契機を作り、現在もキプロスに広大な軍事基地を保有し続けているイギリスと北キプロスの支援者であるトルコに対する鬱積《うっせき》を募らせている。

現在のスルプスカ共和国は、ボスニア・ヘルツェゴヴィナの構成共和国として安定しており、ボスニア・ヘルツェゴヴィナ側からは何のチェックも境界もなく行き来ができる。イスラーム教徒が多いボスニアサイドで豚肉を売っていないのに対し、スルプスカ側では豚肉を普通に売っているなどの文化的違いはもちろんあるし、紛争時代の戦犯問題など深刻な問題も多く残っているものの、政治的には安定していると言ってよい。

モンテネグロには、同国がセルビアから正式に独立したあとに調査に行ったが、住民投票で独立を求める票を投じたのがかろうじて過半数の五五・五%に過ぎなかったという経緯を裏付けるかのように、「独立しないほうがよかった」「セルビアの一部のほうがよかった」という意見を多数聞いた。ひいては、住民投票で本当は独立支持派のほうが劣勢だったが、欧米の陰謀で独立支持票が五五・五%となったのだという者すらいた。モンテネグロはセルビアと軍事衝突がなかったということもあるが、分裂した法的親国に対してこれだけよい感情が目立つ旧未承認国家はないだろう。実際、モンテネグロは夏場のアドリア海の観光業しか経済資本がなく、失業率も高いため、優秀な人材の国外流出が目立つという。後述の通り、そもそもモンテネグロは未承認国家には分類しがたくもあり、ほかの未承認国家とは大きく性格が違うが、未承認国家が仮に独立をしても、決して前途は洋々ではないという前例と考えてよさそうだ。

二　未承認国家の誕生

それでは、未承認国家はどのような契機に誕生するのだろうか。未承認国家の誕生や存続の背景には、国内要因と国際要因の両方があることを考える必要がある。

暗躍するマフィア国家

未承認国家が誕生する際の国内要因としては、①ある国家や地域の解体や再編、②権力の移譲や体制転換などの政治変動、③国家の成熟度（脆弱性、マフィア国家ないし失敗国家であるか否かなどが目安となる）、④民族自決の動き、などがあげられる。

また、それらを引き起こす契機となる可能性が高いのが、既存の政治体制への反対運動や革命、分離・独立運動、それらが発展して発生する紛争などである。

たとえば、ここではマフィア国家について例をあげておこう。マフィア国家とは、国益と犯罪組織の利益が結びつき、犯罪組織と政府が融合しているような国であり、非合法貿易に深く関与する場合が多い。マフィア国家は、魅力的な市場へのアクセスが脅かされた場合には武力を行使する傾向がある。

アブハジアと南オセチアの分離独立をめぐって生じた二〇〇八年のグルジアとロシアの武力衝突を例に考えてみよう。カーネギー国際平和財団のコーカサス研究者、トマス・ドゥヴァールによると、紛争前の南オセチア経済に非合法取引が占める割合は非常に高く、犯罪組織が非合法ビジネスで大きな利益を手にしていた。南オセチアの前「大統領」のエドゥアルド・ココイトゥイもロシアのビジネスマンであった過去を持ち、南オセチア全体が非合法ビジネスで成立していたと言っても過言ではない状況にあった。直接的な証拠を入手するのは難しいが、その違法活動の規模を見る限り、ロシア政府高官が犯罪組織のパトロンあるいはパートナーとして積極的に協力していたと考えられる（筆者によるインタビュー　二〇一三年四月一九日）。

もちろん、民族紛争、グルジアの国内政治、そして旧ソ連地域で覇権を維持したいロシアの思惑も大きい。旧ソ連の未承認国家をめぐる問題では、ロシアの思惑が一番大きな要素となる。二〇一二年八月のプーチンの発言によれば、グルジア紛争は二年前から準備されていたし、戦争直後の元大統領顧問の発言によれば、グルジアによる二〇〇四年のアジャリア自治共和国奪還時、つまり四年前から準備されていたという。ロシアとグルジアを紛争に駆り立てた要因は数多くあるが、周辺地域で魅惑的な密輸事業に関与する組織がロシア政府に戦争を進言したことは十分に考えられるのだという（ナイーム、二〇一二）。

次に、未承認国家の誕生には、国際的な要因も大きくかかわっている。国際的には以下のような条件のときに、未承認国家が誕生しやすい傾向がある。すなわち、①ある既存領域に変化が生まれたとき、②国家の独立性が揺らいだとき、ないし損なわれたとき、③国家の主権が脅かされたとき、④国家が脆弱化したり、脆弱な国家が生まれたとき、⑤領土保全より民族自決権を優先する国際的な雰囲気が醸成されているとき、である。また、これらの事情が発生しやすくなる条件として、ある国・地域の問題や紛争への外部主体の干渉や支援、ないし外部主体の侵攻があることにも留意すべきだろう。

このように考えると、未承認国家の誕生には、国内要因より、むしろ直接的には、国際情勢のほうが強く影響するともいえるだろう。なぜなら未承認国家は第一章で見たように、世界史において、ある特定時期に集中して誕生しているからだ。

地域が再編成されるとき

第一に、地域の再編成が発生した時期である。国や地域の国際的な呼び方が変わるような時期や植民地の図式が変化する時期ともいえるだろう。たとえば満洲国が生まれた時期は、植民地の図式が変わった時期である。そして、冷戦の影響といえる部分も多いが、第二次世界大戦直後にも集中して誕生したことが確認できる。また、旧ソ連・バルカン地域の未承認国家が生まれた時期は、まさに国家の再編成が起き、地域の呼称が変わった時期である。具体的には、ソ連とユーゴスラヴィア（ユーゴ）が崩壊して新たな主権国家が多く生まれる一方、地域の呼称も変わった。たとえば、日本の旧ユーゴ研究における地域区分は「東欧」から「バルカン」に変わったが、そもそも「旧ユーゴ」という過去の枠組みに反発する研究者もいるという（百瀬、二〇一二）。また東欧という地域概念は、冷戦時代の「東側」（共産圏）、「西側」（民主主義・資本主義圏）という分離を想起させることもあり、現在、過去に「東欧」と言われていた地域は、現在、中欧と東欧、バルカンに変わった。これらのことから内外が認める国際的な地域や国家の再編成が起こるときに未承認国家が生まれやすいといえそうだ。なお、筆者はソ連とユーゴスラヴィアの崩壊をきわめて重く見ており、その問題については、たびたび具体的に触れていく。

第二に、冷戦期である。冷戦期は第一の「地域の再編成」があったうえで冷戦の影響も受けたと考えたほうが適切である。未承認国家との関係が深い分断国家の多くも冷戦の影響を受けて生まれたといえる。

冷戦の開始時期、終焉《しゅうえん》時期についてては学術的にはいろいろな議論があるが、ここでは便宜的に第二次世界大戦以降からベルリンの壁が崩壊した一九八九年一一月までを冷戦期とする。

ここで、第一章の表1－1を再びご覧いただきたいのだが、そうすると冷戦期および冷戦終結後には多くの未承認国家が誕生したことがおわかりになるだろう。ここで興味深いのは、冷戦期に誕生した未承認国家が冷戦終結後に終焉していることである。そして、冷戦後に誕生した未承認国家は、とくに旧ソ連と旧ユーゴスラヴィアから誕生したが、それ以外の地域から生まれたものもある。そして、これら未承認国家は、未承認国家のままでいるもの、独立を勝ち取ったもの、法的親国に吸収されたものなど、さまざまな経緯をたどったのである。

未承認国家が増えた第二次世界大戦直後と冷戦後の二つの時期は、国家の数が増えている時期と重なる。二〇一二年一月一日現在の未承認国家を含まない世界の独立国の数は一九五カ国（国連加盟数は一九三カ国）であり（総務省ＨＰによる http://www.stat.go.jp/data/sekai/notes.htm）、第二次世界大戦前の独立国の数が七一カ国であったことを考えれば、国家の数は大戦後に大幅に増えたことが理解できよう。このことは、国際法でいうところの「民族自決」の法則が、例外的に「領土保全」の原則に優先されたからである。

帝国主義の遺産とのかかわり

未承認国家と帝国主義との関係もまた重要である。国際政治学者の寺田貴は、日本をめぐる領土問題は二〇世紀初頭の日本の帝国主義と切り離せないと指摘する。日本が東アジアへと領土を拡大していった際、しばしば暴力的な手段が使われたことが、支配下に組み込まれた地域の人々の間に強い反発を生んでいるというのだ。「欧州はある程度、冷戦の負の遺産を解決してきたが、領土問題など、アジアでは今でもたくさんの問題が残っている」と寺田は言う。事実、日本は第二次世界大戦を正式に終結させる平和条約をロシア（かつてのソ連）と締結していない（ＡＦＰ、二〇一二）。

つまり、これらから考えると、国際的な未承認国家の誕生の要因の一つに「帝国主義」国家の政策の遺産がかかわっているといえそうだ。この問題は、本書の第四章で軍事基地という具体例をあげて詳説するが、歴史的な「帝国」だけでなく、アメリカに代表される、いわゆるスーパーパワー、ないし大国を「帝国」と呼ぶ最近の趨勢においては、広い意味での大国がそのパワーの維持のために未承認国家を利用している現実が見てとれる。

未承認国家が生き残るには

一度誕生した未承認国家が「生き残る」ことも容易ではない。なぜなら、未承認国家は本来的には違法な存在であり、それが存在していないことが国際政治的にはノーマルな状態だからだ。そのため、生き残るためには、国内的かつ国際的な条件が必要となる。

まず、国内要因としては、未承認国家の「政府」がそれなりの支持を住民から受けていること、ナショナリズムの鼓舞・教育などによる住民の統合、「歴史」の歪曲とその浸透を含む正統性の確保、それなりの経済活動とある程度の収入（ただし、第四章で述べるように、未承認国家は正規の国際関係が築きにくいため、その活動には必然的に麻薬などの違法なものの密輸、人身売買、闇経済などダークな経済活動が多く含まれる）、住民への恐怖心の植え付け（裏切った場合に恐ろしい目に遭うという意識の植え付け。見せしめや潜在的な脅迫も含む）などが必要となってくる。

住民への恐怖心の植え付けというような議論を日本人が理解するのは難しいが、このような状況を理解する手がかりとして、一九九五年のカンヌ国際映画祭でパルム・ドール大賞に輝いたエミール・クストリッツァ監督の映画『アンダーグラウンド』（一九九五年）を勧めたい。本映画は未承認国家を扱ったものではないが、同監督が旧ユーゴスラヴィアの母国であるボスニア・ヘルツェゴヴィナの五〇年にわたる悲哀を、ナチス・ドイツ占領下のセルビアを舞台とし、ブラックユーモアを織り交ぜて再構築した大作であり、国が崩壊したあとも、「国民」のナショナリズムの鼓舞や脅迫、ダークな経済活動などで「国」が存続していったが、虚構が明らかになった瞬間に「国」がバラバラに砕け散るさまを見事に描いている。

国内要因でありつつ、未承認国家からすれば国際要因となるのが、法的親国の脆弱性である。法的親国が大国であれば、そもそも未承認国家は生まれにくいか、万一誕生してもその領域を維持して生き延びるのは困難である。たとえば、ロシアにおけるチェチェンの事例が好例であろう。過去には短期間ながらチェチェンは未承認国家であったといえるが、現在のチェチェンはプーチンの腹心とも言われるラムザン・カディロフの恐怖政治による抑圧された安定がある一方、独立穏健派は海外に亡命して「チェチェン・イチケリア共和国」を主張し続け、独立過激派は北コーカサス各地やロシアなどでテロ活動を行いながらイスラーム国家の建設を目指す「カフカース首長国」を宣言するなど、バラバラの状態だ。ロシアと比して、圧倒的に軍事的に弱い立場にあったにもかかわらず、ゲリラ戦を有利に進めて、一度はロシアに軍事的に勝利したものの、それでも独立を維持することはできなかったのだ。

未承認国家の存続には、国際的にはもちろん第一に、外部からの支援が必要となる。この支援の主体は、国際機関、地域機関、国家、ディアスポラなどと多様であり、またその内容も、経済支援が筆頭となるが、政治支援、軍事支援など多岐にわたる。また、前述したように、一部の国際機関や地域機関に参加することで、より主権国家に近い形で国際社会とのかかわりを持つこともまた存続をより確実なものとする要因となる。加えて、実際の国家承認が得られれば、もっとその存在の正当性を強化できる。その国家承認は、たとえ主権国家ではなく、未承認国家による承認であっても、心強いものとなるのは間違いない。そして、たとえ公的な国際関係がなくとも、経済交流や技術交流、文化交流などさまざまなレベルの交流を促進していくことも存続を支える一つの要因になる。最後に、未承認国家の政情や経済が安定していればしているほど、その存在意義と承認を受ける可能性が高まるため、停戦状態がより安定的に保たれるような外部の「監視」の存在も未承認国家存続の基盤となる。コソヴォはその好例といえるだろう。

世界から取り残されないために

なお、二〇〇〇年代の欧米の未承認国家研究では、国際要因、とくに外部からの多面的な支援が存続要因として強調されてきた。だが、前述のカスパーセンは二〇一二年の著作で、むしろ国内要因が重要であることを強調している。彼女は、孤立したエンティティである未承認国家は生き残りのために外部勢力に依存し、その主たるものはパトロンや保護国からの、財政的、軍事的な支援であるが、未承認国家とパトロン・保護国の関係が単純ではないこともまた明らかにする。

加えて、外部からの援助が、ディアスポラや限定的ながらその法的親国、また国際社会からなされるケースもあるとしつつ、敵対的な国際環境のなかで生き抜くためには何より内部の連帯と内部からの政治的支持が必要だというのが、彼女がもっとも強調するポイントである。未承認国家が民主化する可能性は決して低くなく、その法的親国よりもむしろ高い民主化の評価を得ているケースも少なくない。それでも、国際的な承認を得られていないという事実は、軍備の増強の必要とも相まって、確実に民主化や自由化の足かせになるというのだ。

国際的な承認が得られていないという状況は、日本人には理解しづらいだろう。たとえば、外国に行くことを想像してみてほしいのだが、外国に入国するにはパスポートが不可欠だ。しかし、国際的に承認されていない国が発行するパスポートは何の意味も持たず、それをもってして外国に入国することは不可能だ。そのため、未承認国家の住民は、たとえばアブハジアや南オセチアならロシアというようにパトロン国家のパスポートを取得するなどして海外への渡航をするしかないのだ。だからこそ、グルジアは近年、自国内の未承認国家の住民に信頼醸成の一手段として、パスポートの付与をオファーしているのである（ただし、当該住民たちはロシアのパスポートを入手できるため、グルジアのパスポートを入手することにメリットを感じておらず、実際の申請はほとんどない〔Hirose, 2014〕）。また、未承認国家では独自の電話の国際番号なども得られない。それがどれほど不便なことかは容易に想像できるだろう。国家承認を受けていない地域に住むということは、世界から取り残された存在になることを意味するのである。

三　未承認国家の条件

生き延びるための最低限の条件

次に、冷戦終結後に成立した未承認国家について考えてみよう。まず、冷戦終結直後の時代は、新興国家が例外的に多く生まれた時期であるとともに、独立を目指す構成体にとって、それまでとは違った制約とともに、新たな可能性をもたらしたと考えられる。多くの未承認国家は、「民族自決」の原則を掲げているが、冷戦後の世界はそのような要求を一般的には受け入れていない。分離独立を求める紛争は、一般的にある国家の「内政問題」の一部としてとらえられており、それゆえに、その法的親国の承諾がない限り、未承認国家問題に諸外国や国際社会が関与することは非合法だと見なされる傾向があった。いわゆる、内政不干渉原則の厳格な解釈はこれまでのさまざまな状況のなかで修正されてきたものの、未承認国家問題が困難な課題であることには変わりがない。他方、未承認国家は国際化により生き延びていくための最低限の条件を獲得しやすくなり、正統な国際的立場を勝ちとれる自信を強めている。未承認国家は誕生するのも生き延びるのも容易ではないなか、コソヴォのように事実上、かなり国家に近い状況にまでのぼり詰め、実際に主権国家となることを現実的に考えられるようになった例もあるのである。

また、冷戦後の時代に生まれた現代の未承認国家は、歴史的な未承認国家の先例とは性格が異なる。

第一に、かつての未承認国家は傀儡国家として事実上の独立を維持していたが、現代の未承認国家は少なくともある程度は独力で独立を維持しているケースが多くなっている。

第二に、承認を得られないということは、法的親国の領土保全や主権尊重の原則との兼ね合い、ないし、主権国家ではない主体の自決権が事実上限定されているという現実と関係している。冷戦時代は政治イデオロギーがある政治アクターの正統性に大きく影響していたが、現代の未承認国家の承認問題は、その「政権」の経験的な能力や採用している政治イデオロギーなどとは無関係である。

民主化を確立する

第三に、近年の未承認国家の多くは、自らの存在の正統性を得るためにも、民主化や自由化など、より良い国家となるべく努力を積み上げ、実際に具体的な成果を出しているということがある。冷戦後の世界では、冷戦中の「共産主義対自由主義・民主主義」という単純な図式が崩れ、民主化・自由化がどれだけ進んでいるかということが国家のレベルの尺度になってきた。それにともない、未承認国家が「国家」として承認されたり、諸外国から人道援助を受けたりするうえでも、民主化を確立することは現代の未承認国家にとっては重要な課題となっていると言え、表

2-1からも明らかなように、未承認国家が法的親国よりも民主的に秀でていると評価されている例も少なくない。

なお、コソヴォや台湾などボーダーラインのケースについては特筆すべきだろう。両国は正式な国家承認はされていないが、パトロン国の航空会社の飛行機や特別機のフライト以外の、公の国際便が多数運航しているし、入国審査などもあり、諸外国から「国家」としてほぼ同等の扱いを受けていると言ってよいだろう。とくに台湾は、法的親国の中国の政治体制に対する国際的な信用が高くないこともあり、また地政学的にも好位置であることから、中国のみならずほかのほとんどのアジア諸国を凌駕《りょうが》するインターネット網のハブにもなるなど、その重要性は年々とくに高まっている。この背景には、中国より台湾のほうが信頼できる、とくに、インターネット網という情報に関係した性格のものについては、中国で深刻になっている言論統制や情報統制などに諸外国が警戒していることが大きく働いていると考えられる。

たとえ国家でなくとも、かなりの自立性をもって国際社会で独自の存在感を維持している地域・コミュニティや、独立を獲得する前の未承認国家は、堅固な国際的保障を得るうえで、しかるべき協定を結んでいることがほとんどである。ほんの一例となるが、たとえば南ティロルはイタリアとオーストリアの間の協定でステータスを保障されているし、北アイルランドはイギリスとアイルランドの間の「グッド・フライデイ・アグリーメント」協定で保障されている。また、香港は中国とイギリスの間の共同声明により特別の地位が保障されているし、マカオは中国とポ

自称の「国名」	人口規模（概数のケースも含む）	一人あたりGDP（米国ドル）	軍事規模			フリーダムハウスランキング（2013年版）＊	親国および民族的共通性を持つ国のフリーダムハウスランキング（2013年版）＊
			常備軍	予備群	人口比率(%)		
アブハジア共和国	240,075(2011)	2,530(2009)	3,000	45,000	22	△(ー、ー)	グルジア:△(○、△)
ナゴルノ・カラバフ共和国（アルツァフ共和国）	137,700(2007)	2,372(2010)	18,500	25,000	32	△(ー、ー)	アゼルバイジャン:×(△、×) アルメニア:△(ー、×)
ソマリランド共和国	3,500,000(2008)	226(2003)	15,000	0	0.5	△(ー、ー)	ソマリア:×(ー、×)
南オセチア共和国	72,000(2010)	250(2002)	2,500	13,500	22	×(ー、ー)	グルジア:△(○、△)
沿ドニエストル・モルドヴァ共和国	517,963(2012)	392(2003)	4,500	15,000	4	×(ー、ー)	モルドヴァ:△(ー、△) ウクライナ:△(○、△) ロシア:×(△、×)
北キプロス・トルコ共和国	294,904(2010)	14,047(2007)	5,000	26,000	12	○(ー、ー)	キプロス:○(ー、○) トルコ:△(△、△)
パレスチナ国	4,500,000(2013)	2,394(2011)	15000	61,500	17	×(ー、ー)	イスラエル:○(ー、△)
ボーダーラインのケース							
コソヴォ共和国	1,803,000(2011)	3592.6(2012)	2,147	0	0.1	△(ー、△)	セルビア:○(ー、△) アルバニア:△(ー、△)
台湾（中華民国）	23,060,000(2011)	20,328(2012)	290,000	1,657,000	8	○(ー、○)	中国:×(×、×)

＊自由 ○、部分的自由 △、自由ではない ×（記載がないものは「ー」）、最初の印は総合評価、括弧内の左はインターネット、右はプレスについての評価
注）国名は略称を用いた。

表2-1　現代の未承認国家の規模と自由度ランキング（2013）
（フリーダムハウスホームページ〈http://www.freedomhouse.org/〉より

ルトガルの間の共同声明により特別の地位が保障されている。また未承認国家であった頃の東ティモールは一九九九年に、ポルトガルとインドネシアが東ティモール自治拡大に関する直接住民投票を実施することで合意し、国連も東ティモール・ミッション（UNAMET）を設立して住民投票を支援したのを皮切りに、独立に向けての国連東ティモール暫定行政機構（UNTAET）を設立するなどして、東ティモールの独立が現実のものとなった。オーランド諸島もフィンランドとスウェーデンとの間の合意で自治が保障されているなど、事例は枚挙に暇がないが、このように国際的な確たる保障があると、その地域の自立性はかなり守られるといえるだろう。

主権国家に生まれ変わるとき

ここで興味深いことがある。市民的自由が諸国で守られているか監視することを目的とする国際組織であり、毎年各種ランキングを発表しているフリーダム・ハウス（Freedom House）は未承認国家についても評価を行っている。フリーダム・ハウスの評価についてはさまざまな批判もあるが、相対的に評価を比較するうえでは一定の参考になるだろう。

前述の表2－1を見ていただきたい。「失敗国家」という偏見を持たれる傾向が強い未承認国家であるが、実は予想に反して、自由度がきわめて低い未承認国家は少なく、多くは部分的に自由が認められており、北キプロス、台湾などは自由度が高いという評価を受けている。さらに興

国際社会への統合の度合い	国家承認を受けているかどうか	0	なし
		1	他の未承認国家からのみ承認を受けている
		2	10カ国以下から承認を受けている
		3	10カ国以上から承認を受けている
	代表部の存在	0	なし
		1	未承認国家の海外代表部のみ存在
		2	10カ国以下の外国の代表部が存在
		3	10カ国以上の外国の代表部が存在
	紛争への国際機関の関与	0	なし
		1	地域的な国際機関
		2	国連
	国際機関への加盟	0	ゼロ
		1	いくつかの機関にオブザーバーの資格で参加
		2	いくつかの機関に正式加盟している
	外部のパトロンの存在	0	パトロンがいない
		1	パトロンがいる
対外貿易	一人当たりの貿易の取引高	0	なし
		1	2,393米国ドル(世界平均の1/2)以上
		2	4,785米国ドル(世界平均)以下
		3	4,785米国ドル(世界平均)以上
	対外貿易パートナーの数	0	なし
		1	一つの支配的な貿易パートナーがいる
		2	いくつかの貿易パートナーが存在
コミュニケーション	国際航空便	0	なし
		1	一つの航空会社と少数の航空経路、ないし、いくつかの航空会社と一つの航空経路がある
		2	複数の航空会社が存在し、多くの航空経路がある
	郵便	0	直行の郵便取引がなされていない
		1	直行の郵便取引がなされている
	国境規制	0	入国が制限されている
		1	一般的な査証制度がある
		2	一般的な査証免除制度がある
	電話・インターネット	0	電話の国番号もインターネットのドメインもない
		1	電話の国番号・インターネットのドメインを独自に持つ

表2-2　現在の未承認国家を分類するためのエイキとトォムラによる指標
(Eiki and Toomla 2009, p.32より)

0-2.5	存在の完全な否定	なし
2.6-5.0	拒否・排斥	ナゴルノ・カラバフ、沿ドニエストル、ソマリランド、アブハジア、南オセチア
5.1-7.5	寛容	北キプロス
7.6-10	準承認	台湾、コソヴォ

表2-3　現在の未承認国家に対する国際社会の対応
(Eiki and Toomla 2009, p.33の表に、筆者が南オセチアを加筆)

味深いことに、ナゴルノ・カラバフ、ソマリランド、台湾にいたっては、その法的親国より高い評価を得ているのである。このことは、前述の台湾の例のように、国際的な信用と大きくかかわっていると言える。

現在の未承認国家がおかれている状況は多様である。その帰趨《きすう》を左右するうえで大きく影響するのが国際社会における各未承認国家の地位である。ここで有益なのが、二〇〇九年に発表されたベルク・エイキとラウル・トォムラの研究で提示された指標である（Eiki and Toomla, 2009）。彼らは、国際社会がどのように未承認国家に対応しているのかを分類するとともに、国際社会が未承認国家を承認する際の変数を導き、実際に現存する未承認国家をその変数を使って分類した。具体的には表2－2に示された変数を利用し、表2－3にあるように、国際社会の未承認国家への対応を①存在の完全な否定（スケール：〇～二・五）、拒否・排斥（スケール：二・六～五・〇）、寛容（スケール：五・一～七・五）、準承認（スケール：七・六～一〇）の四つに分類したのだ。

表2－3の分類内容を補足すると、「存在の完全な否定」は、未承

認国家の法的親国や親国と密接な関係にある国などがその存在そのものを認めず、その存在をなきものとするべく多面的に行動することも多いケースである。そして、「拒否・排斥」は、その存在は認めるが国家承認はせず、無視したり、法的親国に配慮してその法的違法性を認めたりするケースである。「寛容」は、国家承認はしないものの、その存在を容認し、ある程度の関係を築く場合もあるケースである。「準承認」は、国家承認をしていないものの、実質的な国家関係を築いているケースである。さらに、一部の国や未承認国家、国際機関は、未承認国家を実際に承認したり、積極的に支援をしたりしているケースもある。そして、その数が圧倒的な数に達したとき、未承認国家は主権国家に生まれ変わるのである。

四　ネイションとナショナリズム、そしてアイデンティティ

国家や未承認国家を考えるうえで、ナショナリズムの問題を切り離すことはできない。近代国家システムを支えるものとして、ナショナリズムが果たした役割は大きかった。

一つのネイションは一つの国家を持つべきであるとする思想が、近代ヨーロッパに生まれ、それが国民国家（ネイション・ステイト）を誕生させた。日本語では、国家を持たないネイションを民族、国家を持つネイションを国民と規定している。そして、ナショナリズムとは、ごく簡潔

に定義すれば、国民（ネイション）を自由で主権的なものとして実現しようという運動だと言える。そして、国際政治のなかで、民族自決権が尊重されるようになったのとともに、各地で沸き上がったナショナリズムの運動があいまって、わずか一〇〇年足らずの間に地球上の国家の数は実に三倍以上に増えたのだった。

ナショナリズムには大別して二つの大きな作用がある。文化が共有されると考えられる範囲まで政治的共同体の版図、すなわち領土を拡大しようとする作用と、政治的共同体の掌握する領域内に存在する複数の文化を支配的な文化に同化しようとする作用があるが、これらの作用が、独立を目指す動きと独立を阻止する動きの両面に影響していることは間違いない。独立とは一国または一団体が完全にその主権を行使できる状態になることであるが、現実には独立という言葉が指し示すものはかなりの幅を持っており、ケースバイケースで大きく異なってくる。民族問題においては、独立は文字通りの独立の意味だけでなく、もともとの国家内には残るものの広範な自治を獲得することや、もともとの国家から離脱して別の地域や国家と統合することなど、さまざまなパターンがある。

たとえばウクライナでは、二〇一三年一一月から三つの段階をへて混乱が続いていたが、その第三段階といえる東部地方の混乱のなかで、二〇一四年五月一一日に東部のドネツク、ルガンスク両州の親ロシア派勢力が、ウクライナ暫定《ざんてい》政権や国際社会の反対をよそに「国家としての自立」の是非を問う住民投票を強行した。両地域で約九割が支持する投票をしたとされるものの、多くの違反行為が行われ、とても法的効力がある投票とは言えないものであったが、そもそもその投票が問うていた問題の解釈は一様ではなかった。投票用紙に記載され、住民に問われた「国家としての自立」について、ドネツクの中央選挙管理委員長は「自決権」の確立を問うもので、独立の是非は今後決めると説明したのに対し、ルガンスクの広報担当者は「ウクライナからの独立」を意味するとしていたのだ。住民の間でも「自立」が、ウクライナ国内での自治の拡大を意味するという立場、文字通りの独立を意味すると考える立場に加え、独立したうえでロシアへの編入を想定する者までもが存在していたようだ。この住民投票からも、ナショナリズムの問題にしばしば付随してくる「独立」が持つ意味の多様さがよくわかる。

とくに近年の未承認国家の問題では、ナショナリズムに加え、共通の言語・文化・生活様式を持つエスニック（民族）集団が、自らの手で独立国家を建設しようとする「エスノナショナリズム」など、ナショナリズムの亜種的な議論をも考えていく必要がある。

国民を発明する

ナショナリズムはきわめて多面的な現象で、リベラリズムや反リベラリズム、社会主義、共産主義、反共主義、あるいはファシズム、反ファシズムなど、ほかのさまざまな政治イデオロギーと容易に結合して作用する。そして、過去にはそれがホロコーストやポグロム（集団的な略奪、虐殺、破壊行為など）に代表されるラディカルな民族排斥運動や紛争、戦争に直接結びつくことも少なくなかった。さらに背景にある歴史もきわめて多様だ。このような多様性ゆえ、ナショナリズムの定義は困難である。多くの研究者がさまざまな定義を提示してきたが統一されたものはなく、どの定義も多義的になると同時に、人工的な曖昧さがつきまとう。

一般的な定義として知られているのは、『民族とナショナリズム』を書いたアーネスト・ゲルナーによる、「政治的な単位（具体的には国家）と文化的あるいは民族的な単位を一致させようとする思想や運動」であろう。つまり、あるネイションの独立・統一・発展を目指す多分に政治的な思想と行動だと定義づけている。ゲルナーは「ナショナリズムはもともと存在していないところに国民を発明することだ」とも言っており、ナショナリズムは「想像されたものである」と議論するアメリカの政治学者ベネディクト・アンダーソンと共通する。

その大前提として、ナショナリズムを理解することがきわめて難しく、とくに国際的に共通の認識を持つことはほとんど不可能であることを指摘しておきたい。その難しさは、関係する言葉の多義性とその言葉を日本語にするときに一語では置きかえられないことからも明らかだ。たとえば、ネイション（nation）といえば、国民、民族、国民国家、主権を行使する人民などさまざまな日本語の対訳が想定できる（山内、一九九六）。こうしたネイションの活動がナショナリズム（nationalism）であるが、ナショナリズムについても、民族主義、国家主義、国民主義、国粋主義など多様な日本語訳がある。このようにナショナリズム関連の言葉を英語と日本語できちんと理解することは難しい。そして、それはほかの言語でも同様であり、それぞれの言語の性格や言語の意味を規定してきた文化や歴史などによって、ナショナリズムやネイションという言葉の持つ意味、ニュアンスが変わってくると言える。

ニュアンスについてもうすこし考えてみると、ナショナリズムという言葉が与える感情的な含意もまた脈絡によって違うであろう。たとえば、ナショナリズムを絶対悪として考える人間もいる。一九六〇年代のアジア・アフリカの民族主義・ナショナリズムに対しては、反動勢力だと考える者もいた。このナショナリズムの理解は、当該の問題にかかわるアクターの立場や利害関係にも影響される。

良いナショナリズムと悪いナショナリズム

「良い」「悪い」という区別に関して言えば、英語のパトリオティズム（patriotism）とナショナリズム（nationalism）の区別にも関連してくるだろう。この二つの言葉は、区別が難しいが二通りの区別がなされてきたと塩川は述べる（塩川、二〇〇八）。第一のものは、忠誠・愛着の対象の違いにもとづくもので、これはさらに二通りに分類できる。一つは、パトリオティズムが「愛郷心」という日本語で示されるような狭い領域への愛着を示し、より広い国家への忠誠がナショナリズムだとするもの、いま一つは前者と関係が逆になるが、多民族国家においてはその国家全体への忠誠心がパトリオティズムで、そのなかの一つの民族への忠誠心がナショナリズムだとするものである。後者のようなナショナリズムは、ソ連やユーゴスラヴィアにかつて存在し、現在でもイギリスなどにその例を見ることができるだろう（たとえば、グレート・ブリテンへのパトリオティズムとスコットランドなどへのナショナリズムの併存）。

第二のものは、対象は問題とせず、かかわり方による分類となるが、それも何通りもある。素朴な愛着心や仲間意識を「愛国心」、より自覚的なイデオロギーを「ナショナリズム」と区別する方法、過度にのめり込む排他的で偏狭な態度を「ナショナリズム」と呼び、より開かれた意識を「愛国主義（愛国心）」と区別する方法、そして公共性や自由を基礎としたものを「愛国主義（愛国心）」、公共性を欠いた自己中心的な意識を「ナショナリズム」する考え方などである。これらはアプローチの方法や対象が多様であるが、どちらかというと、「愛国心（愛国主義）」に良いイメージ、「ナショナリズム」に悪いイメージを付随させていることが多いが、このイメージは実際のところ、あまり意味を持たないと考えてよいだろう。

また、未承認国家を多く生み出したソ連における「民族」も複雑に定義されていた。言語、地域、経済生活、文化生活という四つの共通性を完全に満たすのがナーツィヤ（民族）で、それに準じるのがナロードノスチ（民族体／亜民族）、その下位の共同体がプレーミャ（種族）というように人々を資格づけていた。この資格は多民族国家ソ連の維持には重要な意味を持ち、ナーツィヤはソ連構成共和国を、ナロードノスチは自治共和国や自治州、そしてプレーミャは自治管区を持つことができた。こうして、民族を格づけることにより、ソ連の行政の基盤を形成したのである。

ナショナリズムの四類型

ここで、ナショナリズムをより具体的に理解するために、政治や経済の成熟度をベースにナショナリズムを類型化したものと、民族の分布範囲と国家の領域との関係を基盤に類型化したものを提示してみよう。

政治や経済の成熟度をベースにしたものは三つある。第一は政治・経済的先発先進国があげられる。その代表例はイギリスであり、絶対王政を軸とした主権国家形成が先行し、その後、文化的民族統一がなされたパターンである。この場合、英語の nation は国家と同意となる。このような国のナショナリズムは、他国に対する優越感と結びつき、「帝国」的行動にも結びつく。

第二の類型として、政治・経済的後発先進国があげられる。その代表例としては、ドイツやイタリアなどがあげられよう。そこでは文化的民族の形成統一が先行し、それが統一国家形成を追求する主体となるが、統一国家を形成する過程で前述の政治・経済的先発先進国を追い上げる運動としてのナショナリズムが発生するケースである。

第三の類型として、近代において植民地化された社会があげられる。宗主国による非主権的な統治機構の成立後、それに抵抗する形で民族の復権と文化・政治的自治が主張されるようになり、それがナショナリズムとして体現されてゆくケースである。そこからさらに分離・独立運動に発展するケースもある。

民族の分布範囲と国家の領域との関係にもとづく類型は、塩川が提示したものであり、四つのパターンがあげられている（塩川、二〇〇八）。

その第一は、ある民族の分布範囲よりも既存国家のほうが小さく、同一民族による国家が複数分立している状況である。このような状況で生じるナショナリズムは、往々にして分立状態からの統一を求める運動となる。これには、一九世紀のドイツ統一とイタリア統一、一九五〇〜六〇年代のアラブ・ナショナリズムの運動、一九九〇年の東西ドイツ統一など多くの例があり、現在の朝鮮半島や中国と台湾などのいわゆる分断国家にもその要素を見出せる。

また、これらの例は国家が統一されていない場合だが、ある程度の統一がなされていても、その国家の領土の外に当該民族と同系統の人の集住する地域が存在するケースも多く、そのようなケースでは、その地域を獲得ないし奪回しようとする動きが生まれることがある。それは失地回復運動などと呼ばれる。また、領土までを求めることはしないが、在外同胞の保護を推進しようとする運動なども、これと似た性格を持つ。

第二の類型は、第一の類型とは逆に、ある民族の居住地域がほかの民族を中心とする大きな国家の一部に包摂《ほうせつ》され、少数派となっている場合である。この場合、それまで所属していた国家からの分離・独立を目指すようになるか、その国家のなかで政治的自治を獲得しようとする運動に発展する。連邦化や文化的自治の要求という形で意思が表出されることもある。この例は枚挙に暇がなく、本書が扱う未承認国家も多くはこの類型にあてはまるだろう。

なお、第一の類型と第二の類型が重なるケースもある。ある民族が複数の国家の領土にまたがって存在し、自らの国家を持たない場合である。一方では既存国家からの独立を求め、他方ではその居住地域の統一を求めることになる。現代のクルド・ナショナリズムはその好例である。

第三の類型は、ある民族の分布範囲と特定の国家の領土がほぼ重なっているケースである。ナショナリズムの目標が達成されているのだから、ナショナリズム運動は起きないという説明も可能に思えるが、実際には起きる。それにはまず、領土と民族分布がほぼ重なっていると言っても完全な一致ではなく、在外同胞や国内の少数民族問題の存在のために微妙なずれが生じている場合が考えられるだろう。これは第一類型や第二類型の亜種とも考えられるだろう。だが、もっと重要なのは、国家の範囲と民族の範囲が基本的に合致すると見なされているような国でも、その民族の一体性をより強めなければならないという考えや運動が発生するケースである。とくに対外的にさまざまな競争や対抗関係が生まれているときに、それに勝利するために国民／民族の団結をより強くすべきことが叫ばれる。戦争はもちろん、経済競争、スポーツの大会などもその誘因になるだろう。

第四に、ある民族が世界中に離散しており、どこでも少数派になっているケースが考えられる。これをディアスポラないし在外同胞と呼ぶ。この言葉は本来、ユダヤ人ディアスポラのみを指していたが、アルメニア人などの離散民や中国人、インド人にも適用されるようになっている。ディアスポラには本国（母国）を持つケースと持たないケースがある。ディアスポラ運動がナショナリズム（遠距離ナショナリズム）の体現となるのは、それまで本国を持たなかったディアスポラが本国を獲得しようとする動きや本国とのつながりを維持し、強めていこうという運動と連結されるからである。前者の代表例がシオニズムであり、後者の例としては後述するように、アルメニア人ディアスポラがあげられるだろう。ディアスポラが居住国において諸権利を求める運動は公民権運動であるため、ナショナリズムの運動とは区別される。ユダヤ人はイスラエル建国によって初めて本国を得ることになり、アルメニア人も一九九一年にアルメニア共和国がソ連から独立したことで真の本国を得た形になる。

ナショナリズム理論の系譜

ナショナリズムが国際関係全体をも左右する現象でありながら、確たる定義がないことはすでに述べた。ここでは、すべてを網羅することはできないが、ナショナリズム理論の系譜について主たるものを概観しておきたい。

マルクス主義と民族問題

第一に、ソ連の指導者でグルジア人であったヨシフ・スターリンの唱えた理論をあげたい。彼は、『マルクス主義と民族問題』で民族（英語でネイションに相当）を以下のように定義した。「民族とは、言語、地域、経済生活、および文化の共通性の内に現れる心理状態で、このような共通性を基礎として生じたところの、歴史的に構成された人々の強固な共同体である」。これは、多民族国家ロシア帝国をソ連に再編するために利用され、その後も社会主義陣営で公式の定義になった。民族たることの条件を提示した定義であるが、一方で結果として非スラブ系民族のナショナリズムを弾圧することにつながった。

第二に、国際政治学者のE・H・カーは、『ナショナリズムの発展』でナショナリズムを歴史的発展段階説で説明した。それは以下の通りである。大戦間に各地のナショナリズムが爆発したことなど、多くの予言が的中した。

第一期：中世の帝国や教会の解体以後、ウィーン会議まで。ネイションを表すのは君主個人で、君主に属する人々は国民ではなく臣民。

第二期：ナポレオン戦争の混乱期からヴェルサイユ講和まで。ブルジョアジー（中産階級）がネイションを担い、ナショナリズム勢力（政治）とインターナショナル勢力（世界経済）との均衡。

第三期：戦間期（一九一九〜三九）。新しい社会層であるマス（大衆）が国家成員となりナショナリズムを動かす。政治権力と経済権力が結合し、国家の数が激増した結果、ナショナリズムが爆発。経済ナショナリズムが登場。第二次世界大戦が頂点。

第四期：第二次世界大戦後、民族名称を冠しない二つの超大国、アメリカ、ソ連が世界の主役に。

第三に、アメリカの歴史学者ハンス・コーンによる理論である。『ナショナリズム――その意義と歴史』において、彼はナショナリズムを「個人の思考の忠誠心が、国民国家にあると感じられる心理状態」と定義した。また、国民性についても分析し、ほかの国民性との違いとして、共通の家系、言語、領土、政体、習慣、伝統、宗教などをあげている。さらに、ナショナリズムを西欧型と非西欧型の二つに分類したことも特徴である。

民族とナショナリズム

第四に、先にも取り上げた、もっとも広く支持されてきたナショナリズムの定義を生み出した歴史学者、哲学者、社会人類学者、そして政治学にも通じていたアーネスト・ゲルナーの理論である。その著書『民族とナショナリズム』は、前述のようなナショナリズムの定義を示し、産業社会の勃興と国民形成の関連性を指摘し、人類の歴史を、前農耕社会、農耕社会、産業社会の三段階にわけたことで知られる。農耕社会において初めて国家と文字が発明されるが、社会は支配層と農民に二分化され、横断的な社会で農民は農民の共同体で生活するため高い文化を必要としないが、産業社会に移行すると社会的流動性が高まり、高レベルの仕事をするにはコミュニケーションを必要とするようになるため、読み書き能力を中核とする高い文化が社会に共有されねばならず、そのためには教育が必要となると論じた。効果的な集中方式の教育は国家にしかなしえず、したがって読み書き能力を基礎とした同質の高文化が流通している範囲と、国家の政治的領域がぴったりと合致することを求める政治原理たるナショナリズムが成立するというのである。

また、ゲルナーは（一）権力者／非権力者、（二）教育の機会が有／無、（三）文化的に同質／異質、という分類軸を用いて、権力者と非権力者の文化が同質か・異質か、教育の機会があるか・ないか、の二つから社会を分類したことでも知られる。つまり、権力者と非権力者の文化が異質で、権力者・非権力者ともに教育の機会がある古典的な「西洋型ナショナリズム」、権力者と非権力者の文化が異質で、非権力者には教育の機会がない「東欧型ナショナリズム」、権力者と非権力者の文化が異質で、権力者の教育の機会が少ない一方、非権力者が教育の機会を有する「ディアスポラ（離散）型ナショナリズム」の三つにナショナリズムを分類するのである。

ゲルナーのナショナリズム論は、産業化の結果、産業社会への適合のために読み書きをはじめとした高い文化が必然的に生まれ、その単位として国家と文化が一致していくという議論となるが、それは次のアンダーソンとも共通する考え方だろう。

想像の共同体

第五は東南アジア研究者ベネディクト・アンダーソンである。彼の理論も重要だ。彼は『想像の共同体』で、「国民（ネイション）とはイメージとして心に描かれた想像の政治共同体である――そしてそれは、本来的に限定され、かつ主権的なものとして想像される」という定義を示した。つまりナショナリズムは、ナショナリティやネイションネスなどの言葉と同じ特殊な文化的人造物だというのだ。彼の理論は東南アジアと南米のケース分析から導かれている。一八世紀後半から一九世紀初頭にかけての南米諸国の独立が、二〇世紀半ばに誕生したアジア、アフリカ諸国のモデルであるとしたうえで、植民地統治下においていかにネイションが想像されうるかを、南米諸国の独立のケースから分析したのである。そして、宗教共同体・王国の二つの文化システムが解体するなかからナショナリズムは誕生し成長するという結論を引き出し、個人の役割よりもさらに大きな要素として「出版資本主義」を重要視した。ナショナリズム形成にあたって、ネイションを「想像する」なかで「言葉」の持つ意味の重要性を指摘し、それこそが自己と他者とを関係づけることを可能にするとしている。

アンダーソンの理論で重要なのが「公定ナショナリズム」である。それは、国民と王朝帝国の意図的合同で、民衆ナショナリズムの過渡期の現象であり、「後進国ナショナリズム」とも考えられるものである。なお、「公定ナショナリズム」は、アンダーソンの著書によって広く知られることになったが、その概念を最初に提示したのは、一九七七年に出版した*Nations and states*で「公定ナショナリズム(official nationalism)」という概念を論じたロシア・東欧史が専門のイギリスの歴史学者・政治学者ヒュー・シートン＝ワトソンである。シートン＝ワトソンが政治的ネイションと文化的ネイションを区別していたことも特筆すべきだろう。

ナショナル・アイデンティティ

第六に、歴史社会学者アントニー・スミスの理論を紹介したい。彼は『ナショナリズムの生命力』において、ナショナリズムとナショナル・アイデンティティを区別することにより、ネイション、ナショナリズム、エスニックなどの概念を分析可能にした。彼が提示するナショナル・アイデンティティの基本的特徴は、以下の五つである「①歴史上の領域、もしくは故国、②共通の神話と歴史的記憶、③共通の大衆的、公的な文化、④全構成員にとっての共通の法的権利と義務、⑤構成員にとっての領域的な移動可能性のある共通の経済」。そして、ネイションについては、「歴史上の領域、共通の神話と歴史的記憶、大衆的・公的な文化、全構成員に共通の経済、共通の法的権利・義務を有する、特定の名前のある人間集団」だと定義する。そのうえで、ナショナル・アイデンティティの特徴の一つ一つが、ネイションを構成していると主張しているのである。

他方、エスニー（エスニック共同体、文化的共同体）の属性として、以下の六項目を掲げる。すなわち、「①集団に固有の名前、②共通の祖先に関する神話、③歴史的記憶の共有、④一つまたは複数のきわだった集団独自の共通文化の要素、⑤特定の「故国」との心理的結びつき、⑥集団を構成する人口の主な部分に連帯感があること」である。ここで重要なのは、エスニーの場合は、領域との結びつきが歴史的、象徴的なものであるのに対し、ネイションの場合は、それが物理的、現実的な結びつきになるということだ。そして、彼が定義するナショナリズムとは、「ある人間集団のために、自治、統一、アイデンティティを獲得し維持しようとして、現に（ネイションを）構成しているか、将来構成する可能性のある集団の成員の一部によるイデオロギー運動である」というものである。

スミスが成し遂げた大きな仕事は、ナショナリズムの二大論争への決着を試みたことである。それまで、エドワード・シルズに代表されるようにナショナリズムの「起源は古代にある」とする議論（原初主義・永続主義アプローチ）と、ベネディクト・アンダーソン、アーネスト・ゲルナー、エリック・ホブズボウム（ナショナリズム関連の著作に『創られた伝統』がある）などに代表されるようにナショナリズムは「近代（一八世紀後半以降）の所産」だとする議論（近代主義アプローチ）が対立してきた。スミスはこれを融合し、ナショナリズムの運動それ自体は一八世紀後半からだが、古代からナショナルなものを見出すことはできると結論づけ、ナショナリズムが以前から存在する文化的共同体（エスニー）と連続して成り立っているという立場をとる。この議論はナショナリズム研究に大きな影響を与えた。

エスノナショナリズム

第七に、政治学者のカール・ドイッチュは「コミュニケーション」的ナショナリズム論を提示した。彼は、考察の単位を「民族（people）」＝「生活習慣上の相互補完性を備えている大きな規模のコミュニティ」とし、これにあてはまる民族が潜在的な国民となるとした。なお、「多民族国家」における「民族」とここに定義された「民族」は違う。ちなみに、「多民族国家」における「民族」、すなわち「共通する習慣・文化・宗教・言語などで結びついている」集団を指すのに、国際政治学者の山影進は「エスニック集団」（ethnic group）という言葉を採用している（山影、一九九四）。

以上が主なナショナリズム理論の系譜であるが、もちろん多くの網羅できていない議論があることはご了解いただきたい。

なお、南アジア、東欧、旧ソ連などで発生した運動のなかで特筆すべきものに「エスノナショナリズム」がある。エスニシティは文化的・言語的に分類された人口集団の共属感覚や運命的一体感などに対して用いられ、その概念は生物的属性を表しているわけではなく、政治的・文化的運動のシンボルとしての性格を持っている。国家の内部で小規模のエスニック・グループが、政治的・社会的・文化的な運動を展開するようなケースに適用される。

民族という問題

以上、ナショナリズム論の系譜をたどってみたが、本書が扱う未承認国家の問題の根源に「民族」があることがわかっていただけただろうか。このようにナショナリズム同様、きわめてとらえがたい「民族」であるが、ここで民族問題が歴史的にどのように推移してきたのかを確認しておきたい。

ジェノサイドとエスノサイド

まず、近代以前の民族問題であるが、植民地に関連するものが多い。当時の植民地は主にある集団かその一部が故地から新天地に移住し、そこで形成する社会を意味するものが多かった。たとえば、一八世紀後半〜一九世紀にかけてポーランド分割やトルコ帝国の衰退にともない、周辺民族の胎動が活性化し、民族問題が生じるようになった。さらにイギリスの海外拡張の結果、古くからのアイルランド問題のほかに植民地の民族問題も発生することになった。一九世紀後半になっても、東欧諸国の民族問題は依然として深刻なまま残り、新たにユダヤ人問題がシオニズムという新しい衣をまとって登場してきたのである。

一九世紀末以降になると、植民地は欧州国家によって政治的・経済的に支配された地域をも意味するようになっていた。一九世紀末以降は属領や移住植民地のほか、列強の帝国主義的な進出を受けた地域は、保護国、保護地、租借地、特殊会社領（イギリス東アフリカ会社など）、委任統治領などの法的な形態を問わず植民地とされるようになったのだった。

その次の段階は、欧州を主戦場に二五カ国が参加した第一次世界大戦（一九一四〜一八年）である。このとき、アラブ・イスラエル紛争の種がまかれることとなった。また、後述するように、民族自決権が国際原則となり、東欧で新独立国が生まれ、国境も改定されたが、それらは戦勝国の利益にもとづくものでしかなく、多くの少数民族問題を発生させてしまった。とくにドイツ民族を東欧で少数民族にとどめたことは第二次世界大戦の引き金にもなった。

さらにその次の段階が、第二次世界大戦（一九三九年九月〜四五年八月）後に生じた第三世界問題である。第二次世界大戦後、多くの植民地が独立し、「第三世界」を形成したが、それにともない多様な民族問題が発生することとなった。第一に、旧宗主国の領域を継承したための国境とエスニシティの分布との不一致が起きてしまったケース、第二に部族性や宗教・言語などの個別の特殊事情が絡んでいたり、多民族国家の統合の問題が生じたりするなど、民族性の未成熟さにより問題が生じたケースである。そして、本書の一番の焦点になる冷戦後の民族問題である。

過去一〇〇年の間に、地球上の国家の数が三倍以上に増え、これからも増加が予想される現代において、世界各地で強いナショナリズムが見られるようになっている。現在の民族の状況を、ネイサン・グレーザーとダニエル・モイニハンは『民族とアイデンティティ』で「さまざまな国に住み、さまざまな環境に囲まれている人々が、各々の集団の特異性とアイデンティティの意義を主張し、さらにこの集団の性格から派生する新しい権利を主張する傾向が、明確な形をとり、また急速に増大する状況が存在している」と描写しているが、まさにこのような状況においてさまざまな民族問題が世界で発生しているのである。

現代に特徴的な動きの一つがジェノサイド genocide（大量虐殺／民族浄化）とエスノサイド ethnocide（文化的抹殺）である。民族主義イデオロギーにより、いくつかの民族（たとえばアルメニア人、ユダヤ人、中南米のインディオなど）はジェノサイドにみまわれた。また、エスニシティに注目すれば、あるエスニック集団の文化的アイデンティティの破壊政策、つまりエスニック集団の文化的抹殺＝エスノサイドが行われたことになる。エスノサイドは、自然的ないし内発的な過程である文化変容や文化変動とは明確に区別される。このような現象も現代の民族問題で頻繁に生じており、民族問題をさらに複雑かつ深刻にさせている。

たとえば旧ソ連では、ソ連の建国理論によれば消滅するはずだったナショナリズムは実際には消滅せず、一挙に爆発して連邦解体にいたり、その後もさまざまなレベルでナショナリズムが問題化し、現在にいたっている。旧ユーゴスラヴィアでも、社会主義多民族国家での民族融合は理想通りには進まず、結局、連邦解体、内戦、民族浄化、集団虐殺へと進んでしまった。アフリカでは、ナショナリズムというよりエスニックの紛争対立が続いている。そして、アジアでも、朝鮮民族の分断、台中関係、中国国内の民族問題に加え、スリランカの問題や解決したものの東ティモール独立問題など枚挙に暇がない。

民族のアイデンティティと紛争

以上、ナショナリズムや民族にかかわる問題について考えてきたが、同時に、未承認国家が「多民族共存」を掲げる場合など、「民族」が必ずしも未承認国家の存在理由になっているわけではないことに鑑《かんが》み、未承認国家とは何かを考えるにおいてアイデンティティの問題も考慮する必要があるだろう。

すべての者は重層的なアイデンティティを持っている。たとえば、○○人、○○民族、○○教徒、○○大学卒、○○校学生・生徒、○○会社職員、○○県出身、男女、父母、○○部所属、○○の愛好会などアイデンティティの拠りどころはたくさんあり、また人によって、その数も多様であろう。そして、個人の特性やときと場合によって、特定のアイデンティティが強く出る傾向があるのも事実であろう。また、国際的なリンケージは民族アイデンティティを薄めることになる。たとえば、外部との接触がないものは家族関係のアイデンティティが強く出るし、学校生活が中心の生活であれば学校に対するアイデンティティが強くなり、かつ、部活動に頑張っているものであれば、部活動へのアイデンティティが強くなるだろう。

つまり、各個人のアイデンティティはその「社会」との接触の度合いや社会生活のあり方に多く規定されると言ってよい。アイデンティティは、そのまま「社会アイデンティティ」としてもよいかもしれない。

社会アイデンティティは、主に二つの要因に規定される。

第一に、どのアイデンティティが優勢になるかは、世界システムへの社会的・政治的統合の度合いによる。世界から隔離され、より小さなコミュニティでその住民の生活が完結してしまう場合、アイデンティティはローカル化し、隣の地域との「差異」が強く感じられることになる。冷戦後に生まれた未承認国家にかかわる紛争の多くには、このような傾向が見られる。

第二に、ある社会に生きていくなかで、その個人ないしあるグループが機会の平等を与えられていると感じるか、ないし差別されていると感じるかによっても、アイデンティティの志向性が変わる。平等だと感じていればいるほど、その社会に同一化している気持ちを強くする。他方、差別されていると感じていれば(ただし、本当に差別されているかは問わない。差別されていると当人が感じていることが重要だ)、その社会に根づいたアイデンティティに反発し、別のアイデンティティを模索することになる。これも未承認国家には必ず見られる傾向だ。たとえば、ナゴルノ・カラバフのアルメニア人が、「アゼルバイジャン」という国家に属しているというアイデンティティを嫌悪し、アルメニア人としてのアイデンティティを追求するように。

紛争が起こる場合、そのときの状況から、特定のアイデンティティが極度に高くなる。たとえば、それが宗教紛争であれば、キリスト教徒、イスラーム教徒というような宗教にもとづくアイデンティティが極度に高くなるだろう。そして、未承認国家が生まれる契機となった紛争の際には、民族、エスニシティにかかわるアイデンティティが極度に高まるという状況が見られる。それまでは、その領域内でも、アイデンティティの重層性、多様性があったはずなのだが（ある人は出身地、ある人は出身学校、ある人は職場にアイデンティティを持つ…というような）、紛争が始まる頃には、そのアイデンティティの拠りどころは紛争を構成している「民族」に集中してゆき、紛争が激化すればするほどそのアイデンティティが強くなっていくと言える。

紛争の種なのか

このように見ると、アイデンティティは紛争の種になってしまうと思われるかもしれない。たしかにプリ・モダンの社会では、アイデンティティが紛争の源になることが少なくない一方、ポスト・モダンの社会では、以下、二つの状況が生まれることにより、紛争に発展しないケースも多い。

その一つは「多様性」の尊重である。差別がなく、あらゆる背景の人々がみな平等に社会に溶け込み、地域や国家に抱合《ほうごう》されている状態である。二つ目が「差異」が容認されている状況である。そのような状況では、人々の間に差異があることが自明とされ、その差異によって社会生活で不利益を被らない状況である。

だが、現実にはいわゆるポスト・モダンの社会でも、これらの実践は難しい。先進国であればあるほど、その「国」に誇りを持ち、強いアイデンティティを持つケースも少なくないが、そのような場合は、移民などに対する偏見や差別がとくに強く表出する傾向があるからだ。未承認国家でも、いくつかのケースでは民族や宗教の多様性が謳われているが、実際のところは、その社会がかなりの成熟を遂げていないと、多様性の実現は難しいと言え、ましてや国家として未成熟な未承認国家での多様性の実現はきわめて難しいと思われる。

五　ポスト冷戦時代の未承認国家

存続の条件

ポスト冷戦時代の未承認国家においては、その民主化や自由化の度合いが存続可能性に大きな影響を与えている。なによりもまず、存在のお墨付きを国際的に得るために重要なポイントとなる。とくに、冷戦後の世界では、二〇〇一年の九一一事件にも刺激され、テロとの戦い、民主化・自由化の拡大・浸透ということが、先進諸国、より具体的にはアメリカを中心とした欧米諸国の目標となっていった。そのようななかで未承認国家が民主化・自由化を遂げていくことは、その存在の正統性を高めることにつながり、とくに、その法的親国よりも民主化・自由化の度合いが高ければ、独立するうえでの正統性をさらに高めることになるだろう。実際、民主化や自由化の度合いが高いがゆえに、「パトロン」国家のみならず、それ以外の国からも、人道援助などの支援を得ている未承認国家は少なくないのである。

未承認国家にとって民主化や自由化が必要なのは、国際的なファクターだけでなく、「国内」事情もある。そもそも未承認国家はある程度の人口を抱えていなければ「国家」としての要件を満たすことができないばかりか、存在理由をなくしてしまう。ゆえに、未承認国家が存続するためにはある程度の人口を保つ必要があり、それには住民がその未承認国家に住み続けることで幸せを感じる状況がなければならない。単なるナショナリズムやイデオロギーにもとづく連帯感は、未承認国家が生まれるときには有効であるが、長期的に、それが住民の「未承認国家」を支えるインセンティブになり続けるとは限らない。つまり、住民がそこに生活することで、メリットを得られ、幸福を感じることができる環境、そして将来に希望を持てる状況を維持する必要がある。そのためにも、その住民にとって、民主化・自由化が保障された社会は、それが法的親国よりも優れていればいるほど、未承認国家に住み続け、未承認国家を支え続けるよいインセンティブとなると考えられる。

未承認国家の存続については、かつては外部からの支援を中心とした国際的なポジションが重視される傾向が強かったが、最近ではその「国内」情勢が占める重要性が注目を浴びている。つまり国際的な支援を得るためにも、「国内」での支持を得るためにも、民主化・自由化を中心とした「国家建設」が必須となっているのである。しかし、その「国家建設」は、その「国家」の指導者などの個人的欲望を満たすような短期的利益の追求にもとづくものでは失敗する。また、個人的利害をめぐり、「国家」の上層部が対立するような状況も「国家建設」を阻害する。未承認国家は武力闘争の末に生まれる傾向があるが、その過程で、法的親国など共通の敵があるときには「国内」の諸勢力は並行的に存在するものの、いったん未承認国家化してしまうと、ただでさえ脆弱な政治制度のなか、たとえば「文民指導者対軍人指導者」など国内が分裂し、激しい権力闘争が生じるケースが少なくない。このような状況も「国家建設」にはマイナスとなろう。未承認国家が安定するまでは、内部抗争が発生するケースが多い。

未承認国家にとって致命的なパターンは「国内の分断」を乗り越えられないがゆえに、中央による統制が不可能となったケースである。具体例としてはチェチェンとスルプスカ・クラジナ共和国がある。チェチェンは紛争による破壊の度合いが深刻で、統一軍の創設に失敗し、政敵への資金が途切れなかったため、国内の分裂を回避できなかった。また、スルプスカ・クラジナ共和国は地理的な分断やセルビアの分割統治政策の結果、「国内闘争」をうまくまとめ上げることができなかったのである。

他方、存続している未承認国家のケースでは、ある程度の「国内闘争」があったとしても、なんとか乗り越えることができた。とくに、「軍」（もちろん、さまざまな形態のものやそれらの複合体による「非正規軍」である）とその未承認国家の「政府」との協調が必要不可欠である。また、外部からの支援ももちろん重要だ。たとえば、ナゴルノ・カラバフは、ナゴルノ・カラバフの基幹民族が構成している主権国家・アルメニアおよびアルメニア人ディアスポラの双方から支援を受けることができた。

アルメニア・ディアスポラ

アルメニア人の離散民、すなわちアルメニア人ディアスポラは、世界中に本国よりも多くの離散民を持つ。アルメニア人は、ディアスポラの人数もさることながら、商才に長《た》けた富裕な者が多く、また芸術にも優れていることが多く、さらに虐殺の歴史（トルコは否定しているが、一九一五年のオスマン帝国によるいわゆる「アルメニア人大虐殺」をアルメニア人は強く世界に訴え、公認を求めている）を共有していることから、ユダヤ人にしばしば擬《なぞら》えられる。

そのアルメニア人ディアスポラはナゴルノ・カラバフに多大な経済的、政治的支援をしてきた。

たとえば、ディアスポラの支援によって建設されたナゴルノ・カラバフのハイウェイはコーカサス一のものだと言われている。また、ディアスポラは財力を背景に欧米諸国でロビー活動も行い、ナゴルノ・カラバフを支えてきた。たとえば、ロビー活動が功を奏し、アメリカはナゴルノ・カラバフに人道援助を行ってきただけでなく、アゼルバイジャンに対する経済制裁法である「自由支援法S・907［Section 907 of the Freedom Support Act — Public Law 102-511］」を一九九二年にアメリカ連邦議会で通過、成立させた。アゼルバイジャンがアルメニアに対する経済封鎖を止めるまで、アメリカは人道分野を除く、一切の政府レベルの援助をしないという旨の法律である。アゼルバイジャンはその撤廃に努めてきて、アメリカのロビー活動専門の業者を雇ったこともあったが成功せず、またアゼルバイジャンに好意的なイスラエル・ロビーやオイル・ロビーがアゼルバイジャン側に立ってロビー活動を行ったようだが、強力な議会内アルメニア・ロビーがその撤廃をずっと阻止してきた。

ところが、九一一事件後、アメリカは、テロ対策への支援を得るために、同法を時限的に放棄したのである。以後、アメリカは毎年「見直し」により、時限的に同法を放棄している。このことによって「撤廃はしない」ということでアルメニア側を懐柔し、また「実質的に意味がない」ということでアゼルバイジャン側を納得させているという事情がある。このように、現在のナゴルノ・カラバフが、ロシアなど主幹民族以外のパトロン国家なしに存続できるのはディアスポラによるところが大きい。だが、たいていの場合、ディアスポラがそこまで力を持っていることはなく、ディアスポラに期待することはできない。

国家建設の可能性

一般的に、現代の未承認国家の「国家建設」が成功するのはどのような場合なのだろうか。

第一に、その未承認国家が成立する際に生じた紛争が「下からの紛争」である場合である。紛争は、いかなる場合でも、「国内」にある一定の緊張や対立を生じるものだが、それでも「下からの紛争」であれば、「国民」の意識を一つに結集しやすくなる。他方、特定の個人やグループが自身の野心や私欲のために起こした「上からの紛争」では、「国民」の心を結集できず、国家建設が失敗する可能性が高くなる。

第二に、その未承認国家化にいたる紛争が、あまり激しくないということである。あまりに激しい紛争が生じてしまうと、その破壊度の大きさゆえ、「国家」再建のハードルがきわめて高くなり、「国家建設」どころではなくなるからだ。

第三に、「国内」の一体性が高いことがあげられる。そうすれば、「国民」の心を一つにしやすい。これは二点目の条件にも関係してくるのだが、台湾のように「国内」の一体性が高く、統一的なアイデンティティが共有されている場合や、「下からの紛争」である場合は、激しい紛争にいたりにくいという傾向がある。

第四に、制度化である。たとえ、紛争によって国の諸制度が白紙に戻ったとしても、不安定なステータスのなかで、その「国内」の制度化をある程度でも行えなければ、紛争で力をつけた軍関係者が力を持ち続けたり、国がバラバラなままになったりと、「国家建設」は難しくなる。

そして、以下の二点は繰り返しになるが、第五にさまざまな形態をとりうるが、外部からの支援は、公式な外交関係を築きにくい未承認国家にとってとくに初期にはかなり重要となる。最後、第六に、民主化・自由化の成功である。紛争同様、民主化・自由化も「下から」の動きであると成功可能性が高まる。

これら六つの要素が満たされれば、「国家建設」は比較的容易にはなるものの、もちろん、非常に難しい作業であることは間違いない。

「未承認国家」が安定的な政治運営を行うためには、公共サービスの高いレベルと国家の「正統性」が必要である。公共サービス、たとえばインフラ、社会保障、教育、年金などのレベルが「法的親国」より低ければ、「未承認国家」の魅力は格段に落ちるだろう。また、「正統性」は紛争における勝利とエスノナショナリズムを貫徹することに深く関係し、その正統性が共有されていれば、政治運営の良い基盤が整ったと言ってよい。その正統性は、一般的に独立を問う住民投票で証明されるが、このように考えても、「民主化・自由化」は単なる未承認国家の対外的なレトリックではなく、実質的に「国家運営」に必須なものとなっていると言えよう。

承認を受けるために

未承認国家にとって、「承認を受けられない」という状況は、「自国」の民主化や自由化を促進するインセンティブとなる。だが、その一方で、未承認国家であるという現実が、民主化や自由化の障害になることも事実だ。なぜなら、未承認国家という不安定な状況下で、自国を防衛していく必要があるがゆえに、防衛セクターはどうしても大きくなる。たとえば、沿ドニエストルは六倍の人口規模を持つ法的親国モルドヴァより規模の大きい「軍」を持っており、ナゴルノ・カラバフは世界一軍事化された社会だと言われるなど、例は枚挙に暇がない。また、未承認国家はナショナリズムと民主化の課題の間で悶《もだ》えることになる。第一に、民主主義は政治的対立と表裏一体であるが、政治的対立はナショナリズム的な統一には危険な要素となるからだ。第二に、民族自決における「エスノナショナリズム」すなわち「自民族中心主義」と国民に主権がある民主主義の間の緊張が避けられないからだ。未承認国家は強い一体性のうえに成立する傾向が強く、これら二つの緊張要因は体制の阻害要因となるため、未承認国家にとっては避けたい問題でもあるのだ。

自由主義や民主主義を推進していくなかでは、多民族の融合も当たり前の前提となってくるが、これもまた未承認国家に多く見られる「一体性」とは緊張関係にあるといえる。しかし、沿ドニエストルが三民族の平等を掲げているなど、多くの国では、実態はともかく、多民族融合を「国是」としている。また、アブハジアなど基幹民族が少数である場合（アブハジアはもともと、同地に占めるアブハジア人は一七％に過ぎなかった）は、「国家」の正統性を保障する人口規模を確保するために、他民族との共存が不可欠になってくると言える。このように、未承認国家は、民主化・自由化と国防、ナショナリズムの追求という緊張をはらむ課題をなんとか妥協させて共存させる必要があるのだ。

ここまで述べてきたことを考えると、「国家」というものの曖昧さを再確認させられる。前述のように、民主化や自由化というレベルで考えると、未承認国家のほうが法的親国より優れているケースが少なくないことから鑑みても、未承認国家が承認を受けられない理由は国家建設や民主化のレベルではなく、法的親国の主権への配慮など、やはり国際政治システムに主にその原因があると言ってよい。

実際、後述のように、コソヴォなど、少なくない数の国家承認を受けている未承認国家もある。未承認国家はそれぞれに特有の歴史、背景、国際関係があり、本来であれば一つ一つ細かく見ていくべきだろう。しかし、紙幅の関係からそれが不可能であるため、実に簡単ではあるが、巻頭の「現代の未承認国家一覧」をもとに現在の未承認国家を概観してみよう。この一覧でも大まかな理解と比較の材料になるだろう。また、同覧冒頭の新旧未承認国家をプロットした世界地図とともに、それらの地政学的ポジションについても理解していただきたい。

沿ドニエストルとコソヴォにアイデンティティはあるか

ここでコーカサスの三未承認国家（南オセチア、ナゴルノ・カラバフ、アブハジア）と沿ドニエストル、コソヴォを比較してみたい。

まず、未承認国家の志向性と民族の関係である。未承認国家は多くの場合、ある多数派の民族を基盤にして成立することが多い。コーカサスの三未承認国家の事例もそれにあてはまる。

コーカサスには一〇〇以上の民族が存在すると言われているが、語族も四つ以上存在しており、多くの民族語が話されている（図2-1）。さらに、コーカサスは宗教も多様で、イスラーム教スンニ派・シーア派、キリスト教（グルジア正教会、アルメニア使徒教会、ロシア正教会）、その他と、狭い領域に実に多くの宗教と言語が存在していることがわかる。

他方、同図からも明らかなように、コーカサスの民族分布と国境線には多くの不一致がある。そして、コーカサスの未承認国家は、まさにその民族分布と国境線が不一致である箇所に存在している。そして、多かれ少なかれ民族浄化が行われ、ナゴルノ・カラバフや南オセチアでは、多数派民族のより一層のマジョリティ化が起こり、アブハジアではもともとはむしろ少数派であったアブハジア人がマジョリティになったのだった。

民族を基盤としない未承認国家もある。その例としてあげられるのが沿ドニエストルとコソヴォであり、それらは多民族の調和と平等を標榜している。

図2-1　コーカサスの民族分布
（廣瀬、2005より）

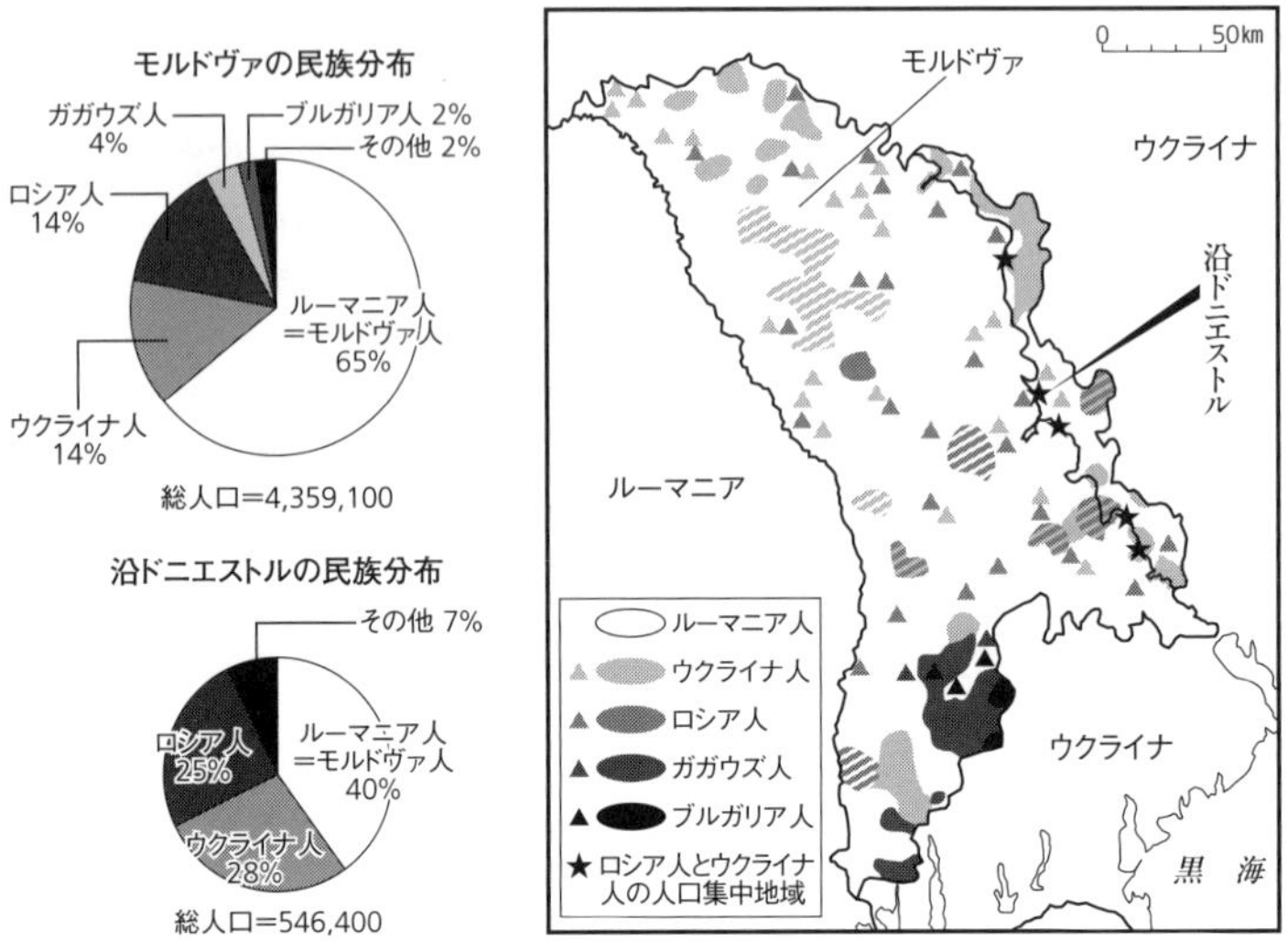

図2-2　モルドヴァの民族分布

沿ドニエストルの住民は、図2－2からもわかるように、モルドヴァ人、ウクライナ人、ロシア人がほぼ三分の一ずつ、そしてその他のマイノリティという構成になっており、沿ドニエストルは名目的には三民族の平等を強調している。なお、モルドヴァ人はルーマニア人とほぼ同じと考えてよい。モルドヴァはもともとルーマニアの一部であったが、バルト三国と同様に、一九三九年八月二三日にドイツとソ連の間に締結された独ソ不可侵条約（モロトフ＝リッベントロップ協定）と同時に締結された秘密議定書により、ソ連に割譲《かつじょう》された経緯を持つ。

そのため、モルドヴァ人とルーマニア人、モルドヴァ語とルーマニア語は基本的に同じものであったが、ソ連が両地域の分

写真2-2　上は沿ドニエストル議会。右は全体。左は3つの出入り口。下は街にあるソ連的なイメージ（筆者撮影）

断を確実なものとするために、モルドヴァ人、モルドヴァ語という呼称を徹底させたという経緯がある。なお、時間をへて、実際にモルドヴァ語、ルーマニア語の間に少しずつ差異が生まれているのも事実であるが、まだほぼ同じ言語と考えて問題ない。写真2－2を見ると、たとえば議会の入り口が三つあり、そこに書かれた文字は、それぞれモルドヴァ語、ウクライナ語、ロシア語の三カ国語であるし、国章にも三カ国語で「国名」が書かれている。ただ、実際は、モルドヴァ人の立場は弱いようであり、モルドヴァ人住民には、モルドヴァの国旗を住まいに設置して、自らのアイデンティティをアピールする者も多い。ともあれ、この三民族をまとめ上げるために、ソ連的なイメージを利用しており、旧ソ連地

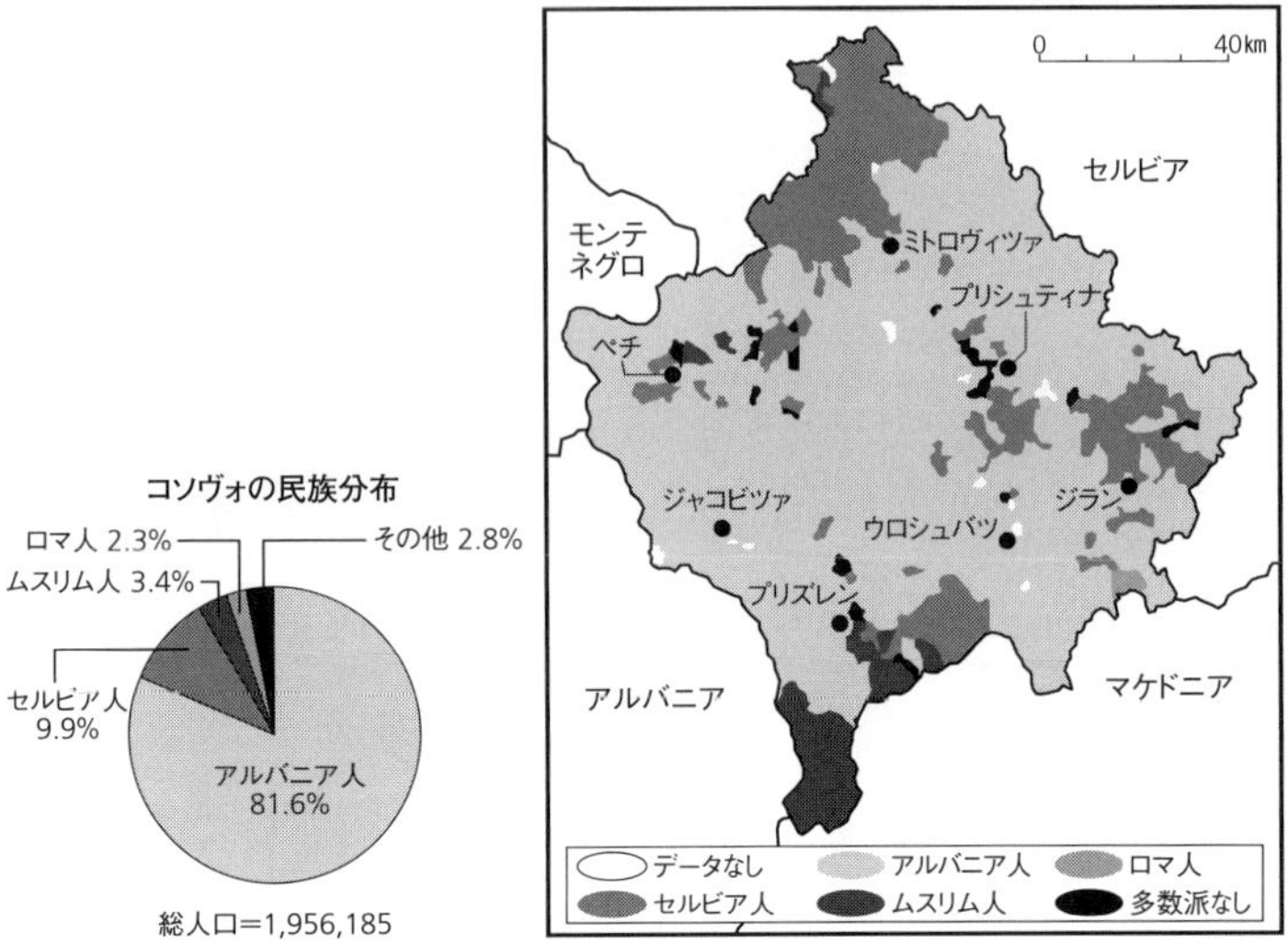

図2-3　コソヴォの民族分布

域には今や珍しいレーニン像も同地には多く残っているばかりか、国旗や国章はまさにソ連的なデザインとなっている。

　コソヴォもアルバニア人が圧倒的な多数派であり、主に北部に居住するセルビア人に加え、いくつかの少数民族が居住しているが（図2－3）、国としての名目的にはそれらすべての民族の平等を謳っている。

　コソヴォも多民族の平和的共存を国是とし、その精神は融和、共生、団結をイメージに掲げた国旗・国章にもよく表れている（図2－4）。だが、これの精神はあくまでも名目的なものだと言ってよい。コソヴォでは、政府系の施設や空港などにはコソヴォの国旗が掲揚されているが、住宅地や公園、戦争関係の記念碑などに掲げられているのはすべてアルバニアの国旗である（写真2－

国　名	国　旗	国　章
アブハジア	 手は集団、星は地域を表す。7は神聖な数	 人物はイランの伝説に出てくるアーラシュという弓の名手と同起源。星に弓を放つ場面は北コーカサス諸民族の間で語り継がれる「ナルト叙事詩」に由来。使用されている緑色は青春と生命を、白は精神性を、八芒星は太陽を表したもので、同時に東洋と西洋の連合を表す
南オセチア	 使われている色は白・赤・黄の三色。白は知恵、知的生活、道徳の清潔さを、赤は軍人の勇気を、黄色は人々の幸せ、富、繁栄を示す	 北オセチア・アラニア共和国の国章のデザインに基づく。バグラティオニ朝グルジア王国の王子で地理学者・歴史学者・科学者としても知られたヴァフシュティ王子（Vakhushti, 1696年-1757年）による1735年のデザインに由来。コーカサス山脈の代表的動物「ユキヒョウ」が中心に、背景には同山脈を象徴する7つの頂が描かれる。使用されている赤・白・黄は南北オセチアの国旗の色。ロシア語とオセット語（キリル標記）で「国名」が記載される。グルジア政府が承認している「南オセチア暫定行政組織」（Provisional Administration of South Ossetia）も同様の紋章を用いるが、周囲の輪状の帯はなく、下にはグルジア文字で組織名が書かれている
ナゴルノ・カラバフ	 アルメニア国旗を基調に、白線を加えたもの。アルメニアの伝統と地域の人口を象徴し、同地がアルメニアから切り離された地域であることを示す	  飾り付きの冠をいただいた鷲、鷲の胸には盾があり、その中には雪をかぶった青い山脈と「国旗」が描かれている。盾の中央には2つの石でできた大きな頭像（首都「ステパナケルト」（AZ:ハンケンディ）にあるアルメニア人の記念碑『われらの山』（別名『おじいさんとおばあさん』）がある。鷲の爪は小麦やブドウという当地の農産物をつかむ。周囲には「山地のカラバフのアルツァフ共和国」と書かれている
沿ドニエストル	 モルダビア・ソビエト社会主義共和国の国旗とほぼ同じデザイン。公用旗は共産主義のシンボルである鎌・槌、赤星が描かれているが、それらがない旗も民間旗として使用が認められている	 モルダビア・ソビエト社会主義共和国の国章を基盤に、赤い横断幕に書かれている文字を修正。かつての国名の略称である「ＰＣＣＭ」が大きく書かれていたが、現在は、モルドヴァ語、ロシア語およびウクライナ語で「沿ドニエストル・モルドヴァ共和国」と書かれている
コソヴォ	  国旗・国章ともに同じデザイン。コソヴォの地形が描かれ、上部に配置された6つの星は同地に居住する6主要民族*（アルバニア人、セルビア人、トルコ人、ロマ人、ゴーラ人、ボシュニャク人）の融和と共生、団結を象徴する。地の色はEU旗に由来し、欧州との協調路線を象徴している	

*6主要民族は民族分布調査による指標とは異なる。

図2-4　未承認国家の国旗と国章

写真2-3 コソヴォの街に掲げられたアルバニア国旗（筆者撮影）

3）。アルバニアとコソヴォ、両方の国旗が掲揚されていることもある。ただし、もちろん、セルビア人居住地域にはセルビアの国旗が掲揚されている。この状況について質問した際の返答は、九〇頁ですでに述べた通りだ。

沿ドニエストルのアイデンティティはロシアともっとも強く結びついていると言ってよいだろう。沿ドニエストルの貿易の大部分は対ロシアと思われる。また銀行部門でも、「ガスプロムバンク（ガスプロム銀行）」が大規模に進出していて、「首都」ティラスポリの一等地に巨大な豪華ビルを構えている（写真2－4）。ガスプロムといえば、ロシアの巨大な半国営企業であり、政治との関係も深い。ロシアとの公的な関係がここでも確認できる。

また、筆者らが宿泊したホテル（写真2－5）のエピソードもまた興味深い。ホテルの名前は「Ｔｉｍｏｔｉ」というが、これはレセプションの女性（深夜以外はつねにその女性が担当だった）によれば、ティラスポリ・モスクワ・ティラスポリの頭文字をとって付けられた名前で、オーナーがそのような経路で人生を過ごしてきたのだという。同ホテルは、ロシアと沿ドニエストル産業省が五割ずつ資本を出して建てられたそうだ。そのため、ホテルの外には大きな沿ドニエストル「国旗」とロシア国旗が飾られており、レセプションにも小さな両国旗が飾られていた。

写真2-4 沿ドニエストルの首都ティラスポリにあるガスプロム銀行
（筆者撮影）

写真2-5 沿ドニエストルで宿泊したホテル
（筆者撮影）

レセプションには、大統領の肖像も飾られている。まさにロシアとの深い関係は明白である。逆にいえば、住民一人一人はそれぞれの民族や宗教などの出自にもとづくアイデンティティを持っていると思われるが、国レベルではアイデンティティがロシアと強く結びついていると考えられるだろう。

六　未承認国家の「母国」

ここで考えておきたいことがある。未承認国家の「母国（Mother land）」とは何かということだ。これはきわめて複雑である。この問題を五つの未承認国家の事例で考えてみよう。

複数の母国

未承認国家にとっては「母国」が複数あるのが普通だ。まずは法的親国、つまり国際法的に認識されている母国である。ナゴルノ・カラバフの場合はアゼルバイジャン、アブハジアと南オセチアの場合はグルジア、沿ドニエストルの場合はモルドヴァ、コソヴォの場合はセルビアである。しかし、法的親国の多数派民族でありながら、未承認国家に住む沿ドニエストルのモルドヴァ人、コソヴォのセルビア人などを除けば、未承認国家は法的親国にシンパシーは持ちえない。

未承認国家の住民たちが本当に「母国」と考えるのは、民族的、歴史的、文化的に共通性を持つ民族が住む国である。ナゴルノ・カラバフの場合はアルメニア、南オセチアの場合は同胞オセット人が住む北オセチアおよび北オセチアが所属するロシア（オセット人は南北に分断されている民族である）、沿ドニエストルの場合は主にモルドヴァないしルーマニア、人によってはウクライナ、ロシア、そしてコソヴォの場合はアルバニアである。ただし、アブハジアは「国外」に同胞を持たず、アブハジア「本国」以外に民族アイデンティティを共有できる存在がいないが、パトロンのロシアともっとも強い精神基盤を持っていると言えるだろう。

沿ドニエストルやコソヴォでは似たような民族のモザイク状態が見られることも指摘しておきたい。アルバニアという母国、コソヴォという未承認国家、そしてセルビア人居住地域のミトロヴィツァという関係構図は、もちろんステータスのレベルと民族の内訳などは異なるが、ルーマニアという母国、モルドヴァという法的親国、そしてモルドヴァ人も居住する未承認国家となっている沿ドニエストルという関係構図にあてはまる。コソヴォの状況はマクロ的に見るとナゴルノ・カラバフに、ミクロ的に見ると沿ドニエストルに似ているともいえるだろう。

つまり、民族が分断されているのは南オセチア／北オセチア（ロシア）、ナゴルノ・カラバフ／アルメニア、コソヴォ／アルバニアの四例であり、彼らは潜在的に合併可能性を持っていると言える。実際、ナゴルノ・カラバフも南オセチアも、分離運動が始まった当初は、それぞれアルメニア、北オセチアとの合併を求めていた。双方とも、のちに独立を主張するようになったが、南オセチアについては独立がもし達成されれば、その後、北オセチアとの合併に踏み切るのではないかと見る向きが多い。また、このことは、未承認国家の最終目的が一つではないことも意味する。独立を志向する未承認国家と同胞たちとの統合を求める（現在、すべての未承認国家が名目的に独立を要求しているが、本心では統合したい）未承認国家が存在しているのだ。

またパトロンとは親和性が強まるのも、沿ドニエストルの例で見た通りだ。さらに、パトロンの共通性が未承認国家の関係を緊密にするケースもある。ロシアがパトロンとなっているアブハジア、南オセチア、沿ドニエストルは相互に承認し合っているだけでなく、「三カ国」外相会議を行ったり（当初、ナゴルノ・カラバフも参加し、「四カ国」外相会議だった）、二〇〇六年六月一四日にはスフミでの会談の際に、三カ国の「大統領」が共同声明の形で民主主義と民族の権利のための共同体の設立を宣言し、協力関係を構築したりしていた。これらの会談の際には、ロシア軍が警護にあたってきたことが報じられている。ナゴルノ・カラバフやコソヴォのように、パトロンと基幹民族の「母国」が共通しているケースもある。

うつろう未承認国家のアイデンティティ

アイデンティティが不変ではないことにも留意するべきだろう。アイデンティティは変化しうるのである。たとえば、ナゴルノ・カラバフのアルメニア人にも、かつて、アゼルバイジャンにアイデンティティを持っていた者は少なくないという。とくに、民族間結婚で、片親がアゼルバイジャン人であるケースはよりその傾向が強まるだろう。そして、旧ソ連に限って言えば、ソ連時代にシンパシーを強く持つケースが未承認国家のみならず、主権国家の人々にも見られるため、ソ連に関したものにアイデンティティを持つケースが多いという。

アイデンティティが変容する背景にはいくつかの理由がある。まずは経験した内戦や紛争の辛さにより、かつてのアイデンティティに強い嫌悪を感じた場合である。またそれと関連するが、未承認国家の外部にいる住民にとっての共通の敵の存在も、住民を結束させ、共通のアイデンティティを醸成するであろう。主に内戦や紛争の過程で他民族が民族浄化されたり、逆に同胞が流入してきたりし、新たな社会構造のなかでアイデンティティが再構築されることもあるだろう。最後に、歴史の歪曲である。未承認国家は、独自の教科書を作る傾向が強いが、とくに歴史書などは自国の存続にきわめて都合のよい内容が列挙される。プロパガンダ的な歴史が作られてしまうのだ。内戦や紛争を知らない若い世代は、そのプロパガンダを鵜呑みにし、真実ではない情報によってアイデンティティ形成を進めてしまう。

独自のアイデンティティの形成には、その未承認国家の国際的、国内的「強さ」も強く影響してくるが、そのポイントは以下四点にまとめられる。

第一に、法的親国の強弱によって状況は大きく変わる。冷戦終結後に生まれた旧ソ連や旧ユーゴスラヴィアの未承認国家は、連邦解体により、その法的親国はどれも弱かったため、未承認国家になりえた。しかし、もし法的親国が強ければ、武力で勝利することもできず、未承認国家にすらなりえない。中国におけるウイグルやチベットの例を考えれば一目瞭然だろう。

第二に、台湾などは自立していると言えるが、未承認国家の多くはパトロンなしでは「独立」状態を維持できない。その際に、パトロンの強さ、パトロンとの関係の強弱および傀儡性も重要なポイントとなる。やはりロシアやアメリカなど、国際的に強いパトロンがいる場合は、独立の承認や安定をより得やすくなると言えるだろう。

パトロンの傀儡か

だが未承認国家がパトロンの傀儡であるとは言い切れない。紛争直後は未承認国家も「国力」が弱まっているため、パトロンの言いなりにならざるを得ない傾向はあるが、安定してくると、未承認国家は独自の政治を志向する傾向が強くなる。とくに、旧ソ連のアブハジア、南オセチア、沿ドニエストルではその傾向が強くなっている。その傾向が一番早く見られたのはアブハジアだった。

二〇〇四年にアブハジアは「大統領」選挙を行ったが、その当選者がロシア政府の望んだ候補でなかったため、ロシアはアブハジアに対して経済封鎖を敷き、「大統領」選挙のやり直しとロシアの支持する候補者の当選を強いるなど、ロシアの意向に反したことに対して懲罰的行為に出た。また、二〇一一年一一月に南オセチアで行われた「大統領」選挙で、ロシアが支持した与党候補が野党候補アラ・ジオエワ元教育相に負け、政権が選挙を無効としたことで大混乱が起きた。その後、ロシアが極端な干渉を自制したのか、同年一二月一一日に沿ドニエストルで行われた「大統領」選挙では、一九九一年来、四選され、多選を批判されてきたイーゴリ・スミルノフが三位となり落選してしまった。その後、エフゲニー・シェフチューク前国会議長とロシアが支持していたアナトリー・カミンスキー国会議長による決選投票が行われたが、シェフチュークが、七三・八八%の得票率で当選したのだった（カミンスキーの得票率は一九・六%）。この結果は、ロシアの介入が住民の嫌悪感を煽った結果だと分析されているが、逆にロシアもそれに配慮し、強い干渉は控えるようになったと見ることができるだろう。同時に、ロシアの未承認国家に対する統制力が落ちているとも分析できるかもしれない。

第三に国際的な立ち位置である。これは単に国家承認を受けている国家数とは限らない。多くの国家から承認を受けているコソヴォや、国家承認数は多くないものの、運輸、輸送、通信、貿易などで国際的ポジションが高い台湾などはほとんど国家として機能している。このような未承認国家ながら国際的ポジションが高いケースでは、住民の「自国」への誇りが高くなり、アイデンティティも強まると考えられる。

最後に、国内の政治経済状況である。未承認国家内にも、民族的な対立のみならず、野党などの存在もあり、政治的志向は決して一つではない。未承認国家は一枚岩ではなく、それは当然、当該未承認国家の内政、公共政策、外交、経済政策などに直接的な影響を持つだけでなく、アイデンティティとも密接にかかわるし、独立・統合などの未承認国家の最終的な目的をも左右するのである。

このように、未承認国家の問題はきわめて複雑であり、そこからも問題の解決が難しいことが見てとれる。そして、さらに問題を厄介にしているのが、国際原則の矛盾であり、未承認国家問題を解決しうる国際的な共通基盤がないことなのである。

第三章

コソヴォというパンドラの箱

これまで論じてきたように、未承認国家問題の解決はきわめて難しく、多くのケースで状況が凍結してきた。ある地域のある国からの分離独立には、それが属する主権国家の了承が必要とされていることも、未承認国家問題の長期化の要因である。しかし、二〇〇八年のコソヴォの独立宣言とその後の欧米を中心とした多くの諸国の国家承認（二〇一四年七月三日現在一〇九カ国）は、未承認国家問題のトレンドに大きな影響を与えることとなった。コソヴォは現存する未承認国家のなかで、おそらく「主権国家」のゴールにもっとも近い位置にあると考えられる。その理由は、コソヴォが多くの国から国家承認を得ていることだけにとどまらず、法的親国のセルビアが譲歩する可能性、具体的にはコソヴォ問題での譲歩がＥＵ加盟のために必要となり、コソヴォよりＥＵ加盟を選ぶ可能性もあるからだ。これらのことから、コソヴォは未承認国家を考えるうえで、欠かせないケースだといえるだろう。

そこで本章では、コソヴォが国際的に広く承認されるにいたったプロセス、そしてそれが引き起こした影響、さらにコソヴォ独立問題の現在について論じていく。

第一章で、国際法の矛盾する原則があるがゆえに、未承認国家問題に白黒つけることがきわめて難しくなっていることを指摘した。それに加え、未承認国家の独立を容易には認められないもう一つの理由がある。それは「暴力による国境変更」を認めず、そのような「前例」が生まれ、準拠されることを防ぐためである。暴力による国境変更が容易になされるようになれば、独立を志向する勢力があちこちで流血の惨事を起こしかねないからである。そのため国際社会は、

「領土保全」の原則が崩れる状況、すなわち国境が変更される状況は、「暴力によって」ではなく、当局者の平和的な話し合いと合意によってのみ成立するという原則を維持している。そのため、少なくとも近年生まれた未承認国家がすべて、激しい戦闘と民族浄化、そして多くの場合はそれを支持した第三国・第三者の関与をへて現在の「独立的」な地位を確保してきた現実を鑑みれば、それら未承認国家が主権国家として独立する可能性は本来、きわめて低いと言ってよい。だが、そのような状況のなかで、コソヴォは悪しき前例となったのだった。まずは、ユーゴスラヴィアの解体から、コソヴォが独立宣言し、国際社会から承認を受けていくプロセスを見ていこう。

一　コソヴォ「承認」への道のり

セルビアの国内問題

領土保全の原則は、ソ連とユーゴスラヴィアの連邦解体時にも当然適用された。「国際社会」はそれらの連邦解体に際し、ウティ・ポッシデティス（uti possidetis）原則を採用した。それは、各連邦内の共和国レベルの既存の境界線を尊重する、つまり、かつての境界線の引き直し・変更は認めないという原則である。これは、前述のソ連とユーゴスラヴィアの「連邦」という一番外側のマトリョーシカを開けたときに出てくる、二番目のマトリョーシカにあたる共和国のみが独立できるということを意味する。この原則にもとづけば、かつての連邦構成共和国内の自治共和国（たとえば、コソヴォやアブハジアなど）や自治州（たとえばナゴルノ・カラバフや南オセチアなど）は独立を最初から否定されていることになる。つまり、原則論では、少数民族の分離独立は一貫して否定されたのだった。

そのことこそが、分離独立を目指した地域の「未承認国家」化を不可避にした。前述のように、国際社会は武力による国境の変更は認めない原則を保持しているなかで、広範な武力行使、虐殺や追放が行われた未承認国家の独立を承認することは、それらの「虐殺の結果を追認」したことになるため、国際社会が独立承認に動かなかったのはある意味当然であった。

実際、ユーゴスラヴィア解体からしばらくの間は、コソヴォにもこの原則が適用され、コソヴォの独立はまったく想像できないものであった。一九九〇〜九七年頃、国際社会はコソヴォ問題を「セルビアの国内問題」だとしてそれに一切かかわらず、一九九一年一〇月のコソヴォの独立宣言をはじめとした、コソヴォの独立を求める主張も一貫して無視した。

一方、一九九一年一二月にはEC（欧州共同体）外相会議が「東欧とソ連の新国家承認に関する指針についての宣言」を発表し、同年八月二七日には旧ユーゴスラヴィア地域の会議を法的アドバイスをしつつ組織するために、フランスの法律家ロベール・バダンテールが委員長を務める「欧州連合理事会旧ユーゴスラヴィア和平委員会調停委員会（Arbitration Commission of the Peace Conference on the former Yugoslavia、通称「バダンテール委員会」）」が設置された。これらが公にしていた新国家承認の基準は以下の通りであった。

①国連憲章などの受け入れ
②少数民族の権利保障
③既存の境界線の尊重
④現在の武器管理と軍縮合意の順守
⑤紛争の解決手段として交渉による解決を指示

この原則は一九九七年頃までは遵守されていた。ただ一つの例外は、一九九二年一二月二四日にジョージ・ブッシュ（父）米大統領がスロボダン・ミロシェヴィッチ・セルビア大統領に送った警告文、いわゆる「クリスマス警告」であった。その内容は、「セルビア側の行動によってコソヴォで紛争が発生した場合、アメリカはコソヴォとセルビア共和国のセルビア人に対し、軍事力を行使する準備に入るだろう」というものだ。これは一九九七年までの趨勢のなかでは明らかな例外であったが、あとから考えれば、アメリカがコソヴォの問題に関与していく伏線ともとれるだろう。

セルビア悪玉論へ

一九九七〜九九年頃にコソヴォ問題に対する国際社会の対応が変わってくる。旧ユーゴスラヴィア構成国・地域などと多くの紛争を抱えていたセルビアに対する国際的な風当たりが顕著に強まってきたのである。この背景には、ボスニア・ヘルツェゴヴィナやクロアチアなどが、アメリカの大手PR会社、いわゆる「戦争広告代理店」を雇ったことがあった。「戦争広告代理店」は世界にプロパガンダを効果的にまき散らし、反セルビア世論を醸成していったのだ。とくに、セルビアが旧ユーゴスラヴィアのいくつかの地で「ジェノサイド」を行ったという批判は「セルビア悪玉論」の浸透を決定的なものにした。たしかに、民族浄化は実際に大規模に行われたが、戦争広告代理店の宣伝は、その事実を効果的に誇張して世界に広めたと言われている。欧米諸国は、ナチス・ドイツによるホロコーストという苦い歴史を共有しており、「ジェノサイド」という言葉にはとりわけ敏感であった。ホロコーストの悲劇を繰り返してはならないという強い反省が、セルビアとナチス、そしてミロシェヴィッチとヒトラーをオーバーラップさせ、セルビアに対する欧米の強硬さを促進したとも言われている。

こうして、「セルビア悪玉論」が世界の多くの国、とくに欧米を中心に浸透し、セルビアに対する攻撃の土壌が固まっていった。一九九七年後半から現実の状況も変化していく。バルカンの平和構築を担うことになったアメリカ、イギリス、フランス、ドイツ、イタリア、ロシアの六カ国からなる「コンタクト・グループ」（連絡調整グループ）は一九九七年九月二四日、コソヴォ問題について「コソヴォの独立は支持しないが、アルバニア系住民の権利の完全な擁護を要求する」という声明を出した。これにより、これまでセルビアの内政問題として考えられていたコソヴォ問題が、同グループが仲介することにより国際的に政治的解決を図られることが示されたのである。九八年三月九日には、コンタクト・グループがコソヴォ問題に関する初会合を開き、同グループの求めによって、三月三一日には、国連安保理決議一一六〇が採択された。それは、ユーゴスラヴィア全土に武器禁輸措置を課すものであった。

ミロシェヴィッチこそが問題の源泉

その間、一九九八年一月四日、アルバニア系武装組織のKLA（コソヴォ解放軍）が武力闘争を公式に宣言し、流血の惨事を急増させるという事態も生じた。これを受け、二月に、クリントン米大統領の旧ユーゴスラヴィア担当特使のロバート・ゲルバード氏がコソヴォを訪問し、二三日にコソヴォ穏健派と会談し、「テロリスト組織であるKLAときっぱりと縁を切らなければならない」と強く要請した。加えて、同年三月には、セルビアのベオグラードを訪問していた同氏が「アメリカは世界中でテロリストと戦っている。KLAは公然たるテロ組織だ」と述べた。このように、アメリカの代表がKLAをテロリストだと明言したことは、ミロシェヴィッチ政権にとっては大きな激励であり、KLA攻撃の支持表明だととらえられた。そして、セルビア治安当局はKLAの掃討《そうとう》作戦を二月末から強化した。

だが、ミロシェヴィッチ側の攻撃が高まるにつれ、セルビア悪玉論は、より実体性を増し、世界に浸透していった。風向きが完全に変わったのである。一九九八年六月二八日には、リチャード・ホルブルック米特使が、アメリカが従来の方針を転換し、これまでテロリストとして扱われてきたKLAと休戦のための交渉を始めたことを明らかにし、「ミロシェヴィッチこそが問題の源泉」と発言した。これは、アメリカがミロシェヴィッチを見限ったと同時に、KLAを正式な主体として認知したことを意味する。これによりKLAは勢いづき、再度攻撃を激化させ、戦闘は厳しさを増していった。

戦闘激化によりアルバニア人避難民が大量発生すると、一九九八年八月一二日、NATOの大使級理事会が、軍事委員会が策定した空爆を含む武力行使計画を承認するにいたる。また、アルバニアで八月一七日〜二二日に、そしてマケドニアで九月一〇日から一八日にNATOの軍事演習も実施された。

その後まもなくして、国連は九月二三日に、コソヴォ関連としては二つ目となる安保理決議一一九九を採択した。同決議は、国連憲章第七章にもとづくもので、以下三点を新ユーゴ政府とコソヴォのアルバニア人指導部の双方に要求するものであった。

㈠敵対行為の即時停止と停戦の維持
㈡人道上の情勢改善策を即時にとり人道的大惨事の防止
㈢国際社会の介入のもと無条件で対話の即時実施など

ロシアの強硬な反対もあり、本決議は武力行使については触れていない。その代わり、「本決議（決議一一九九）および決議一一六〇が履行されない場合は、追加措置をとる」とされ、将来の武力行使の可能性に含みを持たせる一方、実際に武力行使に踏み切る際には、再度、安保理決議が必要とされた。

NATOの警告

だが、安保理決議一一九九が採択された翌日の九月二四日、NATOはコソヴォに対する限定的空爆を警告する「ACTWARN（Activation on Warning：警告行動）」を発令した。これは、たとえ武力行使に関する安保理決議がなくとも、NATOは状況しだいでは武力行使に出るという意思表明であり、国連決議の即時の履行を両サイド、とくにユーゴ当局に迫る政治的意味があったが、それは国連憲章に抵触する恐れがあるものでもあった。同じ頃、コソヴォでアルバニア人の虐殺遺体が発見されたこともあり、アメリカは一〇月に入るとミロシェヴィッチに対し、停戦とコソヴォからのセルビア軍の撤退を求める西側の要請に応じるよう圧力を強め、ホルブルック米特使がベオグラードを訪問し、ミロシェヴィッチ政権に国連安保理決議の受け入れを要求し、それが受け入れられない場合には深刻な結果を招くと警告した。

加えて同月一〇日には、ハビエル・ソラナNATO事務総長がコソヴォ紛争への軍事介入について、加盟国が基本合意したと発表した。これにより、NATOによる軍事介入が現実味を帯びてきたが、まもない一三日にNATO大使級理事会は、即時履行を求めた安保理決議一一九九が依然として履行されていないとして、航空作戦を実施する「ACTORD（Activation Orders：行動命令）」を安保理決議がないままに発令してしまった。これは、NATOがNATO圏外の主権国家の内政問題に関し、国連安保理決議のない武力行使をすることを意味した。しかし、この発令は、ちょうどホルブルック特使がミロシェヴィッチ大統領に安保理決議の履行を説得している最中であったため、その開始には九六時間の猶予が設けられた。そして、ホルブルック特使とミロシェヴィッチ大統領との交渉が妥結し、新ユーゴが安保理決議の遵守と国際監視団受け入れに合意したため、NATOによる空爆は、とりあえずは回避された。

さらに、一〇月一六日にはOSCEとミロシェヴィッチ政権がOSCEの検証ミッションを設立することに合意したのを受け、二五日にはOSCE常設理事会の決定にもとづき、完全非武装のコソヴォ検証ミッション（KVM：Kosovo Verification Mission）が設立された。同ミッションの任務は、ユーゴ政府による安保理決議遵守の検証、停戦維持の検証、兵力移動の監視、難民および避難民の帰還支援、選挙監視や自治政府設立の支援、人権促進と民主制の構築、OSCE常設理事会と国連安保理事会への任務の推移に関する報告といった多岐にわたるものであった。

しかし、このような活動がなされても、戦闘は続いた。とくに一九九九年一月に、またしてもコソヴォでアルバニア系住民四〇体ほどの遺体が発見されると、NATOによる空爆が再度検討されることになった。同月二九日には、コンタクト・グループが両サイドに和平交渉への参加呼びかけと、NATOによる軍事介入の警告を行った。さらに翌三〇日のNATO大使級理事会では、空爆実施の決定をソラナ事務総長に一任することが決定された。

NATOによる空爆

このようにNATOによる攻撃が現実味を増すなか、一九九九年二月六日からパリ郊外のランブイエで、ソラナ事務総長が仲介をする形でコソヴォ問題に関するランブイエ和平交渉が開始された。歴史的根拠に関する交渉の初期段階は成功し、「民主的な共同体による自由で公正な選挙、公平な法体系を含む、コソヴォの自治に関して合意」が得られ、政治的枠組みも定められたと発表されたが、コソヴォに招致される予定の国際的な文民・軍のプレゼンスの問題を含むいくつかの問題が残され、合意文書の内容確定にはいたらなかった。

だが、三月になると、アメリカの圧力を受けてNATOは、軍のプレゼンスは招致されたものではなく、強制されたものとするべきだという立場をとるようになった。このように、停戦破棄の大部分はKLAによるものであったにもかかわらず、この頃には、NATOないし西側のKLAへの肩入れは明らかなものとなっていた。こうして、三月一八日、アルバニア人、アメリカ、イギリスの代表者らはランブイエ合意に署名したが、セルビアおよびその後もずっとコソヴォ独立に反対の立場を維持することになるロシアは署名を拒否した。合意案に盛り込まれた内容は以下の通りである。

㈠コソヴォをユーゴスラヴィア領内の自治州としてNATOが統治する
㈡NATO軍の兵士三万人がコソヴォの治安維持にあたる
㈢コソヴォを含むユーゴスラヴィア領内での、NATO兵士の通行の無制限の権利
㈣NATOとその人員に対するユーゴスラヴィア法の適用除外措置

アメリカとイギリスは、当初から、本合意をセルビア側が受け入れることを想定していなかった。本合意はアルバニア人側の要求をすべて汲んだものではなかったとはいえ、それでもセルビア側にはとうてい受け入れられないものであり、セルビア側は内容の大幅な変更を求めたのだった。ランブイエ合意が不成立に終わると、三月二四日のNATOによる空爆開始までの展開はもはや時間の問題となった。まず同地にいるジャーナリストに退去が求められ、二〇日にはOSCE

の国際監視団が、団員の安全が保障できないとして撤退した。二三日には、セルビア議会がコソヴォの自治を認め、ランブイエ合意の非軍事的部分を受諾することを決定するものの、NATOによるコソヴォ占領統治には断固反対し、合意案は完全なる欺瞞《ぎまん》であると批判した。セルビアサイドの主張では、重要な問題であるにもかかわらず、合意内容の交渉に十分な時間があてられなかっただけでなく、そもそもコソヴォ側の代表はテロリスト集団の代表であるばかりか、ユーゴスラヴィア連邦共和国の代表者との直接会談を拒否し、すべて仲介を通じての交渉しかできなかったからであった。

だが、ランブイエ合意の受諾を求めたNATOは、部分受け入れではまったく態度を軟化させず、二四日についに空爆に踏み切った。空爆は六月まで続いた。NATO側はそれを「人道的介入」として正当化したが、当初のコソヴォ問題はセルビアの内政問題というスタンスからは大きく方針が変化したことは明らかだった。そして、国際社会は軍事的なアクションにとどまらず、コソヴォの将来の地位問題についても実質的な関与を進めていくことになる。

紛争後の平和構築

一九九九年六月一〇日には、中国が棄権したものの、一四カ国の賛成、反対ゼロで国連安保理決議一二四四が採択された。その主な内容は以下の通りである。

・国連コソヴォ暫定行政ミッション（UNMIK：UN Mission in Kosovo）のもと、コソヴォを国連の暫定統治下におく
・NATOによる国際安全保障部隊（KFOR：Kosovo Force）の展開
・セルビア人の伝統的地域と主要国境検問所において、関与を維持するためにユーゴスラヴィア・セルビアの政府関係者を一定人数復帰させる（実際には実行されず）
・UNMIKに対し、コソヴォの地方自治政府の機構（暫定自治政府諸機構）の設立を命ずる
・ユーゴ連邦共和国の主権と領土保全に対する全国連加盟国のコミットメントを再確認（決議前文）
・国連に対し、コソヴォの全難民の故郷への安全で円滑な帰還の保障および全住民の平和的・日常的生活の確保
・KLAおよびほかのアルバニア系コソヴォ武装集団に対して武装解除を求める
・国連に対し、ランブイエ合意を考慮に入れたコソヴォの将来の地位を定めるための政治プロセスを促進（UNMIKの責任の一つとして規定された）

これにより、UNMIK、KFORに代表される活動が展開されるようになり、コソヴォが国

際社会の管理下におかれることになった。ここでとくに重要なのが、傍点を付した部分である。

この段階ではコソヴォの地位を決定するためのプロセスは先送りされ（実際には、後述のように、二〇〇五年末にようやく開始された）、治安改善、インフラ整備、政治制度構築、選挙実施など、紛争後の平和構築が優先された。

地位問題が先送りされるなか、二〇〇三年一二月には、ＵＮＭＩＫとコソヴォ自治政府が国連安保理決議一二四四に準拠する形で「コソヴォのための基準（Standards for Kosovo）」に合意した。それは次の八項目からなる。

①民主的な諸制度の機能（選挙、暫定自治政府諸機構、メディアと市民社会を含む）
②法の支配（司法への公平なアクセス、万人が法に従う、経済・財政犯罪を含む）
③移動の自由（移動の自由、言語の自由な使用を含む）
④共同体とそのメンバーの持続的な帰還の権利の尊重（コソヴォ市民の生活に必要なさまざまな権利の遵守、帰還の保障を含む）
⑤経済（市場経済のための健全な基礎、合法的経済活動などを含む）
⑥財産権（財産権の保障、文化遺産の保全などを含む）
⑦対話（セルビア側とコソヴォ側の対話の正常化、地域的な調整などを含む）
⑧コソヴォ防衛隊（コソヴォ防衛隊［Kosovo Protection Corps：ＫＰＣ］の文民救急組織とし

ての発足と活動の基準などを含む）

つまり「地位より先に基準（Standards before Status）」を構築してしまおうとする政策がとられたのだった。これについては、厄介な地位問題のさらなる先送りの口実だという批判も多く出た。翌二〇〇四年三月には、現地の混乱がまだ続くなか、基準達成のための実施計画も発表された。

独立承認の提案

ようやく二〇〇五年一〇月、マルッティ・アハティサーリ前フィンランド大統領が国連事務総長特使に任命され、彼のもとで「地位交渉」を開始することが国連安保理によって勧告された。アハティサーリ特使の仲介により、セルビアとコソヴォ自治政府間の交渉が続けられたが、交渉は難航した。二〇〇七年三月、両者の合意が成立していないにもかかわらず、特使がコソヴォの将来の地位に関する報告書（Report of the Special Envoy of the Secretary-General on Kosovo's future status [S/2007/168]）を出すにいたった。この報告書では、国際社会による監視継続を条件としたコソヴォの独立承認が提案されている。コソヴォが比類ないケースであり、比類ない解決方法が必要であることも特記された。これは、それまでの旧ソ連・ユーゴスラヴィアに対する方針に例外があってしかるべきだということを宣言したともとれるだろう。だが、本提案に対してはロシアが猛反発し、国連安保理での採択は不可能になった。さらに、アメリカ、ロシア、EUの三者を仲介とするセルビア、コソヴォの間の交渉も進展がみられなかった。

このようななかで二〇〇八年二月一七日、コソヴォ議会で独立宣言がなされたのだった。これはセルビアを無視した一方的な独立宣言であった。しかし、アメリカ、イギリス、フランスなど欧州主要国、日本を含む多くの国がコソヴォの独立を承認したのだった。

そして、コソヴォの独立問題で国際社会は二分されることとなる。ロシア、中国、EU内の五カ国（スペイン、ルーマニア、スロヴァキア、ギリシャ、キプロス）、スリランカなどは承認しなかった。ロシア、中国はかねてより、世界戦略で欧米と違う路線をとる傾向があったが、興味深いのはEUですら一枚岩ではなく、欧州諸国のなかにもコソヴォ独立を支援しない国があることである。コソヴォの独立に反対している国の多くに共通しているのは、自国に分離主義の問題や民族問題を抱えていることだ。そのような国の政府にとって、コソヴォの独立は脅威である。なぜなら、コソヴォの先例を掲げ、国内の分離独立運動が盛んになる可能性があるばかりか、諸外国による国家承認の可能性も高くなるからである。とはいえ、コソヴォの独立問題については、承認国は一貫して「コソヴォは例外」という立場をとり続けている。

だが、コソヴォの独立は徐々に正統性を帯びていくことになる。二〇〇八年八月には、国連のミッションがその権限をコソヴォ政府とコソヴォにおける欧州連合・法の支配ミッション（the European Union Rule of Law Mission in Kosovo）、通称EULEXコソヴォに委譲した。国連ミッションは、コソヴォ政府とEULEXコソヴォに対し、その後もアドバイスやサポートを行い続けたとはいえ、この委譲により、コソヴォ政府は、セルビアに代わってコソヴォの領土およびその住民に対する全責任を負うことになった。

不十分だったコソヴォ独立承認

一方、コソヴォの国際法的親国であるセルビアや、コソヴォの独立に反対する立場のアクターたちは、コソヴォの独立宣言は国際法上違法であるという立場でコソヴォの独立に対して厳しく反発を続けた。それを受け、二〇〇八年一〇月八日に国連総会は、セルビアが提出した、「コソヴォ暫定自治政府による一方的独立宣言の国際法上の合法性」の如何《いかん》を問う諮問内容について、国際司法裁判所（ＩＣＪ）による勧告的意見を要請する旨の決議（A/63/L.2）を採択した。そして、二〇一〇年七月二二日に、ＩＣＪは「コソヴォの独立宣言は国際法に違反していない」という勧告的意見を出した。この勧告的意見が出されたことで、コソヴォは歓喜で沸き、コソヴォの独立は国際的な公的機関からお墨付きをもらったという空気が世界に広がった。しかし、実は、この勧告的意見が不十分であることは看過された。同勧告的意見は、コソヴォの独立宣言の持つ法的効果、また、コソヴォ独立を承認する諸外国の行動の合法性には言及していなかったのだ。つまり、コソヴォが独立宣言をしたことは合法だとする判断を明言しつつも、それ以外の問題については言及を避けたのだ。そのため、コソヴォの独立を認めていないセルビアの領土保全の侵害にあたるにもかかわらず、諸外国がセルビアの立場を無視してコソヴォの独立を承認したことについてもなんら判断は下されなかった。こうしてなし崩し的に、コソヴォの独立は現実味を帯びてゆき、コソヴォの独立は少なくとも欧米主要国の間では既定路線となっていった。

二　コソヴォの特異性

偽装された民族自決？

ここで、コソヴォの特異性を確認しておこう。まず、コソヴォでは多数派ながら、連邦のなかでは少数派であったアルバニア人のほうが、セルビア人が主導する共和国政府よりも軍事的に弱いはずであったのに、紛争に勝利し、未承認国家をへて、真の主権国家になることを目指している。

これは、ほかの旧ソ連の未承認国家の事例と同じである。ただし、旧ソ連の未承認国家の場合は、その支援者がロシアであり、ロシアが分離主義勢力を軍事的、経済的、政治的に支援することにより、それらが軍事的に勝利したうえで、未承認国家としての地位を確保していった一方、国際社会からは支援を得られていないという点で、コソヴォのケースとは相違点も多いことには留意が必要だ。

コソヴォにはユーゴスラヴィア時代から既存の自治州の境界線があったとはいえ、連邦解体直後から未承認国家化したわけではなかった。逆にコソヴォ内では、同地では少数派のセルビア人（ユーゴスラヴィア全体では多数派）が、セルビア政府のバックアップを得る形でコソヴォを支配していたのだ。コソヴォの未承認国家化および独立は、そのプロセスをたどればわかるように、欧米が作り出していったものだといえるだろう。そもそもコソヴォ問題では「民族自決」が偽装された感がある。コソヴォは決してアルバニア人単独の国ではなく、コソヴォそのものが多民族共存を謳っている。それにもかかわらず、コソヴォの民族自決が主張されることには違和感がある。このレトリックは、やはり多民族を抱えるクリミアや沿ドニエストルでも利用された。

ダブル・スタンダード

コソヴォは現状では、欧米が「未承認国家」を直接支援した唯一のケースとなっており、国際法的な親国の同意や政治的交渉の結実なしに行われた分離独立を国際社会が承認した先例となった。

このケースから見えてくるのは、欧米の対応の一貫性の欠如だ。欧米がとった対応は、ソ連・ユーゴスラヴィアの解体の際に、欧米が自ら定めた原則と完全に矛盾している。その一方で、欧米諸国はコソヴォの事例は「例外」だという姿勢を崩さず、ほかの未承認国家についてはは承認にいたらなかったことから、まぎれもなく「ダブル・スタンダード」が見られるのである。

そのため、コソヴォ独立に反対する諸国をはじめ、少なくないアクターたちが「欧米によるコソヴォ承認は危険な先例だ」と主張してきた。だが、承認をした欧米主要国は「コソヴォ承認はあくまでも特別事例（スイ・ジェネリス：sui generis）で、先例にはならない」という立場を貫いた。だが、この問題が残した余波は決して小さいものではなかった。多くの国が国益を追求するなかで、国際法を軽視したご都合主義的政策をとったがゆえに、国際秩序の信頼が失われたのだ。しかも、欧米諸国はコソヴォ承認を例外としつつも、後述するロシアがグルジアのアブハジアと南オセチアに対して行った国家承認や、ウクライナのクリミアを編入したことを国際法違反だと批判し、このことは明らかにダブル・スタンダードだととらえられた。

コソヴォが独立を宣言し、またそれが多くの諸国にあたたかく受け入れられたことで、ほかの未承認国家も勢いづき、もちろん、多くの未承認国家が独立を目指す動きを促進させた。だが、そのなかでも特筆すべきなのはコソヴォ問題を受け、グルジアで起きた未承認国家の動き、そしてそれにつながるグルジアとロシアの戦争、そしてその結果生じたロシアによるアブハジア、南オセチアの国家承認である。また二〇一四年にはウクライナ領だったクリミアのロシア編入という事件も起きたが、これらを考えるうえでもコソヴォの前例を無視できない。以下では、欧米のダブル・スタンダードが露見したグルジア紛争とクリミアのロシアによる編入について考える。

三　グルジア紛争を考える視点――四レベルアプローチ

二〇〇八年八月八日、北京で平和の祭典オリンピックが行われているまさにそのとき、グルジアの同国内の南オセチアへの侵攻に呼応する形で、ロシアがグルジアに攻撃したことは世界に大きな衝撃を呼び起こした。紛争がオリンピックの最中に起きたということのみならず、ロシアという大国が小国グルジアを攻撃したこと、また「凍結された紛争」が熱戦化したことなど異例の要素が多かったうえに、国際政治経済への影響も甚大だったからである。

前述のように、グルジア紛争はれっきとした戦争であるが、そのきっかけは内戦だったと言ってよい。本戦争は、グルジアが南オセチアに対して先制攻撃を行い、ロシアが「自国民保護」という名目で南オセチア側に立って参戦し、アブハジアも加わって結果的に大きな戦争に発展したものだ。だが、グルジアが攻撃をする前、とくに二〇〇八年七月頃から、南オセチア側からの挑発行為が増え、南オセチアとグルジアの小競り合いは頻度を増していたという。小競り合いが戦争に発展した直接のきっかけは、当初は情報が錯綜していた。だが、グルジアのミヘイル・サアカシュヴィリ大統領（当時）はのちに、グルジアが先制攻撃を行ったことを認めたものの、戦争勃発当初は南オセチアからの攻撃のあまりの激しさゆえ、やむなく防衛のために反撃に出たということを主張し、自己正当化を図ろうとしていたという経緯がある。なお、ロシアが「自国民保護」を掲げて参戦したことには理由がある。ロシアは、南オセチアとアブハジアのロシア化を進めており、すでに当時、両地の住民の約九割がロシアのパスポートを所持していた。つまり、ロシアは彼らを少なくとも名目的にロシア国民であると主張する根拠を持っていたのである。

ともあれ、冷戦後の国際政治の流れ、とくに近年のグルジアやロシアの動向を考えれば、紛争はむしろいつ起きても不思議ではない状況にあったのも確かであり、グルジア紛争を正しくとらえるためには、①国内レベル、②国家レベル、③地域レベル、④国際レベルの四レベルからの分析が不可欠である。

第一の分析レベル：国内レベル

第一の分析レベルは国内レベル、すなわちグルジアとグルジア国内の未承認国家の問題、さらにグルジアそのものの内政問題である。

旧ソ連には四つの未承認国家、すなわち国家の体裁を整え、独立と国際的な国家承認を主張して、法的親国の主権がまったく及ばない状態を維持しているが、国家承認が得られないため、自称国家にとどまっている地域がある。グルジアの南オセチア、アブハジア、アゼルバイジャンのナゴルノ・カラバフ、モルドヴァの沿ドニエストルである。これら未承認国家を抱える法的親国にとって、未承認国家問題は常に最重要課題であり続けてきた。

これら四つの未承認国家には多くの共通の性格が見られる。まず、「四カ国」は、ソ連時代、ペレストロイカ末期から分離・独立運動を開始し、法的親国との激しい紛争を経験している。とくに、戦闘はソ連解体後に激しくなり、グルジアとアゼルバイジャンでは激しい民族浄化も行われた。そのすべての紛争において、ロシアが分離・独立派を支援したために、法的親国が軍事的に敗北し、さらにロシアの仲介で不条理な条件で停戦を受け入れざるを得なくなった。ロシアは停戦の条件に、CISおよびCIS安全保障条約への加盟、ロシア軍基地の法的親国への設置（アゼルバイジャンは拒否）、大規模な石油開発計画へのロシアの参入（アゼルバイジャンに対してのみ）などを提示し、法的親国の統制に紛争を大いに利用した。

ただし、そのことも大きな原因となり、これらグルジア、アゼルバイジャン、モルドヴァは反ロシア的な機運を強め、同じくロシアと多くの問題を抱えるウクライナと一九九七年に「GUAM」を結成し、それは反ロシア的な地域グループ（のち、機構）として知られてきた。だが、未承認国家へのロシアの支援は、濃淡はあるが今でも続いており、ロシアは「反ロシア的」な法的親国をその影響力下に縛り付けておくためにも、未承認国家の問題を「外交カード」として利用し続けている。

これら四つの未承認国家すべての問題が最終的な解決を見ていない。まがりなりにも停戦は維持されているため、これらは「凍結された紛争」と呼ばれてきたが、未承認国家と法的親国の関係は常に緊張し、停戦後も小競り合いが頻繁に生じ、多くの死傷者を出してきた。また、今回のグルジア紛争で凍結された紛争の脆弱性は如実に露呈された。グルジア紛争の発生により、国際社会は未承認国家の解決の必要性を再確認したが、「領土保全」と「民族自決」という二つの国際原則の矛盾がその障害となっていることはすでに述べた通りである。

二〇〇八年二月に多くの欧米諸国がコソヴォの独立を承認したことは、未承認国家問題を大きく刺激した。それに刺激されて、未承認国家は独立承認を求める動きを顕著に強める一方、コソヴォの独立承認に激しく反対していたロシアも、今回のグルジア紛争を機に、南オセチアとアブハジアの独立を認めたという経緯がある（ただし、ロシアの独立承認に追従した国は、後述のように少なく、諸外国から大きな反発を受けた）。

このように、未承認国家の問題は非常に複雑であるだけでなく、一つの問題がいくつもの問題とリンクしていることから、非常に慎重な対応が求められるのである。

グルジア紛争への道

サアカシュヴィリ元グルジア大統領は、二〇〇三年の「バラ革命」の立役者で、その後の選挙で大統領に当選し、二〇〇八年一月の大統領選挙で再選し、二〇一三年一一月まで在任した。「バラ革命」はアメリカ政府やソロス財団などの支援で成功したと言われており、サアカシュヴィリ政権をアメリカの傀儡と見る向きも多く、実際、アメリカとの関係は非常に強かった。

サアカシュヴィリにとっての最重要課題は内政ではグルジア全土の奪還、外交ではNATOやEUへの加盟を含む親欧米路線の追求であった。

サアカシュヴィリは大統領就任直後の二〇〇四年五月六日にまず、未承認国家ではないものの、グルジアの主権が及んでいなかったアジャリア自治共和国の独裁者であったアスラン・アバシゼを軍事力を用いて追放し、領土の奪還に成功した。前述の通り、この奪還はグルジア紛争の一つの契機にもなったとされる。

アジャリア奪還の成功を受け、アブハジアの奪還は困難だが、南オセチアの奪還は可能性が高いと見たサアカシュヴィリは、南オセチアに対しても二〇〇四年八月に武力行使するも失敗した。その後、二〇〇六年からはグルジアとロシアとの関係がこれまで以上に厳しくなった。そもそも、「バラ革命」以前から、ロシアはグルジアに対し、電力供給の停止やCIS諸国には免除されているはずの査証の強制などさまざまな懲罰的行為を行っており、またグルジアも程度の濃淡はあるが親欧米路線を貫いていたことから、両国関係はずっと緊張していたのだが、二〇〇六年以降の両国関係のさらなる悪化にともない、未承認国家の問題もより深刻化することとなった。

二〇〇六年四月には、ロシアはグルジアの主要な輸出製品であるミネラルウォーター（とくに「ボルジョミ」など）とワインの禁輸を決定（それまでは、ワインの七〇%がロシアに輸出されていた）、同年九月にはグルジアがロシア人スパイを逮捕したことでロシアはすべての通商、運輸、通信を遮断し、ロシアへの出稼ぎグルジア人を非人道的手段で強制送還するなどしたため、きわめて厳しい関係となったのである。

また、その間の二〇〇六年七月にグルジアがアブハジアに軍事侵攻し、コドリ渓谷などを奪還したこともロシアを刺激していた。

そのようななか、二〇〇七年七月に、二〇一四年冬季オリンピックが黒海沿岸のリゾート地ソチで開催されることが決定する。ソチはアブハジアときわめて近く、ロシアはアブハジアをソチ五輪の建築資材の調達や食料品など後方支援地にするとして、工場建設や大規模支援を表明したため、グルジアをさらに刺激することになる。

なぜ開戦したのか

その矢先に欧米諸国がコソヴォの独立を承認したため、アブハジア、南オセチアの独立承認要求が高まるとともに、両地域へのロシアの関与も強まっていった。グルジアのNATO加盟問題（後述）が現実的になった同年四月半ばからロシアは対グルジア戦の準備を本格的に始めた。両地域への派兵を増強し、グルジアの軍事状況を詳細に調べ、北コーカサスのロシア軍を再編成して対グルジア戦の準備を進めていたのである。

戦闘の準備を進めていたのはグルジア側も同じである。軍備拡充を着々と進め、南オセチア侵攻についてはアメリカに打診もしていたというし、イスラエル、スウェーデンなども事前に戦争が起こりそうだという情報を得ていたという。二〇〇八年五月一二日に、アメリカのコーカサス担当特使であったマシュー・ブライザがグルジアの首都トビリシを訪問し、開戦を思いとどまるよう警告したのをはじめ、アメリカサイドはグルジアを引きとめたと主張しているが、その一方で、アフガニスタンでのNATOの活動に派兵されていたグルジア兵を、グルジア紛争に際してアメリカがグルジアまで帰還させたり、同紛争直前にグルジア軍を訓練するための米軍要員を増強していたなどの理由から、実際はアメリカも同紛争の勃発を煽っていたのではないかという説も根強くある。

開戦の契機については謎が多く、のちにEUが詳細な原因究明を行って報告書も出されたが、双方が紛争の準備を行っており、ロシア・グルジア双方に責任があるが、先制攻撃はグルジアが行ったと結論づけられており、その点はグルジアサイドも認めている。

グルジアが侵攻を急いだ背景には、アメリカの支援を確信し、オリンピック期間であればロシアの反撃も緩いと考えたサアカシュヴィリの甘い憶測に加え、内政混乱がある。二〇〇七年一一月には反体制デモが大規模に行われ、戒厳令の発令、メディア統制、不当逮捕などが大規模に行われた。その混乱を収めるため、大統領選挙が二〇〇八年一月に前倒しされ、サアカシュヴィリが再選するも、その後も政敵の不審死やメディア統制の強化など内政は混乱し、サアカシュヴィリへの不満も高まっていた。しかし、戦争が始まれば国民が一つになる可能性が高く、さらに南オセチアを奪還できれば、国民の支持が獲得できるという目論見もあったはずだ。実際、グルジア紛争勃発直後は反体制派も大統領と一丸となった（ただし、その後、戦争を招いた大統領に対する責任追及が厳しくなっている）。このようなグルジアの内政的事情も本戦争の背景にある。

第二の分析レベル：国家レベル

第二の分析レベルは、国家レベル、すなわちグルジアとロシアの関係である。

真の独立国家を目指し、領土保全を追求し、ロシアから離れて欧米への接近を試みるグルジアの存在は、「近い外国」（旧ソ連圏）への影響力を保持し続けたいロシアにとって厄介な存在であった。だからこそ、前述のようにロシアは未承認国家を有力な外交カードとし、エネルギー、政治、経済のカードも絡めてグルジアを締めつけてきたのであるが、今回のグルジアへの激しい攻撃の背景には、ロシアの多面的な目的があると考えられる。それらのうち地域レベルにかかわるものは後述するとして、ここでは対グルジア政策とロシアの国内事情に関するもののみを示す。

まず、ロシアのグルジア攻撃の直接的な原因は、グルジアのＮＡＴＯ加盟問題であったと言える。ロシアにとって、ＮＡＴＯ拡大は大きな脅威であり、とりわけその「近い外国」への拡大はなんとしても阻止する必要があった。「近い外国」が欧米に吸収されるだけでなく、間近にＮＡＴＯの基地や防衛システムなどが設置される可能性が高いからだ。

一方、グルジアとウクライナはＮＡＴＯへの加盟を着々と進め、二〇〇八年四月には、加盟の登竜門ともいえるMAP（加盟行動計画）が両国に適用される運びとなっていた。結局、ロシアの反対とドイツ、フランスがロシアに配慮して同じく反対を表明したことにより、四月には両国へのMAP適用は見送られ、一二月に見直すこととなった。そこで、ロシアはそれを阻止すべく、グルジア攻撃の準備を始め、実際に攻撃したと言える。

具体的には、これを機にグルジアの国家としての機能を破壊し、米軍の訓練を受けたグルジア軍も壊滅させ、グルジア国内にロシア軍基地を配備することを目指した。アブハジア紛争、南オセチア紛争の停戦仲介の条件の一つとして、ロシアはグルジアに四つの軍基地を設置していたが、一九九九年のOSCEイスタンブルサミットですべての軍基地の閉鎖が決められ、長い年月がかかったものの、最近すべての閉鎖が終わっていたため、新たにアブハジア、南オセチアに確固たる軍基地を設置しようとしたのである（第四章で詳述）。

またロシアの国内事情の絡みもある。プーチン大統領が一期目にチェチェン紛争での強硬政策で人気を勝ち得たように、強いロシアをアピールすることで、内外を締めつけ、二〇〇八年五月に大統領に就任したドミトリ・メドヴェージェフの体制を盤石《ばんじやく》なものにしようとする思惑があったはずだ。当時、北コーカサスでの混乱の度合いが増してきたこともあり、近隣のグルジアへの攻撃は国内の反体制分子に対する牽制と安定強化にも有効と思われたはずである。さらに、ロシアはグルジア紛争後に大規模な軍拡を始めた。軍事費拡大の口実にグルジア紛争が用いられたという見解も強く持たれている。

第三の分析レベル：地域レベル

第三の分析レベルは、地域レベル、すなわち旧ソ連地域の反ロシア的な動きとロシアの「近い外国」政策の相克《そうこく》である。ロシアは「近い外国」すなわち旧ソ連圏に影響力を維持し続けようとしているとともに、エネルギー支配の強化も目論んでいるが、それに反対する動きも常にあった。

まず、前述のGUAMなど、反ロシア的な機構が存在する。GUAMのなかでもとくに反ロシア的で親欧米的なグルジアとウクライナは、さらに二〇〇五年には民主的選択共同体（Community of Democratic Choice：CDC）の設立を主導したり、NATOやEUへの加盟もとりわけ積極的でロシアを常に苛立たせてきた。

また、アメリカなどが「経済の論理」より「政治の論理」を優先する形でBTC（バクー・トビリシ・ジェイハン）石油パイプラインをはじめとするロシアを迂回する石油、天然ガスのパイプラインの敷設を進めてきたこと、さらに同様の形で中央アジアやコーカサスとの輸送、通商、エネルギーなどの回廊を構築しようとするEUの動きもロシアにとっては、自国の権益を脅かすものであった。

近年、ロシアにとって反ロシア的な地域の動きは容認できない域に達しつつあったが、グルジア・ウクライナのNATO加盟問題でロシアの堪忍袋の緒が切れたと言える。

ロシアの対グルジア攻撃は、地域的にも多くの意味を持ちえた。

まず、グルジアのみならず、ウクライナのNATO加盟にも楔《くさび》を打ち込める。さらに、グルジアをスケープゴートとしてGUAM諸国のような反ロシア的な諸国に対する牽制もできる。また、ロシアを排除する形で進められてきた地域のエネルギー開発・輸送領域での巻き返し、ひいては歴史的に「ロシアとトルコの海」であったにもかかわらず、欧米諸国の影響力が拡大していた黒海地域における支配力を回復するというような、地域における覇権の再確立という目的も背景にあったはずである。

第四の分析レベル：国際レベル

第四の分析レベルは、国際レベル、具体的にはロシアと欧米の対立である。

冷戦が終わっても、冷戦の遺産であるNATOは存続し、九一一事件直後の短い蜜月の時期を除いては、ロシアと欧米、とくにアメリカは常に緊張関係にあった。ロシアは多極的世界を目指したのに対し、アメリカはアメリカ主導の一極的世界秩序の形成を進めてきた。さらに、ロシアが勢力圏と考える「近い外国」への欧米の影響力拡大も近年顕著に進んでいた。

ロシアを刺激してきたのは、具体的には、以下の通りである。

アメリカについては、イラクやアフガニスタンへの侵攻を含むロシアの立場を無視した世界戦略、ロシアを排除した形でのエネルギー開発と輸送路の建設、グルジア・ウクライナに対する「色革命」の支援に代表される旧ソ連地域に対する民主化支援、沿ドニエストル問題でのモルドヴァとの「コザックメモランダム」締結阻止などロシアの旧ソ連政策に対する妨害、グルジア・ウクライナの加盟問題を含むNATO拡大の趨勢、米軍によるルーマニアとブルガリアの軍事基地使用、ミサイル防衛システムのポーランドとチェコへの設置問題、ヨーロッパ通常戦力条約（Treaty on Conventional Armed Forces in Europe：通称「CFE条約」）問題、コソヴォ独立承認などがあった。

さらに、EUについては、旧共産地域の民主化・市場経済化政策、ロシアを排除した形でのエネルギーや輸送路の確立と地域の振興への働き掛け、ロシアの未承認国家政策への牽制、さらにコソヴォ独立問題などがあげられる。

以上により、対米不信を増していたロシアが、グルジア、ウクライナのNATO加盟問題で我慢の限界に達し、欧米への牽制を図ったのが、第四の分析レベルの最大の要因だと考えられる。

グルジア紛争の衝撃

ともあれ、以上のような背景のもとグルジア紛争は起きてしまった。前述のように、その原因は実に複雑かつ多様であるとはいえ、コソヴォの問題が大きくかかわっているのは間違いない。

戦争の影響はとても大きく、エネルギー開発問題、経済問題、内政問題、外交関係などで大きな損失を被った国が多数ある。とくに、旧ソ連諸国はロシアと欧米の関係のなかで大きなジレンマに陥り、アゼルバイジャンなど明らかにロシア側に寝返った国もあった。

一方、ロシアの依頼でトルコが「コーカサス安定・協力プラットフォーム」というコーカサス全体の平和を目指すプロジェクトに着手し、「サッカー外交」によってアルメニアと歴史的な和解の第一歩を果たしたり、ナゴルノ・カラバフ紛争の和平がグルジア紛争後にロシアやトルコの仲介で前進したりするなど、ポジティブな動きもあった。

だが、それらのなかでもっとも大きな影響は、グルジア紛争直後の二〇〇八年八月二六日に発表されたロシアによるアブハジア、南オセチアの国家承認である。このロシアのアクションは、グルジアのみならず世界にとって大きな衝撃となった。第二次世界大戦後の国際社会で維持されてきた「国家」の枠組みを大きく揺るがすことになったからである。ただ、ロシアに続いてロシアと関係の深い国々、具体的にはＣＩＳ安全保障条約機構や近年ロシアが関係を強化している上海協力機構（Shanghai Cooperation Organisation：ＳＣＯ）のメンバー国も、ロシアに続いて承認をするのではないかという憶測も流れたが、結果的にはそれらの国々は、グルジアの南オセチアに対する攻撃を批判することに終始し、国家承認問題には一切かかわらない姿勢を貫いた。

だが、二〇〇八年九月にニカラグアが、二〇〇九年九月にベネズエラが、同年一二月にナウルが、二〇一一年九月にツバルがアブハジアと南オセチアを国家承認した。なお、バヌアツは二〇一一年五月に、アブハジアを国家承認したが、二〇一三年五月にグルジアとの関係を重視し、承認を撤回している。これらの諸国は、ロシアから買収されたと言われており、実際、ロシアから多くの経済援助や軍事支援を得たことは明らかだ。とくにニカラグア、ベネズエラは反アメリカ国家としても知られているが、ロシアとの軍事協力や軍事演習を含む関係を近年とみに強めている。このような状況を、グルジア人は、南オセチア、アブハジアに対する国家承認をお金で買ったとロシアを揶揄《やゆ》している。

他方、ロシアの国家承認に対し、グルジアや欧米はグルジアに対する内政干渉だとして激しく反発した。それに対し、ロシアはグルジア紛争に参戦したときと同じ口実、つまりロシアはコソヴォに対して欧米がとったのと同じ政策をとっているだけだとしたうえで、欧米のコソヴォ独立承認が「(未承認国家の)パンドラの箱を開けた」として、改めて欧米のコソヴォの独立承認を批判し、グルジアのサアカシュヴィリ大統領をセルビアのミロシェヴィッチ元大統領に擬え、ロシアは欧米がセルビアを空爆したように、民族浄化をやめさせたのだと自己正当化までも図った。ただし、ロシアは自らも「パンドラの箱」を開け、墓穴を掘ることになった。なぜなら、ロシア自身がアブハジア、南オセチアを承認したことで、ロシア国内の分離主義勢力、とくに北コーカサスのいくつかの共和国や民族、タタールなどで強い分離独立の運動が起き、その対応に悩まされることになったからである。

ともあれ、このようにコソヴォ独立に対する欧米諸国の承認が引き起こした問題は、単純ではなかった。

四　ロシアのクリミア編入

二〇一三年一一月にウクライナは危機的な状況に陥り、その危機は長期化の様相を見せている。ウクライナ情勢は二〇一四年六月現在、危機の第三段階目にある。ちなみに第一の危機は二〇一三年一一月から一四年二月に、同国の親欧米派がロシアに寝返ったヤヌコーヴィチ前政権に対して大規模な抗議行動を行い、同大統領が失脚するまで続いた。「ユーロマイダン」危機である。第二の危機は二月から三月にかけて行われた、ロシアの「クリミア編入」であり、第三の危機はウクライナ東部の混乱とウクライナ東部のドネツク州とルガンスク州が住民投票の結果を理由に、独立宣言するとともに、両州で「ノヴォロシア」（新ロシアの意）という新たな人民共和国連邦の成立を宣言してウクライナ政府との決別を表明したことである。

ここでは第二の危機、すなわちロシアのクリミア編入がコソヴォの前例と大きく関係していること、そして「未承認国家」を創出することで国際政治を有利に展開させるという新たな国際戦略のオプションが現実のものとなったことを示したい。

ロシアとウクライナ

ロシア人はソ連時代も、スラブ系のベラルーシ（ソ連時代は白ロシア）やウクライナには「スラブ系の兄弟」として格別の思いを持っていたが、ウクライナの首都キエフはロシア、ウクライナ、ベラルーシの共通の祖国の都で、ロシア文化の揺籃《ようらん》の地とされていることからウクライナへの思いはひときわ強かった。なぜなら、九世紀後半から一二四〇年にかけてキエフを首都としていたキエフ大公国（正式な国号はルーシであり、その大公座がおかれたキエフに由来して、日本語では「キエフ・ルーシ」ともいわれる）は、現在のロシア、ウクライナ、ベラルーシにまたがって存在していたため、同国は東スラブ民族の共通のルーツとされているなか、とくにロシア人は自らがキエフ・ルーシの直系の末裔《まつえい》だと信じ、その継承権を主張してきたからだ。このように、ロシア人にとって、ウクライナは歴史的にも、アイデンティティの面からも、決してロシアと切り離せない地なのである。そのようなウクライナが、欧米に接近すること自体、ロシアには容認できず、ましてやウクライナがNATOやEUに加盟し、さらにはNATOの軍事基地が作られた日には、ロシアの重要な勢力圏が侵害されることは間違いなかった。

さらに、ロシアはクリミアに特別な意味を抱いてきた。同地はロシア系住民が六割を占め、黒海とアゾフ海にまたがるクリミア半島は、女帝エカテリーナ二世によって、一七八三年にロシア帝国に編入された土地である。ロシア革命をへて、ソ連になったあともクリミアはロシア共和国領とされたが、一九五四年に当時のニキータ・フルシチョフ第一書記がロシア・ウクライナの友好の証として*クリミアをウクライナに移管した。当時は、ソ連時代であったため、その移管もソ連という一国内の出来事として、さほど問題にならなかったが、一九九一年にソ連が解体し、クリミアがウクライナ、すなわち外国領になってしまうと、多くのロシア人がクリミアへの移管を歴史的な大失態と考えるようになった。クリミア奪還はロシア人の悲願だった。また、クリミアにあるセバストポリ特別市は、不凍港の確保に必死になってきたロシアの歴史にとって、地政学的・安全保障的にきわめて重要な存在なのだ。ロシアが黒海艦隊を擁するセバストポリ特別市は重要な軍事基地であると同時に、黒海艦隊を維持することは、ロシアの軍事戦略において大きな意味を持つ。

ソ連解体後、ウクライナが独立してからは、ロシアが契約にもとづいてセバストポリ特別市を利用してきたが、二〇〇四年のオレンジ革命で誕生した親欧米政権のヴィクトル・ユーシチェンコ大統領は、黒海艦隊の早期撤退を求め、二〇一七年までと決められていた使用期間を延長しないと主張していた。だが、ヴィクトル・ヤヌコーヴィチ大統領は二〇一〇年、ロシアへの軍港貸《たい》与《よ》を、ウクライナがロシアから輸入する天然ガス価格の割引と引き換えに二〇四二年まで延長した（ハリコフ合意）が、ウクライナに親欧米政権が誕生すれば、黒海艦隊が撤退を余儀なくされる可能性がまた出てくる。実際、有力な大統領候補者と目されていたユリア・ティモシェンコも結局、大統領選挙では大敗したものの、二〇一四年二月二二日の釈放後にハリコフ合意は破棄すべきだと述べていたのである。なによりもロシアは、同港に米軍やNATO軍が駐留することを恐れていた。これらのことから、ロシアにとっては、クリミアはなんとしても勢力下に堅持しておく必要があったと言えるのである。

ロシアへのクリミア編入は非常に短期間に、ほとんど血を流すことなく行われた。

ユーロマイダンが暴力化し、多くの死傷者を出すにいたり、ヤヌコーヴィチ大統領は自らの身の危険を感じ二月二一日から姿をくらまし、同月二七日にはロシアが彼の身柄を引き受けたことにより、事実上の亡命を図って失脚した。他方、キエフでは同日、ウクライナ最高議会が旧野党「祖国」のアルセニー・ヤツェニュク氏を首相とする内閣を承認し、暫定政権が誕生した。このような前提のもと、ヤヌコーヴィチの事実上の亡命とほぼ同時に、謎の武装集団がクリミアに展開し、空港や市庁舎などの要所を武装占拠する一方、ロシア系住民を中心とした親ロシア派がウクライナからの離脱およびロシアへの編入を目指すようになったのだ。当初、ロシア側はその謎の武装集団を「地元の自警団」だとし、ロシアの関与を繰り返し否定してきたが、四月一七日にプーチンはクリミアに展開された武装集団がロシアの特殊部隊であったことを明らかにした。つ

＊移管の理由については、フルシチョフがロシア生まれながらウクライナで成長し、出世していったことからお礼をしたかったから、夫人がウクライナ人だったから、などの理由のほうが本当なのではないかとも言われており、それがロシア人のクリミア移管への反発をより強めている。

まり、クリミア編入はロシアが計画的に行ったものだったのだ。

前倒しされた住民投票

クリミアは、ロシアへの編入をめぐる住民投票を三月一六日に行った。当初、住民投票は五月二五日のウクライナ大統領選挙と同時に「自治権拡大要求」を問う内容で行われる予定だったが、のちに三月三〇日に前倒しされ、さらに三月一六日に早められたうえに、問われる内容も「ロシアへの編入」ないし、「クリミアを事実上ウクライナ内の独立国家とした一九九二年憲法への回帰」という二択に変更されたという経緯がある。仮に二番目の選択肢を選んだとしても、一九九二年憲法は、現状の憲法よりクリミアの分離独立に関する手続きが詳細に定められていたため、ロシアへの編入が容易になるということから、どちらの結論でも、ウクライナ政府との良好な関係を維持する可能性はもはやなく、ロシアへの編入がほぼ決定づけられていたという見方もできる。

この二度にわたる日程前倒しからは、クリミアの親ロシア派とロシアの焦りが感じられるが、実は、それより早くには日程を設定できない事情があった。クリミア情勢が緊迫していた頃、ロシアはソチ冬季五輪およびパラリンピックを開催していたからだ。オリンピックは平和の祭典とされており、開催中は世界中で軍事行動が停止されるのが慣例であるため、なおさら、開催国が世界の緊張を煽ることは憚《はばか》られたに違いない。投票が実施された三月一六日がパラリンピックの閉幕日であったことは、ロシアが五輪を意識していた証左だろう。

住民投票は当初からウクライナ暫定政権および欧米から激しく非難され、ウクライナ暫定政権はクリミアの選挙管理委員会が有権者名簿を使えないようにしたが、有権者名簿の有無などお構いなしに、住民投票は予定通り決行され、九六・七七％がロシアへ編入への賛成票を投じた。だが、この結果はクリミア住民の総意とは言いがたい。なぜならウクライナ人やクリミア・タタール人などロシアへの編入に反対する約四割の住民が投票をボイコットしたと考えられているのみならず、投票は軍事的圧力のもとで行われたと言われており、仮にロシアへの編入を望んでいなくてもそのような意思表示は事実上不可能であったと見られる。選挙違反も多かったようであり、そもそも、ウクライナでは選挙法により、六〇日の準備期間が必要であるが、今回はそれが一〇日間しかなかった。また、事前に「賛成」にマークされた投票用紙があったり、セバストポリ特別市での住民投票では同市の全人口の一二三％が賛成票を投じたことになったりしたという違法行為が報じられている。

それでも投票結果を受け、クリミア議会は三月一七日に独立した主権国家「クリミア共和国」としてロシアへの編入を求める決議を採択した。同領内でのウクライナ国家機関の活動停止やウクライナ国有資産、すなわち軍、鉄道、ガス石油関連会社などの接収などを盛り込んだだけでなく、標準時間もロシアの首都モスクワに合わせ、通貨もルーブルに変更することが決められたのである。しばらくは多くの混乱があるものと想定されるが、確実にロシアとの一体化が進められている。軍港がある南部のセバストポリ特別市はモスクワ市やサンクトペテルブルク市と同様の特別の地位を与えられることになった。

合法か無効か

暫定政権と欧米諸国は住民投票と独立宣言を批判し、法的親国ウクライナの合意なしの独立およびロシアへの編入は無効だと主張しているが、クリミア政権側は、やはり法的親国セルビアの意向を無視して独立宣言し、そして諸外国もその独立を承認したコソヴォの先例を引き合いに出して、合法性を主張する強気の姿勢を崩していない。

このクリミアの動きを受け、ロシアのプーチン大統領は欧米の制裁強化も意に介さないかのように振る舞い、三月一七日、クリミア自治共和国と特別市のセバストポリをあわせた「クリミア共和国」を主権国家として承認する大統領令に署名し、一八日には同大統領が「クリミア自治共和国とセバストポリ特別市から編入要請を受けた」とロシア上院に伝えるとともに、クリミアをロシアに編入する意向を正式に表明し、同日、クリミアのセルゲイ・アクショーノフ首相と編入に関する条約「クリミア共和国をロシア連邦に編入し、ロシア連邦に新たな連邦構成主体を設立することに関するロシア連邦とクリミア共和国との間の条約」を交わし、少なくともロシアとクリミアの間では、編入が現実のものとなったのだった。

なお、アクショーノフは二月末に突然首相に任命された。首相選出プロセスはきわめて不透明で、武装集団が議会を封鎖するなか非公開の密室で、しかも出席議員の数も半数に満たない状況で首相選出がなされたとして批判が出ている。アクショーノフの評判はすこぶる悪く、「小鬼(ゴブリン)」というあだ名で呼ばれ、過去に犯罪組織にかかわり、現在も地元マフィアとも深い関係があるという。アクショーノフの選出にもロシアがかかわっていることは間違いなく、彼の選出もロシアのクリミア編入のシナリオの重要な一ページだったはずである。

前述の通り、ロシアは二〇〇八年にグルジアのアブハジアと南オセチアを国家承認し、両「国家」は事実上のロシアの属国となっていることに鑑み、当初、クリミアも同じシナリオとなるかに思われたが、クリミアの場合はそれを超えてロシアに編入された。もちろん、諸外国のほとんどはロシアの行為を認めず、三月二七日には国連総会が、クリミア半島のウクライナからの分離を承認した同地の住民投票を無効とする決議を賛成多数で採択した。決議には一〇〇カ国が賛成、一一カ国が反対、五八カ国が棄権した。決議に拘束力はないが、ロシアの国際的孤立は明らかとなった。棄権票を投じたのは、ロシアと関係が深い一方で、欧米との対立も避けたい国が目立つ。反対票を投じたのは、ロシア、アルメニア、ベラルーシ、ボリビア、キューバ、北朝鮮、ニカラグア、スーダン、シリア、ベネズエラ、ジンバブエであり、ロシアと関係がきわめて深い国、反米的な国が目立つのである。

実際、反対した国々の言い分は、ユーロマイダン革命の違法性への反発（ロシア）、民主主義の支援（アルメニア）、国連総会以外のメカニズムによる解決の支持（ベラルーシ）、世界の政府に対する抗議行動へのダブル・スタンダードとウクライナ暫定政権の違法性への反発（ボリビア）、民族自決原則重視とウクライナ暫定政権の違法性への反対（キューバ）、住民投票の合法性の支持とウクライナの危機に対する欧米の姿勢への反対（北朝鮮）、内政干渉への反対（ニカラグア）、ウクライナの憲法的秩序の崩壊への反発（ベネズエラ）などであり、単なる反米感情の現れとは言い切れない主張も見られる。欧米自身も、表面的には反発しつつも、ロシアによるクリミア編入をほぼ既成事実としてあきらめている感がある。

編入のためのレトリック

ウクライナの危機に際し、ロシアのクリミア編入の可能性は否定できないと考えられていた一方、ロシア側に慎重な姿勢も見え隠れしていた。たとえば、ウクライナ情勢を受けて他国領土の編入手続きを簡素化する法案の議論を進めていたロシア下院は、本来なら同法案を住民投票の前に採択することを予定していたが、採択は住民投票後に延期された。これは、クリミア編入の動きに対する欧米の反応および制裁、そして制裁によるロシア経済への影響とそれによる国民の反応など、国内外の動向を見定めてから得策を練ろうとしていたと考えられる。実際、二〇〇八年のグルジア紛争の際の欧米の対ロシア制裁はきわめて軽く、翌〇九年にアメリカでオバマ政権が誕生すると、同政権がロシアに対して「リセット」を呼びかけてきたこともあり、ロシア首脳陣は欧米の出方を甘く見る一方、より欧州に近いウクライナはグルジアとは同一に考えられないこともあって、慎重な姿勢を見せていたと思われる。

なお、ここで重要なのは編入に関する条約を締結する前日に、ロシアがクリミアを主権国家として承認している点である。これは言わば、編入の合法性の偽装ともいえる。なぜなら、クリミアを主権国家と位置付けることで、ウクライナの領土保全を侵害したわけではなく、クリミアとロシアという二つの主権国家の対等な合意にもとづく決定だという既成事実を作ったわけである。

このように、ロシアは政治的混乱に乗じつつ、限定的に武力も用いてクリミアを編入したのである。

このプーチンのクリミア編入の方法だが、アドルフ・ヒトラーによる一九三八年のズデーテン地方併合との類似性が多方面で指摘されている。ドイツのヴォルフガング・ショイブレ財務大臣など国際政治において影響力を持つ人物までもがその類似性に言及しているのだ。現在のチェコ、当時のチェコスロヴァキアのズデーテンは、ドイツ、ポーランドとの国境沿いに位置し、一二～一三世紀に植民したドイツ系住民など約三〇〇万人のドイツ人がいたとされ、ヒトラーは同地域のドイツへの割譲を強く要求していた。ヒトラーは一九三八年のミュンヘン会談において「これが最後の領土要求」だと主張し、イギリス、フランスはその言葉を鵜呑みにし、チェコスロヴァキアの意向をまったく無視してヒトラーの要求を容認した。その翌日、ヒトラーはズデーテンに進駐しただけでなく、さらに侵攻を進めてチェコスロヴァキア全土を侵略し、さらに翌年にはポーランドに進撃して世界大戦に突入していったのだった。

ロシアがドイツのようにウクライナ全土を侵略したり、世界大戦に突入することはまず考えられないが、それでもウクライナをチェコ、クリミアをズデーテンと置きかえれば、現在の欧米がクリミア編入をどことなく容認していたりする状況も含め、たしかに類似性はあるといえそうだ。欧州諸国の弱腰も同様だ。

だが、英皇太子に代表されるように、プーチンをヒトラーに擬えることには賛同できない。クリミア編入の方法が限定的に似ているだけで、二人の指導者を同一視するのは安易であるだけでなく、ソ連がヒトラーとの戦い、すなわち独ソ戦で受けた甚大な犠牲を考えれば、その比喩はロシア人にとって最大の侮辱であり、またロシア「悪玉論」を世界に植えつけることにもなるからだ。

ともあれ、国際社会はロシアによるクリミア編入によって大きな衝撃を受け、「一九世紀の国際政治に戻った」「第二次世界大戦以後初の非合法な領土獲得」などとそれを評した。しかし、一時でも「未承認国家」化することで、主権国家と主権国家の大人の対話を演出する今回の手法は、今後の国際政治においても多用される可能性は否定できまい。

なお、ロシアの戦術ばかりが注目されているが、クリミア現地の情勢がロシアへの編入の追い風となっていたことも忘れるべきではない。

ロシアはクリミア編入の最大の動機をウクライナで弾圧されているロシア系住民の保護だと主張しているが、たしかにヤヌコーヴィチ失脚後に誕生したウクライナ暫定政権は、二月二三日にロシア語を準公用語とする言語法を廃止し、ウクライナ語のみを公用語とした。激しい反発を受けて、その廃止はすぐに撤回されたが、ウクライナがロシア系住民を弾圧しているというイメージは明らかに残った。* また、クリミアは「自治共和国」としての権利を奪われていたとも考えられる。たとえば、クリミアでは、長らく「多極共存型民主主義」（終章参照）の政治スタイルがとられていたにもかかわらず、ヤヌコーヴィチ政権時代、クリミアにはウクライナ東部のドネツク州から指導者が送り込まれ、クリミア土着の指導者たちは従属せざるを得ない状況があった。

それら外来の指導者は、とくにドネツク州のマケエフカ市から多く送られていたことから、「マケドニア人」と呼ばれていたという。マケドニア人がヤヌコーヴィチ政権から資金を獲得し、クリミアを改善し、観光業を発展させていく限りでは、クリミア人もマケドニア人に従ったが、文化的な軋轢《あつれき》は残った。とくにマケドニア人はクリミア人を怠惰で腐敗し、仲間を贔屓《ひいき》する非合

＊ただし、二〇一三年四月一九日に公表された社会調査によれば、ロシア語の利用率が高いウクライナ東部のドネツク州住民の五七・二％が、これまで住民の権利は侵害されてきたかという問いに「否」と解答しており、実際に大規模な弾圧があったとは思えない。

理的な社会を維持していると蔑視し、クリミア人はそのような高圧的な態度に反感を募らせていた。そのようななか、キエフのユーロマイダン革命が過激化してくると、マケドニア人とクリミア土着指導者の間の緊張は決裂に発展していった。マケドニア人とそのトップのアナトリー・モギリョフ・クリミア首相は、ウクライナ暫定政権とも交渉可能というスタンスだったが、クリミア土着指導者はユーロマイダンの影響がクリミアに及ぶことをなんとしても避けたかったため、モギリョフを強制的に辞任させ、親ロ的なセルゲイ・アクショーノフを首相に据えて、ロシアの支援を要請したのだった。

この流れを決定づけたのはヤヌコーヴィチの逃亡であり、それを受けてロシアとクリミア土着指導者は、モギリョフ追放を決めた。クリミアのロシア化を阻止したいクリミア・タタール人がその動きに抵抗し、二月二六日にはモギリョフ退任を決議するための最高会議の開催を阻止しようとするクリミア・タタール人とスラブ系住民の間で衝突が起き、スラブ系住民に死者も出た。クリミアのスラブ系住民は、ウクライナの親欧米派がクリミア・タタール人を使って意図的に騒乱を起こしたのだと解釈し、ウクライナへの反発をますます強めたという経緯があり、だからこそ、その翌二七日からのロシアの特殊部隊による軍事行動も、多くのクリミア住民に歓迎されたのであった。そして、この軍事行動が、プーチンがその成功を悲願したソチ五輪とパラリンピックのちょうど合間の時期であったことにも注目すべきだろう。もちろん、クリミアのウクライナ人やクリミア・タタール人など、ロシアを歓迎しない人々がかなり存在していたことも事実だが、同地の約六割を占めるロシア系住民の多くは間違いなくロシアを歓迎した。このようなクリミア現地の動きも見過ごすべきではないだろう。

法的問題と条約違反

それでは、今回のクリミア編入は法的にはいかなる評価ができるのだろうか。国際法的にも、ウクライナの法という観点からも、多くの違反がみられる。

第一に他国の領土保全に対する武力による威嚇《いかく》または武力の行使を禁止する国連憲章二条四項への違反となる。

第二に国の領域が軍事占領の対象となることや、武力による威嚇や武力行使による他国による取得の対象となることを禁じた、国連総会による一九七〇年の「友好関係原則宣言」にも反している。第三に一九七四年の「侵略の定義に関する国連総会決議」にも抵触すると考えられる。第四に現在のOSCEの前身である全欧安全保障協力会議（CSCE）が国境不可侵などを謳った一九七五年の「ヘルシンキ宣言」に違反している。第五にウクライナが核兵器を放棄するのと引き換えに、ロシア、アメリカ、イギリスなどがウクライナの安全を保証することを約束した一九九四年の「ブダペスト覚書」に違反している。* 第六にウクライナ・ロシア間で一九九七年に結ばれた基地使用に関する協定にも違反している。

第七にクリミア自治共和国憲法は「住民投票や議会の決議によって、領土の変更が可能である」としているが、同時に「ウクライナ憲法に従って」という条件もつけている（七条）。つまり、本条項は独立や他国への領土の移管ではなく、ウクライナ国内での領土の変更を想定していると考えられる。他方、ウクライナ憲法は「ウクライナの領土変更は、全土での国民投票によってのみ決定される」と規定しており（七三条）、クリミアの住民投票の結果だけでは、合法的な領土変更が不可能であることがわかる。さらに言えば、クリミアの住民投票は多くの明白な違法行為が報告されていることは前に述べた通りである。

第八に前述の通り、第二の危機が始まってすぐに、クリミアではアナトーリー・モギリョフ首相が強引に辞めさせられ、親ロシア派のセルゲイ・アクショーノフが首相に就任したが、その首相就任のプロセスは不透明で、非合法であった。

このように、ロシアによるクリミア編入のプロセスは法的にきわめて問題が多いと言える。以下では、ロシアの立場を検討していこう。

ロシアの立場

このように多くの違法行為が見られるロシアのクリミア編入であるが、ロシアはどのような立場をとっているのだろうか。ロシアが主張しているのは、「自国民保護」の立場だ。ロシアは、ウクライナのロシア人がウクライナでずっと弾圧されてきたとしたうえで、クリミアが住民投票の結果、ロシアへの編入を決定し、ロシアに編入を要請してきたことから、ロシア系住民を守るためにクリミア編入を決行したとしている。

そして、この一連のプロセスに関し、プーチン大統領は三月一八日の演説[**]で、ウクライナ暫定政権の違法性とそれによるロシア系住民への弾圧があったことを大前提に、以下のように自己正当化を図った。

第一に平和で自由な意思表示ができる環境を整備し、クリミア住民が自らの運命を自ら決定できるよう支援する必要があったと述べる。そして、欧米がロシアに対して国際法違反だと言っていることに関し、「彼らが国際法の存在を思い出しただけまだまし」とまで述べている。これは、欧米がこれまでコソヴォなどで「例外論」を使ってきたことへの皮肉である。

第二に、ロシア大統領は軍をウクライナで使用する権利を議会上院から取り付けたが、厳正に言えば、その権利は行使されていないという主張であり、武力を用いていない以上、国際法には抵触しないとしている。

*ただし、同覚書に関するウクライナ人の怒りは、ロシアのみならず欧米諸国にも向けられている。ロシアに安全を侵害されたら、欧米は本覚書に従い、ウクライナを守るべきだとウクライナ側は主張しているのである。

**"Обращение Президента Российской Федерации" 18 марта 2014 г. (http://www.kremlin.ru/news/20603)

第三に、クリミアの民族自決権が保障されないのはおかしい、という議論である。とくに、クリミアがコソヴォの先例に立脚していることは尊重されるべきだという。このように述べるとともに、プーチン大統領は、欧米のコソヴォにみられるダブル・スタンダードや旧ソ連への「色革命」への関与を激しく非難した。

なお、のちにプーチン大統領は、クリミアに展開していた武装集団がロシア兵であったことを認めたが*、当初はクリミアの武装集団は「地元の自警団」であると主張していたことは前述した。この主張の背景には、プーチン大統領がクリミアの編入を果たすまでは、名目的にでも国際法への違反という批判を回避しようとしたことがあると思われる。二〇一三年九月に、プーチン大統領はアメリカが検討していたシリアに対する軍事介入を阻止し、平和的指導者として世界での株を大いに上げたが、その際、プーチン大統領は国連安保理の承認が得られていない軍事行動は、防衛を除いてすべて侵略だと主張していたからだ。同じ主張が自らに向けられないようにするための必死の言い訳だったことは間違いない。

だが、そもそも、ロシアからしてみれば一九五四年のフルシチョフによるクリミアのウクライナへの移管は、当時のソ連憲法における憲法違反にほかならなかった。ロシア人はクリミアの割譲をずっと歴史の大きな過ちと認識し、必ず返還されるべき土地だと考えてきた。だからこそ、欧米諸国から制裁を課されようとも、ロシア国民は編入を高く評価しているのだ。それは、かつては高い支持率を得ていたにもかかわらず、二〇一二年からの三期目の大統領任期においては、六〇％程度にまで支持率が低下していたプーチンの支持率が、クリミア編入後に六年ぶりの八〇％以上（五月上旬で八五・九％）の高水準となったことからも明らかだ。

他方、クリミアの約六割を占めるロシア系住民もロシアとの統合を夢見ていたという事実がある。とくにソ連解体後しばらくは、クリミアの独立運動が激化したため、ウクライナ政府は一九九六年の憲法で、独自の憲法、選挙、予算執行など強い権限を付与された自治共和国の地位をクリミアに与えることで安定化を図った経緯がある。クリミアの人々は、ソ連解体の際に、「自分たちは袋に入ったジャガイモのようにあちらからこちらへと引き渡されたのだ」と話していたのを最近知り、それに同意するとプーチンもクリミア編入時の演説で述べている。**

なお、ロシア下院は外国の領土編入手続きを簡素化する法案をクリミアの住民投票後に可決し、そこには、実効的な統治権を持つ政府が存在しない外国については、当地の住民投票の結果などにもとづき領土を編入できるという内容も含まれていた。ロシアは一貫してウクライナ暫定政権を非合法だとして承認していないことから、ロシアの法律に照らせば、クリミア編入はあくまでも合法なのである。

*二〇一四年四月一七日のテレビ演説による。大統領府のＨＰにすべてのやり取りが掲載されている。"Прямая линия с Владимиром Путиным" (http://kremlin.ru/news/20796)

**"Обращение Президента Российской Федерации" 18 марта 2014 г. (http://www.kremlin.ru/news/20603)

編入は計画的であったか？

今回のロシアのクリミア編入は実に巧みに行われたため、ロシアがクリミア編入を前々から準備していたのではないかという議論があるが、筆者はその可能性はきわめて低いと考える。クリミアのウクライナへの移管を歴史の間違いだとし、奪還すべきだという気持ちがロシア人に強く共有されていたことは間違いない。

それでも最近まで、ロシア政府はクリミアがウクライナ領であることを間違いなく認めていた。それは、クリミア編入を発表した演説のなかでもプーチン大統領がはっきり言っている。いわく、ウクライナとロシアの国境画定プロセスはずっと進んでいなかったが、ロシアが交渉の加速を促して（最終的には二〇一二年七月一二日に）、ロシアが譲歩する形でアゾフ海とケルチ海峡の国境画定で基本合意したのだという。これは苦渋の決断だったが、ウクライナとの良好な関係のために譲歩したのだとプーチンは述べている。* クリミアとロシアの間にあるケルチ海峡は、内海のアゾフ海と黒海を結んでいるが、海峡中間にある面積約三平方キロメートルの小島・トゥズラ島をめぐる係争が続いていた。二〇〇三年秋にロシアが堤防建設を開始した際には、ウクライナが軍部隊を派遣し、一触即発の危機を迎えたこともあった。だが、本合意の結果、ロシア側はケルチ海峡の自由通航を条件に、トゥズラ島のウクライナ領有を認めたという。同島がクリミアとロシアの間に位置することから、同島がウクライナ領だと公的に合意されたことは、当然クリミアもウクライナ領だという認識をロシア当局が持っていたと言えるだろう。

しかも、前述のように、仮にクリミア奪還をゆくゆくは狙っていたとしても、ソチ五輪の最中にそのアクションを主体的に起こすとは考えにくいのだ。

それでは、なぜロシアはこのタイミングでクリミアを編入したのだろうか。ロシアが、欧米が煽ったと信じている「ユーロマイダン」**の結果、欧米ではなくロシアを選んだヤヌコーヴィチが失脚したことは、ロシアの負けを意味した。そこで、ウクライナが混乱に陥っている状況も好機ととらえ、プーチンがクリミア奪還で、欧米に対する意趣返しを果たそうとしたと考えられるのだ。

この欧米に対する意趣返しという要素はきわめて重要である。冷戦後の国際秩序形成に際し、ロシアは欧米、とくにアメリカに常に裏切られてきたと感じてきた。それこそが、二〇〇八年のグルジア紛争の引き金にもなっているわけだが、二〇〇九年にアメリカでバラク・オバマ大統領が誕生すると、オバマ政権はロシアに対し、関係の「リセット」を宣言した。だが、その後も、

＊ "Обращение Президента Российской Федерации" 18 марта 2014 г.（http://www.kremlin.ru/news/20603）

＊＊ 筆者はこの点について断定的な判断は避けたいが、少なくとも欧米諸国がNGOを隠れ蓑に最低二年間野党に資金援助を行っていたこと、さらにビクトリア・ヌーランド現・国務次官補を筆頭としたアメリカ国務省がウクライナの政変に深くかかわっていたことは明らかである。その証拠の一つとして、ヌーランドの電話会話が盗聴され、公開されているが、それが本物であることは本人も国務省も認めている。

欧州ミサイル防衛構想での裏切り、NATOの反ロシア的動きの拡大などが続き、また欧米が旧ソ連諸国に対して東西選択を迫る趨勢のなかで、ロシアの欧米に対する反発と被害者意識がピークに達したことも背景にある。なかでも、クリミアへのNATO駐留を阻止する目的で併合に踏み切ったことはプーチン自身が認めている。加えて、前述のように、クリミア現地でも、多数派がロシアへの編入を望む展開が生まれていたのである。

このように、クリミア編入の動きは長期計画によるものではなく、ウクライナの情勢を受け、短時間のうちに戦略を練り上げたと考えるほうが自然であると言える。

二〇〇八年グルジア紛争との比較――法と政治の相克

ここで今回のクリミア編入問題と二〇〇八年のグルジア紛争にともなうロシアによるグルジア領内の南オセチアとアブハジアの国家承認問題を比較してみたい。そもそも、ウクライナとグルジアは、時期的な例外はあるが基本的に強い外交関係を保ちつつ、親欧米・反ロ政策を追求し、旧ソ連諸国のなかで、EUとNATOにもっとも近い立場にある一方、ロシアとは緊張関係にあった。

そして、二〇〇八年はとくに大きな動きが集中した年であった。二〇〇八年二月にはコソヴォが独立宣言し、欧米の多くの国々がそれを承認したのに続き、四月には、一八五頁で述べたようにウクライナとグルジアのNATO加盟問題が前進しそうになった状況を妨害するためであるかのように、八月にグルジア紛争が起きたのである。

二〇〇八年八月に、「未承認国家化」していたグルジア領内の南オセチアとグルジアが軍事衝突した際に、ロシアは「自国民保護」を名目に南オセチア側に参戦し（グルジア紛争）、グルジアとロシアの間の戦争に発展し、グルジアが敗北した。その後、南オセチアと同じく未承認国家化していたアブハジアをロシアが国家承認したが、ロシアに続いたのは、ベネズエラ、ニカラグア、ナウル、ツバルと反米ないしロシアと関係が深い四カ国に過ぎなかったことは前述した。ちなみに、アブハジア、南オセチアが一九九〇年代にグルジアに戦勝し、未承認国家となれたのは、ロシアの支援があったことが要因にほかならず、グルジア紛争以前にもかなりの「ロシア化」が進んでいて両地の住民の約九〇％がロシアのパスポートを所持していたと言われている。南オセチア住民は、オセット系が多く、ロシア系は少ないが、ロシアのパスポートを所持しているということが「自国民保護」の根拠となった。

グルジア紛争の背景とクリミア編入問題の背景はきわめて似ている。グルジア紛争の際には、さまざまな反ロシア的な欧米諸国の動き、とくに色革命への欧米の関与、NATO拡大、中・東欧へのミサイル防衛システム配備の動き、そしてコソヴォの独立承認などで二〇〇八年にロシアの堪忍袋の緒が切れたということがあったが、今回もユーロマイダンへの欧米の関与（と少なくともロシアが信じていること）やNATO拡大の懸念などがあった。

そして、ロシアが「民族自決」と「自国民保護」を自国の正当化に用い、さらに、欧米のコソヴォ承認を前提として主張するのも共通している。「国際社会」はソ連とユーゴスラヴィアの連邦解体に際し、共和国レベルの既存の境界線を尊重する（境界線の引き直し・変更は認めない）ウティ・ポッシデティス原則を採用することを決めた背景があり、そもそもコソヴォ承認はロシアにとって許しがたいことであったが、欧米がコソヴォは例外だとしたことで、ロシアも欧米のダブル・スタンダードに付け入るようになった。そもそも、民族自決と領土保全という矛盾する国際原則に白黒がついていないことも、本問題の根底にあるといえ、根が深い問題である。

ただ、違うのは前回が「国家承認」であり、今回が「編入」だということだ。その背景には、クリミアがロシアの領土であった過去があること、またロシア系住民が過半数を占めていることがあると思われる。他方、旧ソ連には四つの未承認国家があるが、それらはロシア領であった歴史はなく（帝政ロシア時代を除く）、またロシア系住民が少ないことからも、編入という動きには出られないのだと考えられる。グルジアの二つの未承認国家をロシアが国家承認した際に、追従した旧ソ連諸国が皆無であったのに対し、クリミア編入はアルメニアとベラルーシという旧ソ連構成国が承認していることからも、ロシアがクリミアを編入する正当性が暗黙の了解となっているとも言えそうだ。なお、クリミア編入については、欧州からもロシアに同情する声があがっており、また、欧米の対ロ制裁も、クリミア編入時より、ウクライナの第三の危機のときのほうがずっと重くなっていることから、欧米諸国もクリミア編入を批判しつつも、事実上、容認しているとも考えられる。

クリミアのロシア編入で生じる諸問題

そして、ロシアは「クリミア社会経済発展計画」にもとづき、今後三年間、毎年一〇〇億ルーブル（約三〇億ドル）をクリミアの社会経済発展、インフラ開発のために割りあてる予定である。二〇二〇年までに域内総生産を高め、給料も五倍にし、二〇一七年までにクリミアが自給自足できるようになることを目標としているが、ロシア政府の予算ではとうてい足りず、民間投資が強く求められている。

とはいえ、クリミア編入後もロシアとクリミアには当分、混乱が続きそうだ。まず、ウクライナがクリミアに対する水道、ガスなどの供給を停止したため、クリミア住民の生活は混乱しているという。二〇一四年六月現在、水道・電気・ガスをはじめ、道路、通信などのインフラをロシアと同じ形で整備しようとしているが、それにはかなりの時間がかかる。とくに、クリミアはこれまで水の八〇％をウクライナからの供給に依存していたが、ウクライナからの水道の供給がない状況では、飲料水をまかなうだけで精一杯であるため、二〇一四年はクリミアのすべての農業がとりやめとなった。それを受け、ロシアは一年間失業する農民の収入を保証するだけでなく、クリミアの人々に対する食料の補塡《ほてん》も強いられる。また、現在、クリミアとロシアは海で隔てられているので、双方を結ぶ橋の建設が急務となっている。加えて、ロシアにとっては、クリミア住民が、ウクライナ時代よりもロシアに編入されて生活がよくなったと満足を得られる環境を確保する必要があり、社会保障、年金、医療、教育などの保障をかなり充実させる必要に迫られている。これらの費用は、九兆円超といわれるソチ五輪にかかった費用を上回るとも試算されており、ただでさえ経済が停滞傾向にあるロシアにとって深刻な負担となることは間違いない。

さらに、クリミアの経済も壊滅状態だ。ロシアへの編入を受け、クリミアにあった欧米企業はこぞって撤退し、クリミアで業務をしていると欧米から制裁を受けるために、ロシア企業までもがクリミアから撤退しているという。そして、何よりの打撃が観光収入の激減である。ソ連時代から夏の保養地として有名だったクリミアの主要産業は観光だったが、観光客の約半数を占めていたウクライナ人の訪問を期待できなくなり、またクリミアへの発着便がロシアの都市との往復に限定されていること、そして外国人登録システムがまだ整っていないことなどが主原因だ。二〇一四年上半期の観光客は、昨年比三五％減であり、繁忙期の七月上旬でも、ホテルの宿泊者数は半減したという。六〇〇〇万人とも言われた年間観光客数が半減する可能性もあると分析されており、展望は明るくない（『産経新聞』二〇一四年七月一八日）。この経済的打撃は大きく、失業率も上昇している。そうなれば、ロシアの社会保障負担もさらに増える。

また、物不足、ルーブル導入による物価上昇などもクリミア住民の負担となっている。その他、クリミア・タタール人への弾圧的な動きが強まるなど、クリミアの状況は決して安泰とは言えない。併合に賛成した住民は、今は移行期だから仕方がないと我慢しているようだが、反対派の不満、苦悩は募る一方だ。

そして、国内法の問題、すなわち、クリミアをロシアの法的空間に適合させる問題もある。三月一八日に署名された「クリミア共和国をロシア連邦に編入し、ロシア連邦に新たな連邦構成主体を設立することに関するロシア連邦とクリミア共和国との間の条約」は一〇条からなり、同月二一日までに批准《ひじゅん》が完了したが、その主要なポイントは以下の通りである。

① 条約調印日をもって、クリミア共和国はロシア連邦へ編入されたものとする（一条）

② クリミア共和国とセヴァストポリ連邦市は、クリミア共和国がロシアへ編入された日をもって、ロシア連邦の新たな連邦構成主体となる（二条）

③ ロシア連邦はクリミア共和国とセヴァストポリ連邦市において母語を維持し、その教育発展を行うことを住民に保障する。クリミア共和国の公用語はロシア語、ウクライナ語、クリミア・タタール語とする（三条）

④ クリミア共和国がロシア連邦に編入された日をもって、クリミア共和国やセヴァストポリ連邦市に恒久的に居住しているウクライナ国民や無国籍の市民はロシア国民となる。ただし、編入から一カ月以内に現在の国籍を維持したいと届け出た者はこの限りではない（五条）

⑤　クリミア編入から二〇一五年一月一日までを移行期間とし、経済、財政、法律上などの問題を処理する（六条）
⑥　クリミア共和国とセヴァストポリ連邦市で徴兵されたロシア市民は、二〇一六年までクリミア共和国とセヴァストポリ連邦市の領土内で任務につく（七条）
⑦　ロシア連邦の構成主体としてのクリミア共和国とセヴァストポリ連邦市の政府を発足させるための選挙は、二〇一五年九月の第二日曜日（著者注・九月一三日）に実施される。それまではクリミア共和国とセヴァストポリ連邦市の議会が政府機関として引き続き任を担う（八条）

このように条約では理路整然と定められたクリミアとロシアの関係であるが、ロシアの法律の専門家によれば、現在、法律の状況は混乱しており、クリミア向けの法律の条文の整備も半年以上、そしてクリミアをロシアの法律に適合させるには最低二年から三年を要し、また混乱の余波は何十年も続くと予想されている。また、クリミアのシステムがロシアに与える影響もありそうだ。クリミアの法律整備の過程では、以下のような問題が懸念されている。

クリミアの法制度をロシアの法制度に合わせようとすると、クリミアの現地指導者は彼らの権利を確保しようとするだけでなく、ロシアがウクライナ政権下でクリミア住民に与えられていた特権や権利をなくすようなことがあれば、彼らが権利を主張し出すことは間違いない。ある程度の期間については、クリミアに対して特例的な法律を適用することも可能だが、それを永久に続けるわけにはいかない。問題は、たとえば以下の五点で表面化した。

第一にウクライナの学生に対する奨学金が、ロシアのそれよりずっと高額だったことがある。クリミア学生に対する奨学金が減額されれば、当地で物議をかもすであろうし、クリミア学生に高額な奨学金を保証し続ければ、ロシア人学生からの反発が起きるだろう。そこで、すでに学生である者には卒業時まで高額奨学金を支給し、新入生とロシア人学生には従来のロシアの規定額を支給するという、二重基準を当面は採用することとなった。

第二に司法の資格問題である。クリミアの裁判所を再び機能させるために、ロシア政府は、クリミアの法律家に対し、ロシアで必要とされている試験などを免除することを検討している。そのような特別措置はロシアの法基準に混乱をもたらしうる。

第三に有罪判決を受けた者の処罰の問題である。現状では、有罪判決を受けたクリミア住民の処罰は、ウクライナとロシアの法を比較し、その量刑が軽いほうを採用することが決定されている。だが、この問題に関しては、ウクライナの基準が維持され続けることになる。

第四に権利書関係の問題がある。ウクライナの土地所有権の記録はそもそも不十分であり、クリミアの不動産や財産をロシア法にもとづいて登録するプロセスにおいて、住居や土地、その他の財産を失う者が出てくることが危惧されている。

第五に通貨の問題だ。クリミアの通貨は編入と同時に、ロシアの通貨「ルーブル」に変更されることが発表されたが、もちろん、通貨の変更は即時には不可能である。そこで、当初、ルーブルが給料や社会保障の支払いの主要通貨とされる一方、二〇一六年までクリミアではルーブルとウクライナの通貨「フリヴニャ」の併存が決まっていた。しかし、四月に入ると、プーチン大統領はルーブルをクリミアの唯一の通貨にする作業を迅速に進めるよう命じた。その公式な理由は、ウクライナが債務不履行に陥る脅威があるために、ウクライナ経済から早急に引き離すべきだというものだったが、実際は、ウクライナがクリミアに対して水などの供給を停止したことへの制裁措置だと考えられている。これにより、クリミアの人々は、二〇一六年一月までは銀行でフリヴニャをルーブルに換金できるとはいえ、二〇一四年六月一日からは、ルーブルが唯一の支払い通貨とされることとなった。このような急な変更に、住民も対応できずにいる。

これらの問題は氷山の一角であり、今後、さまざまな問題が生じることが予想されている。

五　コソヴォ問題解決の可能性

コソヴォの独立を欧米主要国が支援していることに、国際法上の親国であるセルビアはずっと反発してきたこと、その一方で、コソヴォは現在もっとも解決に近いとされる「未承認国家」であるということを前に述べた。未承認国家をめぐる交渉については、通常、その法的親国が未承認国家を正統な主体と認めないがゆえに、直接交渉が行われることはきわめて稀《まれ》だ。なぜなら、交渉を行った時点で、その主体の正統性を認めたことを意味するからである。このような前提のなか、コソヴォはセルビアと対等に交渉できるようになっただけでなく、二〇一三年四月には、セルビアとコソヴォの首相が両者の関係正常化に向けた合意に調印するという確実な成果を出したという意味で画期的だろう。

それでは、コソヴォ独立後から、最近の成果にいたるまでのプロセスを概観するとともに、一般論として未承認国家問題の解決を模索するうえで参考になると思われる問題解決のポイントなどを考えていこう。

歩み寄るセルビアとコソヴォ

前述の通り、コソヴォの独立宣言をセルビア政府は認めなかったが、少なくない国々がコソヴォの独立を承認し、また世界銀行と国際通貨基金（ＩＭＦ）にも二〇〇九年に加盟し、コソヴォの国家としての存在感は事実上高まっていった。しかし、コソヴォ北部はセルビア系住民が圧倒的多数を占めており、コソヴォ政府の支配が及んでこなかった。コソヴォ北部ではたびたび小競り合いが生じ、コソヴォ北部の主権問題も、セルビア政府とコソヴォ政府の間での難問であり続けていた。それでも、セルビア政府は、コソヴォとの直接交渉を拒否し、交渉はＵＮＭＩＫ

を通じてのみ行っていた。

両者の共通の目標、すなわちEU加盟という目標が両者を結びつけていくことになる。また、EUサイドも旧ユーゴスラヴィア地域をEUに取り込むことで、拡大欧州エリアを安定化させていきたいと考えていたが、そのためには、セルビアとコソヴォがそれぞれの存在を承認し合うことが大前提となっていた。なぜなら、仮にすでに主権国家であり、加盟交渉も進んでいるセルビアが先に加盟した場合、全会一致を原則としているEUの共通外交安全保障政策において、コソヴォ問題の解決がより難しくなるばかりか、コソヴォの孤立を招く可能性も高いからだ。他方、法的親国セルビアのみならず、EU加盟国中の五カ国がコソヴォを承認していない状況で、コソヴォのEU加盟を実現させるためにも、EUは両者の交渉促進に尽力し、セルビア、コソヴォ双方もしだいに歩み寄りを見せるようになる。

二〇一〇年七月にコソヴォの独立宣言を国際法的に合法だとする国際司法裁判所の勧告的意見が出されたあと、九月にセルビアとEU加盟国が共同提案した国連総会決議が採択されると、二〇一一年三月からセルビアとコソヴォの交渉がEUの仲介によって始まった。ただしセルビアは、コソヴォの独立を承認しないという前提のもと、交渉に臨んだ。よってその交渉の内容は、当初、コソヴォの地位に関係しない、主にヒト、モノ、情報の移動や交流にとって重要な技術的な問題に限定された。それでも、そのような交渉は二〇一二年二月までに合計九回行われ、住民基本台帳、移動の自由、大学の学位の相互承認、関税および税関印、土地台帳、国境管理および検問所の統合、コソヴォの国際電話番号の問題、コソヴォの地域フォーラムへの参加などについて合意にいたるなど、それら技術的な問題の交渉は着実に成果をあげた。

それを受けて、二〇一二年一〇月からは、EUのキャサリン・アシュトン外交安全保障政策上級代表が仲介をする形で、首脳級会談も毎月行われるようになった。EUがとくに急いだのは、コソヴォ北部問題に関する双方の合意であり、それが成立すれば、セルビアのEU加盟交渉およびコソヴォ安定化連合協定（Stabilisation and Association Agreement：SAA）締結に向けた交渉が開始できると主張した。言いかえればEUは、コソヴォ北部問題の合意をEU加盟の事実上の条件とし、EU加盟を目指す両サイドに対して、EU加盟への切符をちらつかせることで同問題について双方の妥協を得ようとしたともいえるだろう。

合意の意義

だが、交渉は難航した。二〇一三年四月二二日のEU外務理事会でアシュトン代表がセルビアとコソヴォの交渉結果を報告し、それを受けて、EUの両者への政策が決定されることになっていたため、この日が実質的な交渉の期限と見なされていたが、四月になって二度も決裂したことから、一時は合意は無理かと思われた。それでも、土壇場の四月一九日にはセルビアのイビツァ・ダチッチ首相とコソヴォのハシム・サチ首相が、一五項目からなる関係正常化に向けた歴史的な合意書に署名したのだ。二年間におよぶ厳しい交渉が実り、ＥＵは画期的な進展としてこれを歓迎した。

同合意の詳細は明らかにされていないが、このことは両国がＥＵ加盟への実質的な前進を果たしたことも意味した。

同合意の詳細は明らかにされていないが、コソヴォのセルビア系住民が実効支配している地域に警察、司法、教育、医療の分野で一定の自治権が与えられる代わりに、セルビアはコソヴォの領土の五分の一に相当する同地域がコソヴォの「法的枠組み」に組み込まれる、すなわちコソヴォ政府の統治下におかれることを認めるという内容だとされている。セルビアがコソヴォを国家承認していない状態で、セルビア人支配地域を含むコソヴォ全領域がコソヴォ政府の統制下におかれることとなった。最大の争点となっていた警察、司法制度に関しては、それらがコソヴォ政府の主権下におかれる一方、警察署長、判事はセルビア系住民が任命できることとなった。セルビア人地域を管轄する上級裁判所を設置することや、セルビア人自治体の連合または共同体が樹立され、広範な特別の権限を与えられることも定められた。また、セルビアはコソヴォを国家承認せず、コソヴォの国際機関への加盟についても拒否権を発動する権利を有するが、コソヴォのＥＵ加盟については認めることともなった。また、相互にＥＵ加盟プロセスを妨害しないことも定められた。翌五月にはその履行計画に関しても両者が合意に達し、さらに同九月には、電力・テレコム分野での合意も成立した。

四月の第一次合意成立を受け、六月二八日、欧州理事会は、ＥＵは公約通り、セルビアとＥＵ加盟交渉を開始することおよび最初の政府間会合は二〇一四年一月までに開催する旨の決定を含む結論文書を採択し、同結論文書において、コソヴォとのコソヴォ安定化連合協定締結に向けた交渉を開始する許可も定めた。

このように、本合意がもたらした影響が大きいのは明らかであるが、その意義を確認しておこう。

第一に、セルビアがコソヴォの存在を公認し、両者が同じ交渉のテーブルについて合意を導いたことは、両者の関係改善の重要なステップとなった。

また、EU加盟をちらつかせることで、（主に政治、経済分野での）受け入れがたい条件を加盟希望国に受け入れさせてきたEUの手法が、このような紛争にかかわる問題でも通用した先例となった。この手法はもちろん、内政干渉という問題と表裏一体の部分があるが、それでもEU加盟を希望する国にとって、難問を受け入れることよりEU加盟の魅力のほうが強いのであれば、地域の平和と安定に資するとして国際社会も容認するだろう。

だが、本合意をもってしても、まだコソヴォ問題には難問が山積している。

まず本合意文書は短く、曖昧な部分が散見されるため、解釈の仕方でかなりの齟齬が生じている。

また、コソヴォ北部のセルビア人は自分たちを無視して決められた本合意に強い反発を覚え、内容にも反対しており、本合意の本当の成果が出されるためには北部のセルビア人の協力が不可欠だが、それが得られない状況にある。二〇一三年一一月三日には、コソヴォの地方選挙が実施された。それはこれまですべての選挙をボイコットしていたコソヴォのセルビア系住民が参加する初の選挙となり、セルビアはセルビア系住民に投票を呼びかけていたが、やはり選挙参加はコソヴォの主権を認めることになるということでセルビア系住民の反発は強かった。複数の投票所が襲撃を受け、一部、選挙のやり直しが必要となるなど、北部問題が改めて露呈されることとなった。本選挙は、コソヴォとセルビア双方の関係正常化の試金石と見られていたが、この結末が、セルビアのEU加盟交渉に微妙な影響を与えるのではないかとも言われている。

さらに、本合意がセルビアによるコソヴォの国家承認にはつながらないということもまた重要だ。コソヴォ独立やコソヴォが国際機関に加盟することに対するセルビアの反発姿勢はまったく緩んでいない。

このように、コソヴォ問題はやはりいまだに難問であり続けている。

しかし、前述の通り、セルビア、コソヴォ両者の「EU加盟を果たす」という共通の目的が、両者を譲歩に導き、歴史的な合意を達成させたのも事実だ。だとすれば、未承認国家解決を考えるには、関係アクター双方にとって「なんらかのかなり大きなメリット」が最低条件になるようにも思われる。だが、そのような双方にとって有益な条件、そしてそれを提示できるビッグパワーはなかなかなく、コソヴォの展開のような事例をほかの事例で想定するのは容易ではなさそうだ。

第四章
帝国の遺産

一　未承認国家の闇

最近の研究では、未承認国家の「国内問題」に焦点があてられる傾向が強いが、それは未承認国家の存続には民主化や自由化を進め、健全な国家建設をしていくことがポイントとなるからであり、そのことは先に指摘した通りである。

それはもちろん事実だが、筆者は未承認国家が、外部的な力によって「作られている」ないし「存続させられている」というポイントに強く着目している。

とくに本章で強調したいのが「帝国」と「未承認国家」の関係である。未承認国家は歴史的に存在してきたといっても、多くは第二次世界大戦後の冷戦期、そして冷戦終結後に生まれたことはすでに述べた。そして、皇帝、皇后、ないしほかの強力な指導者のもと、複数の国家や民族を支配下におく領土国家とされていた従来型の「帝国」の国家形態はもはや時代遅れと思われるかもしれないが、現在でも「帝国」の遺産は数多く残されている。のみならず、従来の「帝国」とは性格が異なるが、アメリカやソ連などをインフォーマルに「帝国」と称することも多い。たとえば、アメリカを帝国としている論者としてノーム・チョムスキー、マイケル・イグナティエフ、アントニオ・ネグリとマイケル・ハートなどがおり、旧ソ連を帝国としている論者はエレーヌ・カレール＝ダンコース、テリー・マーティンなど多数いる。加えて、二〇〇〇年代に入り、「帝国研究」は世界的なブームになり、たとえば日本史の研究領域でも、帝国研究が一大ブームとなったという。

そしてそれら新旧すべての「帝国」が未承認国家とかかわっているといえそうだ。「はじめに」で簡単に触れたように、「満洲国」は当時のれっきとした未承認国家だった一方、その宗主国であった当時の日本は、「大日本帝国」であった。かつての「帝国」と「植民地」の関係を、「帝国」をパトロンと考えることにより「未承認国家」の関係に置きかえてみても、さまざまな類似性が見られる。

植民地も未承認国家も

未承認国家の多くはパトロンを持ち、一部は「傀儡国家」化しているものもあることから、植民地との見分けがしづらい場合もある。同時に、植民地と海外領土の区別も曖昧だ。

植民地とは、ある国からの植民によって形成された地域、ないし、ある特定の国の経済的・軍事的侵略によって、政治的・経済的に従属させられた地域である。他方、海外領土は、成立は植民地と同じであっても、その後の経過が大きく異なり、植民地の地位を脱し、元宗主国の海外にある領土になった地域のことである。むろん、トラブルを抱えているケースも少なくないのだが、国際的には合法で、その意味では立場が強い。

そのような背景から、現在も事実上の植民地を所有する国は多いが、第二次世界大戦以後は、世界各地の植民地で独立運動が盛んになり、また、一九六〇年一二月一四日に国連総会が決議一五一四第一五項として「植民地独立付与宣言」を可決したことにより、植民地という存在そのものが国際的に否定されたことによって、実際は植民地と見なされる実態がある地域であっても、先住民に本国民と対等の権利を与えて、「海外領土」や「自治領」などの名称を付与し、国際的に正統性を得ようとするケースが少なくないのである。

現在も公に植民地と認定されている地域もある。たとえばケイマン諸島だ。ケイマン諸島は一九六一年に西インド諸島連盟が結成されるまでは、当時イギリスの植民地だったジャマイカに属していた。だが、ジャマイカがイギリスから独立を果たした一方、ケイマン諸島は自らイギリス領としてとどまることを選び、現在もエリザベス女王を君主とするイギリス植民地であり続けている。主体者の積極的な意思があるのであれば、植民地は決して否定されるものではない。

だが、客観的に見て、かなりの自治が保障されているなど、いわゆる「植民地」とは言いがたい地域であっても、住民が領有国の統治に不満を持っている場合などには、領有国を批判するための政治的なプロパガンダとして「植民地」が使われることがある。極端な例だが、統一ドイツにおいて旧東ドイツの住民のなかには、少数ながら西ドイツの植民地支配を受けていると主張する者もいるという。

ともあれ、究極的には、今も昔も、帝国（ないしパトロン）は、「帝国」としての、また「帝国的」な国際的ステータスないし覇権を維持するために、植民地や未承認国家を利用し、利益を享受《きょうじゅ》してきた。植民地も未承認国家も、搾取されるだけの例もあれば、搾取されるとともに利益も享受し、相互依存的な関係を築くこともある。たとえば、植民地化により安い労働力などを搾取される一方、先進国のシステムや教育、国際的な言語を導入する機会を得る場合がある。また、未承認国家の場合は、後述のように、パトロンに都合よく利用される側面がある一方、国際的に承認されていない、また法的親国と緊張した関係を続けているというきわめて脆弱なステータスを、軍事的・政治的にパトロンに守ってもらうことができるだけでなく、パトロンの国のパスポートの取得など国際的に活動できる可能性を得ることができたり、経済的な援助や商業機会も提供してもらえたりと、「国家」の存続に必要な多くの利益を享受することができるのである。

未承認国家が存続するワケ

ジョージタウン大学のチャールズ・キングは、二〇〇一年に発表した論文で、沿ドニエストル、アブハジア、南オセチア、ナゴルノ・カラバフの四つの未承認国家のケースを詳細に調べている。それによると、未承認国家にかかわるすべての主体がそれぞれ利益を得ており、それだからこそ未承認国家が堅固に存続し続けるのだという。キングの論文を要約すれば、以下のようになろう(King, 2001)。

キングによれば、これらの地域は、「麻薬密輸ルート（Smuggling Center）」として機能し続け、このような闇経済により、未承認国家、法的親国の双方が利益を得ているという。加えて、国際社会は停戦にばかり躍起になり、停戦が達成されると任務が「成功」したとして、同地を去ってしまい、真の平和には関心を持たないため、そのような闇経済がはびこる状況は黙認されたまま放置されてしまうという点も指摘している。さらに、ロシアはさまざまな形で大きな利益を未承認国家から得てきたが、その最たるものは、ロシア軍が「平和維持活動」の担い手として、国際的な承認のもと堂々と当地に居座ることができることだ。軍を駐留させるということは、その国、地域に対して効果的に影響力を維持するための最適のツールとなる。だが、外国に軍を駐留させることは、相手の国にとって「内政干渉」となり、本来は難しいことはこれまで述べてきたことからもおわかりになるだろう。

このように、すべての関係者が未承認国家の存在から、そしてこの状況が継続することから利益を得ているのである。このような現象は、旧ソ連の新興国家がもともと持っている「弱さ」に起因するが、ソ連からの独立からまもないそれらの国々が政治的、経済的に弱いのは当然であり、そのような弱さはロシアによる軍事的、経済的支援やロシアの法的親国に対する政治的、経済的圧力によってさらに促進されてしまう。たとえば、グルジアなどロシアに刃向かった旧ソ連諸国が、主要産物の禁輸措置などをとられたりすれば、経済発展、経済的自立に大きな障壁を突きつけられることになる。

キングの同論文は、二〇〇一年に出されたものであり、それからすでに一〇年以上が経っている。その間に、これら旧ソ連の未承認国家の法的親国の状況は大きく変化した。アゼルバイジャンは、政治的状況についてはいまだに堅固な権威主義で、民主主義国家からほど遠い一方、自国の石油、天然ガスからの収入により経済的に劇的に成功を遂げた。グルジアとモルドヴァは、かつて「旧ソ連のもっとも腐敗した国」というレッテルを貼られ、実際、二〇〇〇年頃は世界でもっとも汚職がはびこっている国々の上位にランクされていたが、両国ともに二〇〇〇年代に目覚ましく民主化を遂げた。グルジアでは二〇〇三年に「バラ革命」が起こり、その際に大統領に就任したサアカシュヴィリ（二〇一三年に任期満了）はのちに権威主義化したとはいえ、グルジアの腐敗・汚職の撲滅《ぼくめつ》と「透明化」の促進に大いに貢献した。また国内の「透明化」を促進し、欧州委員会の要望に応える努力を続けていたモルドヴァも、ウクライナとともに長らく懸案となっていたモルドヴァ・ウクライナ国境監視支援ミッション（European Union Border Assistance Mission to Moldova and Ukraine：ＥＵＢＡＭ）の受け入れに合意し、それは二〇〇五年一一月三〇日に着手された。これにより、モルドヴァは旧ソ連のなかで、ＥＵ加盟の可能性のもっとも高い国と言われるようになったのである。

大きな経済効果

それまで、人身売買、密輸、その他の違法な通商を含む国境をまたぐ違法活動は、モルドヴァとウクライナの間の国境線をすり抜ける形で多発していたが、それを容易にしていたのが、モルドヴァとウクライナの間に存在する沿ドニエストルであり、そこを通過するヒト、モノ、カネの動きをモルドヴァ政府は制御できていなかった。その結果、モルドヴァ、ウクライナ両政府は多額の関税収入を失っていたし、違法な流通を許すことになっていた。しかし、沿ドニエストル側の反発が大きかったため、ウクライナはずっとEUBAM受け入れに及び腰だった。しかし、二〇〇四年のオレンジ革命でユーシチェンコを大統領とする親欧米政権が誕生すると、ウクライナはEUとの関係強化を最優先課題とするようになり、ウクライナもEUBAMを受け入れるにいたったという経緯がある。沿ドニエストルはEUBAMに反発し、欧米による「経済封鎖」だというプロパガンダと虚偽情報と虚偽映像を一日中「国民」に報じ、やらせの「抗議デモ」まで行わせるなどエキセントリックな反応をしたが、ウクライナもモルドヴァもEUBAMによって大きな経済効果を得られたと言われている。

このように、現在の法的親国は、キングが二〇〇一年段階に描写した状況より、ずっと「強く」なっているし、闇経済を含む汚職問題も、目覚ましく改善された。一方、未承認国家の状況は、国内レベルでは改善を見たケースもある一方、国際レベルでは状況は凍結していると言ってよいだろう。つまりキングの一〇年以上前の議論がいまだに通用する状態が継続しているのである。

二　未承認国家の二つの側面——「ダストボックス」と「セキュリティボックス」

それだけではなく、帝国やパトロンにとって、未承認国家には多くの使い勝手のよい利益の源がある。その未承認国家の利便性を、筆者は「ダストボックス」と「セキュリティボックス」という二つの箱に擬えて説明したい。

密輸ルートとしての未承認国家

ダストボックスとは、以下のように説明できる。未承認国家は、まぎれもない無法地帯であり、だからこそ、違法ないし非人道的なものごとが未承認国家ではなされやすく、また、違法ないし非人道的なものごとが未承認国家を経由してどこかに送られることが多い。麻薬、武器・弾薬・兵器、核物質、人身（とくに高く売れる女性、子ども）など、違法ないし非人道的なモノやヒトが未承認国家を通過する形で世界に拡散してきたという。言いかえれば、未承認国家は違法なモノの主要な密輸ルートとして機能してきたわけである。

たとえば、沿ドニエストルは長年、ロシアの「武器庫」として知られ、世界各地に武器を供給する源の一つとなってきたと言われている。さらにロシアは沿ドニエストル、アブハジア、南オセチアに軍事基地を持っており、それらはロシアの軍事政策で重要な役割を果たしてきた。多くの未承認国家が密輸ルートの中継点や保管庫だと言われるなか、旧ソ連の未承認国家の状況がとくに深刻だと言われ、さらに、麻薬の主要な産地として有名なアフガニスタンなど、中央アジアに近いコーカサスはもっとも悪名高く、国際社会がたびたび警鐘をならしている。麻薬をはじめとした違法な商品の末端価格はきわめて高く、そのような闇経済にかかわる未承認国家の人々のみならず、その近隣国、ひいては欧米諸国にいたるまでの闇経済関係者が莫大な富を得ていると考えられる。

こうして、未承認国家は公には認められないヒト、モノ、カネを自由に中継したり、都合が悪くなれば一時的に貯めておく集積所として利用されてきた。それゆえに、筆者は未承認国家の一側面を「ダストボックス」と名づけたのである。

帝国の海外基地戦略

セキュリティボックスについては、以下のように説明できる。未承認国家は、大国ないし覇権国、言いかえれば新旧の帝国にとって戦略的に利用されうる。帝国は各国の独自戦略に従って海外に基地を設置するが、未承認国家はかなり多くの帝国に利用されている。後述するように、未承認国家の内部、ないし近辺には、多くの「帝国」の軍事基地が存在しているのである。

帝国（大国も含むが、以後帝国とする）は、覇権を維持するために海外基地を設置しようとする。だが、海外の軍事基地は帝国にとってときにお荷物にもなる。たいていの海外基地がなんらかの深刻な問題を引き起こしてきたからだ。海外基地は、ホスト国にとってアンタッチャブルな性格を持ち、当地の「治外法権」が保障されるがゆえに、ホスト国のナショナリズムを刺激し、主権を侵害することが少なくない。また海外基地があることによって、海外基地に駐留中の軍人が、レイプ、殺人、犯罪などを含む諸問題を、ホスト国の住民に対して引き起こす例は枚挙に暇がないし、訓練中の軍事飛行機や軍事車両による事故の発生件数も少なくない。さらに、日常的に騒音や環境汚染があり、ホスト国と海外基地の間のトラブルは数え切れないほど発生してきた。それをホスト国政府が外国基地近くの住民に対して補助金を出したり、さまざまな便宜を図ることでなんとか懐柔してきた例も多いのだ。これらは日本各地の米軍基地において見られる典型的なパターンでもある。それでもなお、近隣住民には深刻な不満が残る傾向が多く、反対運動は世界各地で繰り広げられており、海外基地が引き起こす問題の深刻さをうかがわせる。実際、住民の反対やホスト国の政権交代による政策変更などにより、外国基地が閉鎖されることも多々ある。

加えて、基地問題は簡単に「政治化」する。権威主義体制や民主主義が確立している国々には、軍事基地の設置が比較的容易だとされる一方、確立した民主主義体制や政党システム、政治制度を備えていない、民主化過程にある国家においてはその問題が容易に「政治化」してしまうのである。欧米諸国は権威主義国家を含む弱い国々を民主化することに尽力してきたが、その一方で、権威主義体制国家が民主化に向かうと基地の維持が難しくなるという矛盾から、帝国の基地戦略と世界の民主化支援は、実は相容れないものだったのである。

それでは、なぜ権威主義体制は基地戦略に都合がよいのだろうか。まず、権威主義国家の指導者が、基地から多くの便益を得ていることがあげられる。外国の基地を受け入れることにより経済支援を得ることができ、そのカネを彼にとって重要な国内のキーパーソンに分配することで国内政治の安定を得られるだけでなく、国際的な戦略的位置を確保することによる正統性の維持も可能になるのである。そして、海外基地を維持したい西側諸国は、本来の世界の民主化を進めるという立場に矛盾するのだが、権威主義国家の指導者のご機嫌を損ねぬように非民主的な体制を見て見ぬふりをしたり、形式だけの注意を促したりすることで、事実上、その体制の継続を容認することも少なくない。基地の存在は、権威主義国家の指導者が自身を指導者とする権威主義体制を維持するうえでさまざまな好条件を生むのである。

このように、そもそも海外に軍事基地を維持することは難しく、設置が容易な権威主義国家に基地を設置することは、民主主義を推進する世界の趨勢との齟齬をはらむなど、海外基地の設置・維持は多くの矛盾と困難をともなうものだと言えるであろう。

基地としての未承認国家

未承認国家やその周辺に軍事施設を設置するのは容易だ。なぜなら、未承認国家は承認されておらず、国際社会においてきわめて脆弱な存在であるがゆえに、外国の基地は未承認国家の安全を確保するための重要な保証人となりえ、また未承認国家の存在意義を高めることができるだけでなく、高いレベルのインフラ整備や雇用の創出などの経済的メリットをもたらしてくれることから、多くの場合、未承認国家は外国の軍事施設を歓迎するからだ。

未承認国家は内戦や戦争をへて生まれており、その多くは停戦状況をずっと維持したままであるため、ちょっとした契機で再び停戦状況に亀裂が生まれ、内戦や戦争が再発してしまう可能性が常につきまとっている。実際、二〇〇八年八月、グルジアと南オセチアの間で緊張が高まり、両国間の内戦が勃発した直後にロシアが介入し、グルジアとロシアの戦争に発展した「グルジア紛争」(前述のように本来は「戦争」)は記憶に新しいだろう(第三章三節参照)。

未承認国家をめぐる停戦は内部要因からも外部要因からも簡単に崩れうる。だからこそ、未承認国家と法的親国の「停戦ライン」では頻繁に小競り合いが生じ、死傷者が出続けているだけでなく、小競り合いが高じて戦争にまで発展することもあるのである。このように、未承認国家の停戦は脆弱であり、だからこそ第三国や国際社会の平和維持軍や軍事施設が設置されることの十分な根拠を持ち合わせているのだ。それゆえ、海外に軍事施設を設置したい国は、「平和維持活動」という軍事施設設定のうえで非常に都合のよい大義名分を得られるのである。加えて、この論理は未承認国家の近隣諸国・地域にも適合する。なぜなら、未承認国家の不安定状況は近隣諸国にも容易に拡散しうるからであり、そのことは関係アクターのみならず、国際社会にとっても、世界の多くの地点で軍事戦略を展開するうえでの都合のよい理由になるのだ。そして、言うまでもなく、このような議論は、帝国が（実際は自国の覇権的な軍事戦略を展開することが最大の目的だとしても、少なくとも公には）ある地域の平和を維持するために軍事施設を設置するという、非常に都合のよい理由を提供するのである。だからこそ筆者は、未承認国家の別の側面を「セキュリティボックス」と名づけたのだ。

前述の通り、未承認国家にある軍事施設は、帝国ないしパトロンの国際戦略にとって重要なのは間違いではない一方、それは未承認国家自身を含む多くの関係アクター（個人、地域、国家）にとっても多くの便益を提供する。なぜなら、そうした基地、軍事施設は帝国にとっては、グローバルパワーの維持、エネルギー安全保障、軍産複合体（二五三頁参照）や企業が得る利益を含む経済的便益といったメリットがある。一方の未承認国家にとっては帝国による保護、自らの存在感の確保、高いレベルのインフラ、雇用の創出など、多くのメリットを生んでくれる。それゆえ、筆者は未承認国家のなかには、帝国によって「作られた」ものもあると考える。次に、未承認国家と帝国の関係の意味を明らかにしていこう。

三　搾取される「未承認国家」——便利な無法地帯

前述のように、未承認国家の性格は冷戦終結後に変化し、また帝国の海外基地の戦略もまた冷戦後に変化を遂げた。冷戦時代には、西側陣営、すなわちアメリカおよびＮＡＴＯ加盟国などの欧米諸国と、東側陣営、すなわちソ連およびＷＴＯ加盟国などの共産主義諸国の両陣営が軍拡競争を展開し、世界中に海外基地を設置していった。ただし、ソ連の多くの海外基地はキューバなどの例外はあるものの、ほとんどがユーラシア大陸中央部に展開された。

冷戦の終焉にともない、世界の海外基地の状況には変化が訪れた。多くのソ連の軍事基地は閉鎖されたからである。その一方で西側諸国は冷戦的な基地戦略をしばらくは維持し続けた。その背景には、ロシアや旧ソ連諸国の冷戦後の展開が読めなかったことがあると言われている。

それでも、冷戦終結から約一〇年後あたりから欧米諸国は冷戦的な戦略から抜け出し、新たな戦略を模索していくようになる。その決定的な契機は、二〇〇一年九月一一日に発生した九一一事件と見てよいだろう。すでにかなり多くの海外基地が未承認国家ないし、未承認国家の近郊に見られることを指摘した。この事実は、未承認国家の誕生およびその存続と帝国の海外基地との間になんらかの関係を想起させる。

未承認国家が「帝国」の遺産の一つだという性格を持ち合わせているのは間違いなかろう。帝国はその影響力保持と自国の安全保障のために、海外基地を必要としているが、多くの海外基地、とくに大規模なものは、ホスト地域やホスト国の住民や政府と多くの深刻な軋轢を引き起こしてきた。他方、未承認国家や新興独立国を含む弱い国家は帝国やパトロンに簡単に操られるし、だからこそ、帝国やパトロンは未承認国家や弱い国家に自国基地を容易に設置でき、歓迎すらされるのだ。そのように考えると、未承認国家は帝国によって作られている側面もあるだろう。このような論点は、これまでの研究では見られなかったが、未承認国家を考えるうえでの一つの重要なポイントだと筆者は考えている。

以下ではこのような議論を、アメリカとロシアの事例を使って分析する。

アメリカの新たな世界戦略

アメリカは一九九〇年代にホスト国の要請により、パナマ、フィリピン、スペインに存在する巨大な軍事施設を閉鎖したほか、一九八八〜九五年の間に米軍の在外軍事施設の九七拠点を閉鎖した。とはいえ、前述の通り、冷戦終結後の約一〇年間、旧ソ連諸国の動向の不透明さゆえ、アメリカの海外基地戦略には大きな変化が見られなかった。アメリカの軍事戦略が大きく転換したのは、「冷戦後の世界の状況」に適合する政策を目指し、九一一事件後に世界で展開された「テロとの戦い」を遂行するようになった二〇〇一年以降である。

さて、本題に入る前に、ここでアメリカにとっての海外基地の機能を確認しておこう。次にあげるのは、コロンビア大学のアレクサンダー・クーリーによって一三項目にまとめられたアメリカの海外基地の機能である（Cooley, 2008）。

①軍事的役割／②戦略的機能／③サービスおよび修理施設／④保管庫／⑤訓練施設／⑥物流中継基地／⑦業務実施状況の監視／⑧調整業務／⑨情報（インテリジェンス）集積／⑩C3（コマンド［命令］、コントロール［統制・制御］、コミュニケーション）の促進／⑪敵兵やテロ容疑者の輸送／⑫容疑者の拘留、尋問／⑬外交的シンボル

クーリーはこれらの要素のうち、①〜⑩は従来からある機能で一般的なものだが、⑪〜⑬は最近とみに重要性を帯びてきた機能であるという。とくに⑪、⑫の要素は、九一一事件後に旧ソ

＊ただし、ウズベキスタンは二〇〇五年に起きたアンディジャン事件に対する欧米の批判を受けK2空軍基地から米軍を撤退させた。また、キルギス大統領は二〇一三年夏にマナス空港のアメリカへの貸与合意を破棄する法律に署名し、米軍は二〇一四年七月までに完全撤退する予定となっている。そして、アメリカは二〇一三年に、一四年末までにアフガニスタンから九八〇〇人を除く全員を帰還させる一方、一六年末までに完全撤退すると主張している。

連・中央アジアのウズベキスタン・カシュカダリヤ州の州都カルシ郊外にあるカルシ・ハナバード空軍基地（Karshi-Khanabad Air Base、略してK2空軍基地）に顕著に見られるという。同基地は、九一一事件後にテロとの戦い、とくにアフガニスタン対策のために同じく中央アジアのキルギスのマナス空港とともに米軍が使用権を得た空港である。* これは、ロシアの裏庭である旧ソ連圏に米軍が初めて駐留した画期的な出来事であり、ロシアがそれを許したことに世界が驚くとともに、「冷戦後」の新しい世界を印象づけることとなった（ただし、これは九一一事件後の短い米ロ蜜月の所産である。詳しくは拙著『ロシア 苦悩する大国、多極化する世界』参照）。そして⑬の外交的シンボルとは、単なる軍事施設ではなく、アメリカの力、アイデンティティ、外交のあり様を確実に体現するものだと説明できるだろう。

アメリカの衰えない野心

基地に関する合意は、アメリカの基地受け入れ国に対する政治的・社会的コミットメントのシンボルとなる。たとえば、後述するアメリカの新しいタイプの基地のその多くが旧共産主義諸国であった黒海地域に設置されているということは、アメリカが旧共産諸国をもはや強力なパートナーとし、また、それらを西側の安全保障システムに引き込んだということの象徴的な意味合いを持つのだ。なお、筆者はアメリカに関して「外交的シンボル」は、帝国研究でよく言及される「帝国主義的野心」とほぼ同義であるとも考えている。戦後のアメリカは、圧倒的な軍事力と政治的・経済的影響力を背景に、単独の支配より国際機構との同盟を優先し、領土的支配ではなく、民族自決と独立に支持を与える、いわば帝国を否定する帝国のような存在であったが、実際には、領土として世界各地を支配するより、領土とすることなく勢力を保持するほうが、はるかにコストがかからず効率的である。このように、領土を獲得することなく、事実上の政治的影響力を及ぼす主体のことを非公式帝国（informal empire）と呼ぶが、それは、アメリカにもっともよくあてはまる概念だといえる（藤原、二〇〇七）ことからも、アメリカが目指す帝国主義的政策は、新たな基地計画と絶妙に調和していると言えるだろう。

加えて、多くの論者が、アメリカの基地は、アメリカのエネルギー輸送ルート、すなわち、冷戦時代から今にいたるまで、主に中東からアメリカへの石油・天然ガスの輸送の安全を保障するために設置されてきたと主張している。つまり、輸送路に沿う形でアメリカの基地が多く設置されてきたというのだ。このように、米軍基地は、世界戦略のカギとなる地域、とくにエネルギー輸送ルートに立地しており、単なる安保の強化、外交政策の成功のために設置されているのではなく、あらゆる「パワー」のマッピングという形で機能しているといえる。

そして、アメリカ国防総省（ペンタゴン）が発表した「グローバルな防衛体制の見直し（Global Defense Posture Review：ＧＤＰＲ）」のもと、二〇〇一年以後、アメリカの新しい主な海外基地政策は以下のように特徴づけられる。

㈠日本、ドイツ、韓国にあるような冷戦期型の大きな軍事基地の数を減らし、規模を縮小する
㈡アフリカ、中央アジア、黒海地域など、アメリカが伝統的に存在感を持っていなかった地域に、より小さく、より柔軟性の高い軍事施設のグローバルなネットワークを構築する
「リリー・パッド」戦略を展開する

「リリー・パッド」戦略（ライト・スイッチとも言う）について少し補足しておくと、それは、池の蛙が蓮《はす》の葉から獲物に向かって飛ぶイメージのもと構築されている。小規模の基地（後述のタイプ2、タイプ3の基地）を点在させる、冷戦後の世界における新世代の基地構想である。それらの基地は小さく、秘密主義で、外からアクセスしづらく、駐留兵の数は一千人から二千人以下と限定的で、住宅施設や娯楽施設などもなく、武器・弾薬の実戦配備はなされているものの、設備が質素だという特徴を持つ。これらの小規模な軍事施設は非公式の形でおおむねホスト国によって維持されており、そこに限定されたアメリカの軍事兵器や兵隊が配備されているのが常態だが、有事の際には米軍が増強され、活動規模も軍事力も拡大できるようになっている。

アメリカン大学のデイヴィッド・ヴァインによれば、アメリカはこのような小規模の軍事拠点をより多くの国で、より速く建設することを目指しており、秘密裏に進められている性格上、正

しい統計データは入手不可能だが、二〇〇〇年頃からアメリカ国防総省は五〇カ所以上建設してきただけでなく、さらに数十カ所以上の建設計画を持っていると考えられている（Vine, 2012）。

アメリカの新たな基地戦略

前出のクーリーによれば、アメリカはこれまで通りに基地を維持することができなくなっており、軍事型の基地よりは政治的目的を優先させ、かつてアメリカが軍事的拠点を持っていなかった地域を中心に小規模な軍事施設を拡散させ、世界的なネットワークを構築することを目的としている。これらの基地構築にも相当なコストがかかるが、多くの基地プロジェクトはアメリカ国民には明らかにされていない一方、ことが公になれば、そのホスト国の民主化や（ポジティブな）政治変動がアメリカ国民に対する説明のための「理由」とされるのである。

この政策により、米軍の基地戦略は、以下の三つのタイプと補足的な二つのタイプの基地を設置していくことで進められることとなった。

- タイプ１：主要活動基地　Main Operating Bases：MOBs
- タイプ２：前線施設　Forward Operating Sites（Forward Operating Locations）：FOSs（FOLs）
- タイプ３：協力的安全保障拠点　Cooperative Security Locations：CSLs

古いタイプの主要活動基地は、ドイツ、日本、韓国にあるような大規模で、恒久的に地域的な軍事ハブとして機能してきた、また機能し続ける基地である。これらタイプ1の基地が、新しいタイプであるタイプ2・3のような小規模の軍事施設の点と点を線でつなげる役割を持つ。前述のように、タイプ2・3の基地は非常に柔軟な性格を持っており、現在、黒海地域、南アジア、アフリカ、そして中央アジアなどに展開されている。そしてタイプ3の基地の運営は有事以外には主にホスト国に委ねられ、それによりアメリカは基地の維持費を低く抑えるよう計画されているのである。こうしてアメリカはタイプ1の基地の機能や規模を縮小させる一方、軍事費を上げない形でタイプ2・3の基地を世界に幅広く展開させていくことで、点在するホスト国にアメリカの「足跡」を残し、効果的に世界における影響力を維持しようとしているのである。タイプ2・3の基地が推進される理由は、コスト面だけでなく、日本で起きているような、大規模な基地につきまとう「トラブル」を減らしていきたいということもあるという。地元住民、世間の注目、反対運動の可能性を「回避」することも重要な目的なのだ。

この三つのタイプの基地に加え、

- タイプ4：事前備蓄基地　Prepositioned Sites
- タイプ5：中継インフラ　En Route Infrastructure：ERI

という二つの補助的なタイプの基地が、タイプ1〜3の基地を支えている。タイプ4・5は読んで字のごとく、物資や情報の流通上の補助となるタイプの基地であり、その規模もごく小さいものがほとんどである（Cooley, 2008）。

アメリカの基地戦略と未承認国家

この新しい基地戦略はアメリカにとっていくつかの利益がある。まず、世界中にアメリカの足跡を残すことができるうえ、それらの維持は大きな基地を維持するよりずっと安いコストで可能である。また、とくに大規模な基地の場合、ホスト国やホスト地域との間で生じることが多い、基地に関する摩擦を、小規模の基地であれば極力減らすことが可能になると考えられる。このようなことから、新戦略は、基地の戦略的論理、柔軟性、効果をすべて最大化できると考えられるのである。

ただし、アメリカのホスト国に対する力関係は、その「帝国」的性格ゆえに圧倒的だと考えられがちであるが、実際のところ、それは常に圧倒的ではないということには留意すべきだ。なぜなら、ウズベキスタンの例に見られるように、海外基地問題は、容易に「政治化」し、その際は、内政が優先され、海外基地を閉め出す方向にホスト国が動くことが少なくないからである。この傾向は、海外基地に関係するすべての国々にあてはまると考えられる。それゆえ、未承認国家やその周辺に基地を設置することの利便性は、「帝国」的な国家にとって高いと言えるだろう。

とはいえ、このような新しい基地の全容を把握することはほぼ不可能である。アメリカ国防総省は毎年、米軍基地の資産評価の報告書（*Base Structure Report*）を出しており、アメリカの国内外の基地や軍事施設の詳細な情報が記されているが、そこに書かれているのは、実状よりもかなり少ない数字である。そこにはサウジアラビア、コソヴォ、ボスニア・ヘルツェゴヴィナなどに存在するタイプ2やタイプ3の重要な基地の情報が出ていない。また同報告書では、近年「プラン・コロンビア」によって設置された米軍のいくつかの基地についても触れられていない。「プラン・コロンビア」は、コロンビアを対象とした「麻薬との戦い」政策の一部として始められたが、同時にエクアドルでもその政策を実施し、同政策を遂行するうえで、アメリカは南米に新しい四つの前線施設（FOSs）を開設した。

このような、詳細が明らかになっていない軍事基地について考えあわせると、アメリカは約六〇の国々ないし地域に海外基地を保有していると思われるが、この数ですら、実際の数よりもかなり少ない可能性が否めない。アメリカは海外基地に関する権利などについて、いわゆる「地位協定（Agreement on the Status of U.S. Armed Forces）」をホスト国と締結しているが、アメリカはそのような合意を九三カ国と結んでいるからである。明らかに、真空地域を米軍の勢力が着々と埋めつつあるのだ。

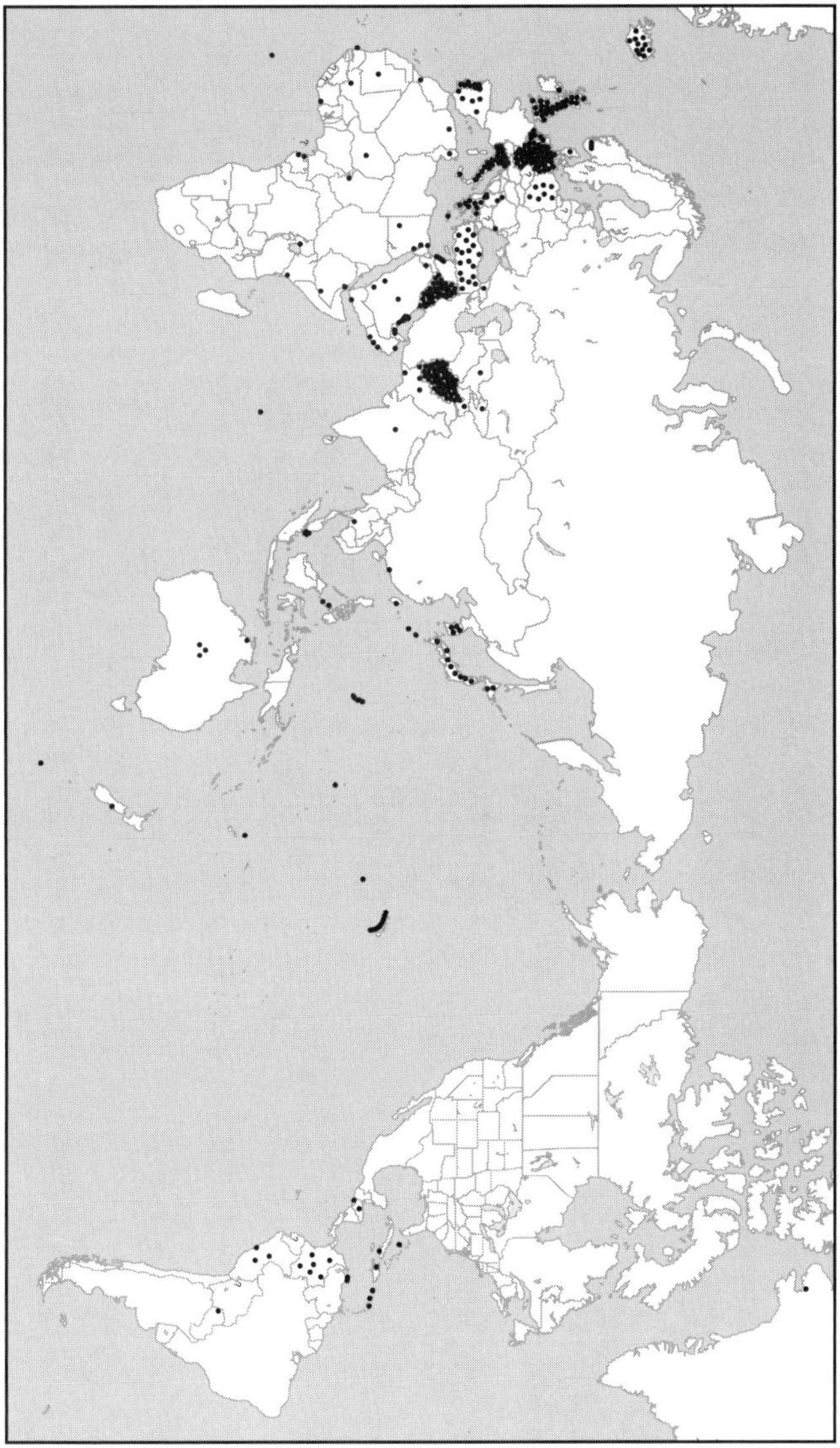

図4-1　アメリカの国外軍事施設
(Lutz, 2009より)

アメリカ基地の実情をすべて明らかにすることは不可能だが、公的な統計に加えて、第二次文献も利用することにより、その概要をつかむことは可能だろう。アメリカの公的統計から作成したアメリカの国外軍事施設を図示した図4－1を見ると、未承認国家やその周辺に多くのアメリカの軍事施設があることが明らかになる。未承認国家については、コソヴォ、ソマリランド、台湾に米軍基地（台湾における米軍基地の存在は、広くは知られていないが、台湾の米軍基地の写真が、アップル社やマイクロソフト社の地図で確認できる）、西サハラには米軍の支援を受けているモロッコの基地があるほか、アブハジア、南オセチア、沿ドニエストルにはロシア軍基地がある。また未承認国家の周辺については、沿ドニエストル近くのルーマニア、北キプロスのパトロンであるトルコ（なお、トルコは北キプロスに軍事基地を所有している）、北キプロスの法的親国キプロスと深い関係にあるギリシャ、パレスチナとずっと対立関係にあるイスラエルに米軍基地、ナゴルノ・カラバフのパトロンであるアルメニアにロシア軍基地がある。

この事実からだけでも、アメリカとロシアの海外基地と未承認国家の関係が浮かんでくるが、より具体的な例をいくつか確認してみよう。

詳細は後述するが、ロシアはアブハジアと南オセチアに海外基地を保有しているが、それは国際法的に見れば、グルジア国内にロシア軍基地が存在することを意味する。

キャンプ・ボンドスティールの闇

アメリカはNATOメンバー国として、NATOのコソヴォ治安維持部隊（Kosovo Force：KFOR）の素晴らしい基地（フィルム・シティ）を使用できるにもかかわらず、それに加え、米軍独自の巨大な基地である「キャンプ・ボンドスティール（Camp Bondsteel）」をコソヴォに保有し続けている。同基地は一般にはあまり知られていないが、巨大な基地であり、同基地を維持することによって利益を得ている関係者は少なくない。まず、基地には多くのアメリカ企業がかかわっている。たとえば、基地にはバーガーキング、タコベルなどのアメリカのファストフードショップが充実しているほか、バーやレストラン、ジム、床屋、レジャーコンプレックスなど、きわめて豊かな生活や余暇のための施設が整えられている。これらにかかわる企業やレジャー産業が基地から恩恵を受けられるだけでなく、基地を設置したり維持したりするために、軍産複合体（軍事産業の維持・発展を積極的に推進することを目的にした一種の利益追求集団の総体で、政治ときわめて密接である。政府や官僚機構、軍部、議会、財界や労働組合、政党や圧力団体、さらには学界や研究機関などによって構成されており、それらが相互補完的に影響力を行使し、ロビー活動や賄賂《わいろ》なども多用して軍事支出の拡大や兵器調達の増大を図ってきた。アメリカは「軍産複合体」の国家だとも言われている）や大手ゼネコンやその下請けの建設・インフラ関連会社、そして軍人や国防総省の役人などの個人も利益を享受していると報じられている。このような基地からの受益者の存在に加え、キャンプ・ボンドスティールには世界から強く閉鎖要求が出されてきたキューバのグアンタナモ湾収容キャンプから移送されてきたテロリストなど、とくに極悪性が高いとされる囚人が収容されている秘密収容所があると言われている。このような金銭的な利害関係や秘密収容所の噂などにより、同基地の悪評は高い。

そして、このような特徴は、ほかのアメリカの新しいタイプの基地でも見られると考えられる。たとえばタイプ2（FOS）があるルーマニアでは、人権団体がルーマニアの米軍基地の一つにCIAが運営している秘密収容所があると主張しており、これに誘発されて、二〇〇五年秋にルーマニアの国会議員たちが調査を求めるにいたった。ただし、これらのアクションはルーマニアの政治になんら影響を与えることなく、基地の問題もそのまま放置された。

また別の例を見ると、キプロスにはイギリスの海外領土であるアクロティリとデケリアがあり、同地は巨大なイギリスの軍事基地となっている。それらは植民地ではないが、イギリスの完全なる主権が保障されている。アメリカとイギリスは戦略的パートナーであり、イギリスはアメリカの求めに従って、アメリカの望む形にそれらの基地を改良してきたし、また中東での有事など、緊急時にはアメリカが同基地を使用してきた。キプロスは一九一四年から六〇年までイギリスの植民地であり（イギリスはキプロス条約の結果、一八七八年にオスマン帝国からの保護領としてキプロス政府を接収していたため、実質的なイギリス統治期間はもっと長い）、イギリスはキプロスの独立を認める際に、その条件の一つとして、アクロティリとデケリアの主権基地エリアを確保する権利を据えていた。加えて、筆者がキプロスでインタビューを行ったところ、多くのキプロス住民は「未承認国家としての北キプロス」はイギリスの帝国主義政策の所産であると考えていることがわかった（現地調査は二〇一二年八月に実施）。

帝国によって作られる未承認国家

これらの事例から、未承認国家が存続していることと帝国の海外基地の関係は明らかであると思われる。アメリカは海外基地を設置する理由を、世界の警察官としてテロや戦争・紛争を予防したり、諸問題を解決して平和で安全な状況に導き、その安定を守ることにあると公には主張しているが、実際は戦争したり紛争を起こしたりするためにアメリカが海外基地を設置しているのだとする論者もいる。つまり、海外基地が先にありきで、その結果として戦争や紛争が発生しているというのだ。実際、未承認国家は帝国の遺産であるケースが多い（新旧帝国の軍事基地、治外法権の存在）ことは前に述べた。新旧「帝国」は自国の影響力を維持するために、自国の軍を残し、民族問題などの地域の緊張を残存させようとする。地域の緊張や問題が長期化することは、軍産複合体の利益や海外に基地をおく名目にもなるなど、帝国にとってメリットが大きいのである。植民地や海外領土が大きな緊張をはらむのに対し、無法地帯たる「未承認国家」は緊張を引き起こしにくい。このように考えると、戦争があるから基地が作られるのではなく、基地があるところに戦争が生まれる側面も大きい（パレンティ&ファツィ、二〇一〇）。基地には「治外法権」が適用され、ホスト国にとっては、「主権の侵害」となるはずだが、ホスト国は小国か弱みを持つ国である場合が多く、あまり問題にされない。それに、アメリカにとって、戦争や紛争は政治的な支持率アップや経済的な受益拡大のために便利だといわれている。以上のことから、「未承認国家が帝国によって作られた」という側面もある程度はあると言えるのではないだろうか。言いかえれば、帝国が未承認国家を生み、その存在を維持しているという側面があり、それが帝国にとっても有益であると考えられるだろう。

だが、そのように帝国が未承認国家の存続から利益を得ているのだとしたら、アメリカがコソヴォの独立を支援し、ロシアがアブハジアと南オセチアの独立を承認した理由がその反論材料になるかもしれない。それでも、その疑問に対しては容易に説明がつく。もし、コソヴォが近い将来に独立を果たしたとしても、そのような新興国家は（旧ソ連から独立した諸国が、独立からしばらくは脆弱な国家だったように）しばらくの間、政治的、経済的にとても弱い状態が続く。そのような状況では、新興独立国家は、（この場合は）欧米諸国に当面、頼っていく必要がある。そうなれば、コソヴォは当然アメリカに対して強く出ることはできず、海外基地についても、好むと好まざるとにかかわらず、抵抗せず受け入れざるを得ないだろう。このような新興独立国が脆弱な間は、国際社会におけるその立場はあまりかかわらず、帝国は未承認国家の独立を承認したことにより、その元未承認国家に対し、新たな「貸し」を作ることができるのだ。となれば、たとえ独立を果たしたとしても、その諸外国との関係については、未承認国家であったときと、あまり変わらないと考えられる。

ロシア独自の海外基地戦略

一方、ロシアもソ連解体以後、独自の海外基地政策をとってきた。前述のように、冷戦時代、ソ連は西側諸国に対抗して多くの海外基地を設置していたが、ソ連解体後、ソ連の継承国となったロシアは旧ソ連諸国（いわゆる、ロシアが言うところの「近い外国」）とシリアの基地を除き、ほとんどの海外基地を閉鎖した。一九九四年、エストニアとラトビアから最後のロシア軍が撤退すると、ロシアが旧ソ連圏に保有する軍事基地・施設は二八になった。二〇〇二年までにロシアはルルドとキューバの諜報施設とワルシャワ条約機構加盟国圏外で最大の海軍基地であったベトナムのカムラン湾の基地を閉鎖した。というのも、ロシアはソ連解体とそれにともなう深刻な財政難によって、国の政治経済、社会のすべてが混乱し、海外基地を支える余裕がなくなったのである。これら海外基地の閉鎖は、国際的な政治上・軍事上の理由のみならず、国内的な混乱と予算の制約からやむを得なかったと考えられている。

だが、ロシアは「近い外国」の軍事基地は必死に守ろうとしてきた。旧ソ連諸国の「長兄」として、せめて「近い外国」に対しては圧倒的な影響力を維持し続けたかったからである。そのためにロシアは、旧ソ連諸国の政治経済事情はもちろん、民族問題、ひいては未承認国家問題をも効果的に利用してきた。

ロシアは、シリアの基地を例外とし、海外基地政策を近い外国に集中させていく。現在、ロシアは旧ソ連圏では、アルメニア、ベラルーシ、南オセチア（グルジア領内の未承認国家）、アブハジア（グルジア内の未承認国家）、カザフスタン、キルギス、タジキスタン、沿ドニエストル（モルドヴァ内の未承認国家）、ウクライナに軍事基地・施設を保有しており、二〇〇〇年以降に閉鎖されていったが、アゼルバイジャン（コラム参照）、グルジア、モルドヴァに軍事基地・施設を保有していた。

column【ガバラ・レーダー基地】

アゼルバイジャンにあったロシアの軍事施設は、「ガバラ・レーダー基地」であり、アゼルバイジャンからロシアが貸与を受ける形でロシア軍が使用し、ロシアの軍人も駐留していたが、いろいろと特殊な事情がある。実はアゼルバイジャンは、外国の基地を国内に設置することを禁じており、アゼルバイジャン政府は、公には同基地を海外の軍事基地だとしてこなかった。「ガバラ・レーダー基地」は、南方からのミサイル攻撃に対応するために、ソ連時代の一九八五年にアゼルバイジャン北部のガバラに建設されたレーダー基地である。「ダリヤル」型の弾道ミサイル早期警戒システムが設置されており、現在でもその優れた性能が高く評価されている。たとえば、二〇〇一年の九一一事件後にアメリカがアフガニスタンを最初に攻撃した際も、同基地がその動きをもっとも早く確認し、ロシアが同基地の重要性を再確認したという。前述の通り、アゼルバイジャンは外国基地の国内受け入れを認めていないため、同基地の問題はソ連解体後も、ロシアがなし崩し的に使用してきた一方、常に両国間の緊張の種になっていた。しかし、九一一事件後の「テロとの戦い」の趨勢のなか、ロシアにとって南方対策がより重要になったことから、二〇〇二年にロシアはガバラ・レーダー基地の問題をきちんと解決しようと、アゼルバイジャン政府と交渉し、両国は一〇年間の貸与に関する協定で合意した（合意された代金は、賃貸料が年額七〇〇万ドル、電気代が年額五〇〇万ドル、その他のサービス料が年額一〇〇〇万ドル）。その際、ロシアはソ連解体後になし崩し的に同基地を使用してきた「貸与料」もきちんと精算した。ただし、同基地を軍事施設とした場合、アゼルバイジャンの法に触れるため、その協定では、同基地は「情報分析センター」として、所有権はアゼルバイジャンにあるが（ただし、動産はロシアに所有権がある）、ロシアが運営し、両国の利益になるものに限定して情報を収集分析すると規定された。本書では割愛するが、アゼルバイジャン人の雇用の保障など、さまざまな細かい規定がある。

二〇〇七年には同基地の名前が国際政治の表舞台に登場した。欧州ミサイル・ディフェンス（ＭＤ）政策を進めるにあたり、アメリカのブッシュ大統領（子、当時）は、中欧にＭＤシステムを配備しようとし、その理由を「イランに対抗するため」と主張したが、プーチン大統領は、ロシアに対するものだと警戒し、「イランに対抗するのであれば、中欧にＭＤシステムを配備するより、イランの隣国アゼルバイジャンにあるガバラ・レーダー基地を利用したほうがずっとよいはずなので、同基地を共同使用しよう。また、ロシア南部にアメリカが利用できる新基地を建設する用意もある」と切り返したのである。これは完全に「踏み絵」であったが、アメリカはこの提案を受け入れず、そしてロシアはやはりアメリカはロシアに対してＭＤ政策を強化しようとしていると確認し、その後、米ロ関係は最悪の状況にまで進んでいくのである。なお、アゼルバイジャンは、同基地における米ロの協力には反対しないという立場をとっていた。

そして、二〇一二年一二月二四日に貸与契約期間が切れるにあたり、ロシアは同基地の近代化および貸与期限延長について交渉を行ったが、アゼルバイジャン国内で、環境問題の視点やナショナリズムの視点から、同基地への反対が高まっていたこともあり、アゼルバイジャン側は法外な賃貸料の値上げと、基地による環境破壊を緩和する追加措置を要請するとともに、基地の共同運営を提案したが、最終的に交渉は決裂し、ロシア軍の撤退が決まった。

ロシアによる停戦の条件

グルジアとモルドヴァにおける、旧・現ロシア軍基地は、未承認国家問題が原因となって設置にいたったことを理解すべきである。ロシアは分離主義勢力が法的親国と紛争を起こした際に、分離主義勢力のほうを軍事的、経済的、政治的に支援し、すべての分離主義勢力が軍事的な勝利を勝ちとった。その際、停戦の可否を握っていたのはロシアだが、ロシアは停戦にあたり、CISおよびCIS安全保障条約機構への加盟と軍基地の設置をその条件としてグルジア、モルドヴァ両国に強いたのである。ナゴルノ・カラバフ紛争におけるアゼルバイジャンに対する停戦の条件は、軍基地の設置要請はなかった代わりに、石油に関する国際契約の仕切り直しなどが含まれていたとされる。グルジアもモルドヴァもその条件を呑まざるを得なかった。

ナゴルノ・カラバフ問題をアゼルバイジャンとの間に抱え、旧ソ連諸国のなかで最小面積であり、経済的にも弱い立場にあるアルメニアがよい例であるが、ロシア軍基地を喜んで受け入れている旧ソ連諸国もある。GUAMメンバー国家のグルジア、モルドヴァ、ウクライナなどは、とくにその民主化時期にロシア軍基地の閉鎖に向け必死の努力をしてきた。前述の通り、基地問題は、ホスト国が民主化プロセスにある際、一般的に政治化する傾向があり、このことはグルジア、モルドヴァ、ウクライナについても適合する。なぜならこの三カ国すべてが、欧米が好む形の民主化を進め、とくにグルジアとウクライナは無血の民主化運動であったいわゆる「色革命」も成功させ、旧ソ連のなかでEUとNATO加盟にもっとも近いとされ、実際、二〇〇八年にはグルジアとウクライナのNATO加盟はかなり現実的になっていたという事実もある。そして、グルジアとモルドヴァはロシア軍基地を閉鎖させるために、西側諸国に支援を要請することとなった。しかし、ロシアは中東に近く、また政治的・エスノナショナリズム的な混乱がある黒海地域・コーカサス地域における軍事的プレゼンスを重視していた。だからこそ、一九九二年九月に「ソヴィエト・トランスコーカサス・軍事地区」を解体し、ロシア軍が南コーカサスから去ったあとも、軍事基地の設置・運営や、民族紛争の平和維持活動を名目にして、ロシア軍は南コーカサスにすぐに戻ってきたのだ。そのため、ロシアはなかなか基地閉鎖に応じなかったのだが、そのプロセスをグルジア、モルドヴァに共通の流れからグルジア、モルドヴァの個別事例の順に具体的に見てみよう。

前述のように、ロシアはグルジアのアブハジア紛争、南オセチア紛争を停戦に導く条件の一つとしてロシア軍の基地設置を求めたが、一九九三年一〇月九日に締結された「グルジア・ロシア間の軍事協力合意」と一九九五年九月一五日の合意により、ロシアはグルジアの首都トビリシ近郊のヴァジアニ、アブハジアのグダウタ、第六二軍事基地が設置されたアハルカラキ、第一二軍事基地が設置されたバトゥーミの四カ所に軍事基地を開設した。しかし、ほどなくしてグルジアは、少なくともヴァジアニとグダウタの基地の閉鎖を主張するようになった。

グルジアのロシア軍基地

グルジア、モルドヴァにおけるロシア軍のプレゼンスは、ＯＳＣＥや「ＣＦＥ条約」などにより、とくに深刻視されていた。そして、一九九九年のＯＳＣＥイスタンブルサミットで、ロシアは二〇〇〇年末までにグルジアの重兵器を削減し、二〇〇一年半ばまでにヴァジアニとグダウタの基地を閉鎖すること、二〇〇二年末までにモルドヴァの基地を閉鎖することが宣言された（イスタンブル文書：The Istanbul Document 1999）。

しかし、ロシアはその合意を守らなかった。グルジアは、二〇〇二年末までにすべてのロシア軍基地の撤退を要請していたが、ロシアはグルジアに対して、軍事支援をする代わりに、アハルカラキとバトゥーミの基地を最低でも一五―二五年は維持したいと主張したのだ。ロシアは、二〇〇一年六月二九日にヴァジアニ基地を引き渡し、二〇〇一年一一月にグタウダ基地の解体とすべての軍の撤退終了を宣言したが、それは事実ではなく、グルジアも撤退終了を認めなかった。こうして、二〇〇一年から二〇〇四年までの間、グルジアとロシアの間で基地問題は手詰まりのまま残存した。

ロシアがグルジアの基地を残すことにこだわった理由の一つには、米軍が二〇〇二年にグルジア軍の訓練を始めたことを契機に、米軍が基地使用を開始した中央アジアだけでなく、南コーカサスにもアメリカのプレゼンスが及び、ロシアの影響圏が侵食されることを恐れたことがある。

だからこそ、ロシアはアゼルバイジャンのガバラ・レーダー基地の権益も確保するにいたったと考えられる。加えて、ロシアは西側諸国に対し、基地の閉鎖に際しての財政的補償の要求と反テロセンターを既存施設と併存させることを提案した。だが西側がすぐに応じるわけもなく、これも撤退が長引く理由となった。

だが、このような状況のなかで、過激な反ロシア的政治家として知られるグルジアのサアカシュヴィリ大統領（当時）は、ロシア軍の撤退後、グルジアは決して新しい外国軍基地を受け入れないと宣言し、この声明はロシアを安堵させた。二〇〇五年五月三〇日に、グルジアとロシアの両外相がロシア軍基地とほかの軍事施設の機能停止とグルジアからのロシア軍の撤退に関する共同声明を出した。こうしてロシアは二〇〇五年六月から二〇〇八年にかけて、グルジアから軍事施設を引き上げたのである。撤退の最終段階は、バトゥーミ基地からの重機の撤去と南コーカサスにおけるロシア軍グループのトビリシ本部（Tbilisi headquarters of the Group of Russian Forces in the Transcaucasus：ＧＲＦＴ）の閉鎖であり、グルジアはそのプロセスを支援した。また、ロシアは撤去した兵器や軍事装備をグルジア国内で移動したり、補充したりしないと約束した。加えて、以下の三つの合意も結ばれた。

㈠アハルカラキとバトゥーミの基地の閉鎖
㈡反テロセンターの設置とそれを機能させること

(三) グルジア領内の通過権

この合意は、一九九九年のイスタンブル文書のグルジア—ロシア共同声明に沿ったものだが、その履行については、ドイツなどの外国ミッションが監視することとなった。加えて、二〇〇六年三月三一日には、グルジアのロシア軍の撤退と、グルジア領をロシアの軍事設備と人員が通過する権利に関する追加合意にも署名がなされた。こうして、二〇〇八年末までにはグルジア本土にあったすべてのロシア軍施設が閉鎖された。

モルドヴァのロシア軍基地

次にモルドヴァであるが、同国もとくに「一九九四年憲法」が、モルドヴァは永久に中立を維持し、外国軍基地の受け入れを認めないということを明記していたこともあり、ロシアの軍事施設の閉鎖に尽力していった。イスタンブル文書に沿えば、ロシアは二〇〇三年までにモルドヴァから軍事設備と重兵器をすべて撤退させる必要があったが、沿ドニエストル問題の政治的解決が達成されていないことがロシア軍の撤退を遅らせることとなり、二〇〇六年の推計で、一五〇〇人規模の軍隊、約二万トンの備蓄弾薬や軍事設備が残されることになった。実際のところ、ロシアは沿ドニエストルから軍を撤退させる意図はなく、それゆえモルドヴァはロシアとの交渉を進めるために、海外の支援を得ようとした。ロシア軍は、公の基地のステータスはないのだが、沿ドニエストルの「首都」であるティラスポルに駐留し、そこには「沿ドニエストルにおけるロシア軍の実働部隊（旧第一四軍）」の人員と二つの大隊が配備されている。

このようにモルドヴァの基地問題は、沿ドニエストル問題の政治的解決にかかっていたが、それは長年手詰まり状態にあった。だが、二〇〇五年一〇月に、沿ドニエストル問題の政治的解決のための、「モルドヴァ、沿ドニエストル、ルーマニア、ロシア、ウクライナ（五）」および「オブザーバーとしてのEUとアメリカ（二）」による「拡大五＋二交渉フォーマット」が、手詰まり打開を目指して着手された。しかし、沿ドニエストル問題の政治的解決がない限り、ロシアがイスタンブル文書の合意内容を履行する気がさらさらなく、ロシアの平和維持軍が無期限に居座るつもりであることは、明白なことだった。結果、地雷除去などの活動も停滞したままだ。

このような状況をとくにグルジアについて考えると、二〇〇八年にロシア軍がグルジアから撤退を余儀なくされたことが、二〇〇八年八月にグルジア紛争が発生したことと深く関係していることは間違いないと思われる。この戦争は、グルジアによる南オセチアに対する先制攻撃を端緒に、ロシアとアブハジアが南オセチア側で参戦したためにエスカレートしたという経緯があるが、そのグルジアの先制攻撃の前には、ロシアに支援を受けた南オセチアからの多くの挑発があった。

ロシアはなんとしてもグルジアに軍事基地を維持したかったが、親欧米・反ロシア、さらにナショナリスティックで民主化を推進しているグルジアに基地を維持することは不可能に近かった。

そこで、ロシアが概して基地を設置しやすい未承認国家、すなわちグルジア領内のアブハジアと南オセチアに目をつけるのは自然な流れであると思われる。もちろん、グルジア紛争の発生の背景は単純ではなく、二〇〇八年にはコソヴォ独立宣言と西側諸国を中心とした多くの国々の承認、ウクライナとグルジアのNATO加盟がかなり実現に近づいたことなど、多くの戦争を誘引する出来事が重なっていたため、基地を未承認国家に設置するためというロシアの意図だけにフォーカスするのはミスリーディングだ。しかし、グルジアからのロシアの軍事施設の撤退とグルジア紛争、そしてそれに続くロシアのアブハジア、南オセチアの主権国家としての承認がすべて二〇〇八年に起きたことは偶然ではないと思われる。

メドヴェージェフ・ドクトリンに表れるロシアの意図

また、この議論を補強するさらなる根拠として二〇〇八年八月のグルジア紛争の直後に、ロシアのメドヴェージェフ大統領（当時）が、ロシアの新しい外交政策として発表したいわゆる「メドヴェージェフ・ドクトリン」がある。それは以下の五つのポイントからなる（Reynolds, 2008）。

(一)国際法：ロシアは文明国間の関係を定義する国際法の基本原則の優位性を認識している。このような原則と国際法の概念の枠組みのなかで、われわれは諸外国との関係を発展させていく。

㈡多極的世界：世界は多極でなければならない。一極的世界を受け入れることができず、一極的支配は許されない。われわれはすべての決断がアメリカ合衆国のような剛直で権威主義的な一国によってなされるような国際秩序を受け入れることができない。このような世界は不安定で紛争に満ちている。

㈢孤立のない世界：ロシアはどの国との対立も望まないし、世界で孤立する意図もない。われわれは世界のほかの国々との友好関係と同じように、欧州およびアメリカ合衆国との友好関係を可能な限り発展させていく。

㈣市民の保護：われわれは、彼らがどこにいようともわれわれの市民の生活と尊厳を守ることに疑いなく最大の優先順位をおいている。われわれはこの観点から外交政策も進めていく。われわれは、われわれの外国のビジネスコミュニティの利益も保護する。そして、もし何者かが攻撃的な侵略を行った場合、その反撃がありうるということは、誰の目からも明らかだ。

㈤影響圏：世界のほかの国々とまったく同様に、ロシアは、その特権的権益を持つ地域を所有している。これら地域には、われわれが伝統的に友好的で懇篤《こんとく》な関係を、歴史的に特別な関係を築いてきた国々がある。われわれはこれらの地域でとても注意深く行動し、これらの諸国、われわれの緊密な隣人たちと友好的な関係を発展させていく。

このドクトリンのなかできわめて重要なのは、「影響圏」についてのロシアの強い権益宣言である。ここから、とくに旧ソ連圏において自国の影響力を維持しようというロシアの強い覚悟が感じられる。「市民の保護」も重要だ。住民の九〇%以上がロシアのパスポートを所有しているアブハジア、南オセチアの「ロシア市民」を保護するロシアの意思、つまり未承認国家を自国の一部として保護していく意図を明白に示しているといえる。

このように未承認国家は、ロシアにとって、旧ソ連地域に対する強い影響力を維持するためにきわめて有益なものである。だが、ロシアは現実にアブハジアと南オセチアを主権国家として承認しており、この行動は、ロシアが未承認国家を維持しようとしているという説に矛盾する。だが、アメリカがコソヴォの独立を承認した事例について前述したのと同じロジックによってこのことも説明できるだろう。つまり新興「独立国家」、この場合はアブハジアと南オセチアは独立を承認してもらったことの負い目と、「国家」としてなんとか生き抜いていくために政治的、経済的、軍事的支援を受け続ける必要があることから、ロシアに従属せざるをえない。もちろん前述のように、未承認国家のなかにも、民主化が進んでいるという事実があり、とくにアブハジアなどはロシアに対して必ずしも政治的には従順ではないと考えられてきたが、軍事基地についてけ未承認国家サイドがむしろロシアのプレゼンスを歓迎してきたのが現実である。このように未承認国家ないし元未承認国家と帝国の軍事基地の関係は、かなり深いと言えるのである。

終章

未承認国家の向こう側

アポリアとしての未承認国家

これまで未承認国家について多面的に論じてきた。未承認国家を理解するには歴史的、民族的、政治・経済的な視点をはじめとした多くの側面からの分析や検討が必要であり、未承認国家といってもきわめて多様で十把一絡《じっぱひとから》げにまとめることができないことは間違いない。未承認国家にはそれぞれ大きな違いがあり、また進んでいく方向性も一方向ではなくさまざまなバリエーションがあり、「一つの解」は存在しない。

しかし確実にいえることは、やはりモンテヴィデオ議定書に象徴される主権国家システムがもはや限界となっていること、そして身勝手な帝国が国際秩序を自国の利益のために乱してきたこと、そうしたことが未承認国家問題の誕生や存続に大きな影響を与えてきたことであろう。

未承認国家は、外部に認められた主権がなくとも、内的に共有された主権があれば存続できる一方、国際的な承認を得ていない「国家」は特殊な存在形態をとらざるをえず、なんらかのコストを甘受し続け、発展にも制限を受ける。それにひとたび未承認国家となれば、それは簡単にやめられるものではなく、往々にして強制的ないし自主的な法的親国への統合へといたるケースが多い。独立および世界からの国家承認を得られるのは稀なケースで、多くの場合、未解決なまま状況が停滞する傾向がある。

ここで注意したいのは、承認を受けたことが即、未承認国家問題の解決にはならないということだ。本書でも述べてきたように、コソヴォなど、かなり多くの国から国家承認を得ているケースがあっても、真の独立にはまだ到達できておらず、また、仮に独立を果たせば、それに反対する国内・国外の勢力によりまた新たな不安定化が起こる可能性がきわめて高いのだ。この点については、筆者がインタビューをした、コソヴォと同じくユーゴスラヴィアを構成していたモンテネグロの研究者が「コソヴォが現実に独立をしたら新たな流血の惨事が起きる」と危惧していたことがかなりの真実みを持って感じられるのである。

他方、承認の有無にかかわらず、未承認国家は彼らの論理で存在理由があり、独自の「国家」運営をしている主体であり、受け身的に承認を待つだけの存在ではない。それでも、未承認国家も一枚岩であるとは限らず、住民はさまざまな意見を持っているが、仮に未承認国家であり続けることや独立に反対をしていても、明示的・暗示的脅迫などにより、自らの意思を押し殺している場合も少なくなさそうだ。

このように、解決が難しく、未承認国家側もその法的親国側も容易に解決案を応諾できない現状においては、実は、未承認国家はこのまま放置しておくのが括弧付き、ないし消極的に平和を維持するうえでの最善の道なのではないかという意見も実は少なくない。それに、未承認国家の関係国ですら現状維持を望んでいるケースが少なくない。たとえば、ナゴルノ・カラバフの民族的、歴史的親国であるアルメニアおよび法的親国であるアゼルバイジャンは、現状維持を望んでいると言ってよい。なぜなら、ナゴルノ・カラバフが独立すれば、アルメニア人が武力によって領土を奪いとったという負の歴史を残すことになり、オスマン・トルコによるアルメニア人大虐殺の記憶や、ナゴルノ・カラバフの被害者だとして世界に広めてきたイメージが崩れ、国際的に不利な立場に立たされる可能性があるからだ。他方、アゼルバイジャンにとっては、ナゴルノ・カラバフ紛争が解決しないほうが、国民の不満をアルメニアおよびアルメニア人に振り向けることができ、権威主義の維持に有効に利用できるという側面がある。第四章でも述べたが、実際に未承認国家の存在が関係アクターの利益になっていることは大方のケースで認められるのである。

だが、国際社会としては未承認国家問題の解決を急ぎたいところだ。なぜなら、未承認国家は国際法が適用できない無法地帯であり、危険な真空地帯になっているからだ。未承認国家内や未承認国家と法的親国との間の小競り合いや小規模な武力衝突は頻繁に起きており、毎年多くの死者が出ているだけでなく、二〇〇八年のグルジア紛争に見られるように、戦争に発展する可能性、ひいてはその戦争への周辺からの干渉による戦禍の拡大など、危険な要素を多くはらんでいる。

現在、万国が受け入れられる国境線は引かれていない。すなわち世界共通の地図が描けない状況だ。たとえば、アルメニアの地図にはナゴルノ・カラバフが自国内に描かれているが、一般的な地図ではアゼルバイジャンのなかに描かれている。クリミアをウクライナ領に残したままにするか、ロシア領に入れるのか、地図業者が二〇一四年夏現在、頭を悩ませているという。このように、共通の地図が描けなくなるという現象はすべての領土問題に言えることだ。

共同国家という解決策

このように未承認国家問題を平和裏に解決することはきわめて難しいが、第三者による和平の仲介の際に、頻繁に解決策の選択肢として出されるのが「共同国家（Common State）」である。かつて短期間ながら実現した経緯もあり、ここで共同国家について考えることは無意味ではないだろう。

共同国家という概念は日本ではあまりなじみがなく、想像できる人は少ないと思う。だが、この共同国家という概念は領土をめぐる紛争の解決や未承認国家の解決を考えるうえでは欠かせないものであり、それらの和平案では必ず出てくる提案であると言ってよい。実際には合意に達するのが難しいとはいえ、共同国家という新しい国家像は、複数ある和平案のなかでも有力視されてきた。このことを、ナゴルノ・カラバフ紛争とセルビア・モンテネグロの事例から考えてみよう。

ナゴルノ・カラバフの内戦停戦後、OSCEのミンスク・グループがナゴルノ・カラバフ紛争の和平の仲介を担ってきた。ミンスク・グループが設立されたのは一九九二年三月であり、アメリカ、フランス、ロシアが共同議長を務めてきた。ロシアはナゴルノ・カラバフ紛争の際にアルメニア人側に立って参戦し、紛争後もアルメニアに軍基地をおいて緊密な関係を築いてきた。アメリカとフランスにはアルメニア人ディアスポラが多く、ディアスポラは資金が潤沢なだけでなく、ロビー活動が活発なため、アルメニアを優遇するような法やアゼルバイジャンに対する経済制裁法を策定するなど、アメリカもフランスもアルメニア贔屓な側面があることを否定できない状況がある。アゼルバイジャンは「ミンスク・グループは中立ではなく、常にアルメニア側に有利な提案をしてきた」として常にミンスク・グループを批判してきた。アゼルバイジャンは、同じテュルク民族で兄国的存在のトルコや中立な仲介者であるとしてドイツを仲介メンバーとして希望してきたが、聞き入れられていない。とくにアルメニアとトルコの間に、アゼルバイジャンとアルメニアの関係悪化にも影響してきた歴史的緊張関係のあることが大きい。

それでも同グループは一九九七年以降、三つの和平案を提案してきた。

第一の和平案は、九七年七月一八日に出された「パッケージ・プラン」で、全問題を一度に解決することを目的とし、ナゴルノ・カラバフをアゼルバイジャン領内にとどめ、OSCEの平和維持軍がアルメニア軍の撤退、難民の帰還、当地とアルメニアとを結ぶラチン回廊の警備にあるというものである。

第二の和平案は、同年一二月二日に出された「二段階アプローチの和平案」で、①ナゴルノ・カラバフを除く全アゼルバイジャン地域からのアルメニア軍の撤退後、②アゼルバイジャンにおけるナゴルノ・カラバフの最終的なステータスについての交渉を行うというものであり、アゼルバイジャンは同案なら応じられるとしたが、アルメニア側が拒否した。当時のアルメニア大統領のレヴォン・テル゠ペトロスィアン大統領は、しだいに後者を受け入れる方向で譲歩しはじめたが、テル＝ペトロスィアン大統領の後任となったロベルト・コチャリャンをはじめとするアルメニアのナショナリストや強硬派により辞任に追い込まれた。

自治以上独立以下

第三の和平案が九八年一一月七日に出された「共同国家案」であり、その内容は、ナゴルノ・カラバフとアゼルバイジャンが「同等」のステイタス（地位・資格）で連邦を組むというものである。この場合、ナゴルノ・カラバフも外交権を所持することになる。この提案は、ナゴルノ・カラバフにとっては、アゼルバイジャンがずっと提示してきた同国内の「最高の自治獲得」よりはよいが、「独立」よりは劣ることになる。一方、アルメニア本国はナゴルノ・カラバフのアゼルバイジャンからの引き離しを非現実的だと考えるようになっており、同案の受け入れ可能性も皆無ではないだろうという分析が当時なされた。ところがアゼルバイジャンは同案に激しい怒りを表明し、再三にわたって同案の受け入れを拒否した。しかし、ロシアが考える最善の解決案も「共同国家」化だと言われてきたし、ベルギー・ブリュッセルの民間シンクタンクＣＥＰＳ（Center for European Policy Studies）を中心とした欧州主導のコーカサス地域を安定させるための試みである「コーカサス安定協定」プロジェクトも「共同国家」案を提案してきた。

なお、ＯＳＣＥ提案ではないが、一九九二年にアメリカ国務省高官（当時）のポール・ゴーブルによって練られ、何度か修正されてきた、いわゆる「ゴーブル・プラン」も、二〇〇〇年一月にアルメニア・アゼルバイジャン両大統領がダヴォスで会談した直後にリークされ、以後、有力な和平案として注目を浴びていた。この案はナゴルノ・カラバフの独立を前提に、ナゴルノ・カラバフとアルメニアを結ぶラチン回廊をアルメニアに割譲し、それと交換にアゼルバイジャンにはアゼルバイジャンの飛び地のナヒチェバン共和国と本土を結ぶアルメニアのメグリ地方を与えるというものである。この領土交換は、アゼルバイジャンにとって、本土と飛び地のみならず兄国トルコとも結ばれるという利点はあるものの、ナゴルノ・カラバフ紛争において完全に敗北したことを意味し、アルメニアにとっては、物資獲得の生命線であるイランとの国境を喪失することになるので、国民感情や経済的な要素を考えると相互にリスクが大きいと言わざるをえない。同案については、一時かなり実務的な交渉がなされたが、アルメニア側が最終的に受け入れを拒否したという。

ともあれ、ミンスク・グループによる三提案は、その大枠以外は公にされてこなかったが、二〇〇一年に事前通告なしにアゼルバイジャンは全提案を公表し、専門家なども交えて、それらの提案を国会の議論に付した。結果、すべての提案がアゼルバイジャンの国益に反するとして、国民の激しい怒りを呼び起こした。なかでも、ナゴルノ・カラバフが完全に国家としての形態を持つことを認める第三案に対してはとくに厳しい評価がなされ、ミンスク・グループへの失望感から、野党陣営や難民、軍人、若者などは、戦争を再開すべきだと主張しはじめるほどであった。

なお、ヘイダル・アリエフ大統領（当時）が本来公表するべきではなかった提案を突然公表した理由としては、紛争解決の遅れに対する国民の苛立ちが増すなか、なぜ自分が和平案を拒否してきたかを示すための自己防衛、長いこと新提案を出してこないミンスク・グループへの圧力、和平プロセスの活発化を背景にした国民の和平に対する意思の確認、自らの国内の政治闘争のためなどさまざまな可能性が想定された。

ともあれ、ナゴルノ・カラバフ紛争に限らず、紛争やその結果生まれた未承認国家の問題を解決するうえで、すべての関係するアクターが受け入れ可能で、中立的かつウィン・ウィンの和平案を策定することはきわめて難しい。そもそも中立的な仲介をすることすら難しいのだ。

民族共存を可能にする条件

一般論として、これまで、民族共存を可能にする条件を生むためにさまざまな議論がなされてきたが、細かい違いはあるにせよ、大まかには三つの潮流があると言ってよい。すなわち、連邦制を推進する立場、アメリカの政治学者ラリー・ダイアモンドに代表される中央集権体制の整備と民主化によって解決する研究、イギリスの開発経済学者アーサー・ルイスの処方箋、すなわち比例代表制、連立政府、連邦制の組み合わせが多民族共存を可能とするという議論を、一般的なモデルへと発展させたアメリカの政治学者のアーレンド・レイプハルトの「多極共存型民主主義

（Consociational Democracy）」の研究の三つである。

レイプハルトはコンソーシエーションという語に、連合、共同、提携という意味を付し、その概念を多民族・多人種の統合を図る政治制度として再定義した。その特徴は、社会が断片的であるが、政治エリートが相互に協調的なことによって、安定が保たれていることである。安定は適切な「パワー・シェアリング」によりもたらされるが、（一）大連合、（二）区画の自治、（三）比例制度、（四）相互拒否権、という構成要素が要件となる。エリートの協調を促進する条件は、①共通の外敵の存在、②サブカルチャー間の複合的なバランス・オブ・パワー、③意思決定装置が比較的緩く、流動性があること、である（Lijphart, 1977）。

ここでは、三潮流の研究に関する詳細を論じることは避けるが、三つの潮流に共通しているのは、当事者間の話し合いが成熟し、各当事者の法的・制度的地位を保証するシステムが実現されるような状況を模索していくことが前提とされているということだ。各潮流が重視しているポイントに差異はあるものの、究極的には連邦制のようなものが目指されていると言ってよいだろう。連邦制による解決の事例とされるオーストリアやスイス、カナダなどのケースはそのままレイプハルトの議論と重なる。また、ダイアモンドが主張する四つのメカニズム、すなわち、連邦制、資源や権力の比例配分、マイノリティの諸権利、連合による権力の分割と交代、という要素もレイプハルトの議論と大差はない。そこで、レイプハルトの議論をもとに、これまでの和平研究が多くの紛争に適用されなかった理由を考えてみよう。

民族問題が暴力化にいたらない例、つまり「多極共存型民主主義」が成功するのはどのような場合だろうか。レイプハルトはその失敗例としてキプロス、ナイジェリア、ウルグアイをあげ、成功例としてオランダ、ベルギー、スイス、オーストリアなどをあげている。レイプハルトのモデルは、少数者保護の観点に立っており、発展途上国の現実を加味したものではなく、成功例からも明らかなように、成功の前提に民主化ないし、民族間の一定の信頼関係（かつてのクリミアが好例）が必要となっており、通常は民主化の程度が著しく低い民族紛争を抱えた地域には適応できないという限界があったのだ。発展途上国では民族問題の解決は困難だという研究もある。

そこで注目を浴びるようになったのが「共同国家」案である。ナゴルノ・カラバフ紛争のみならず、そのほかのコーカサスの紛争やイスラエル・パレスチナ問題の和平案として提案され、旧ユーゴスラヴィアでは実際に採用されたのが「共同国家」案である。

グレーな和平案

ここで、アゼルバイジャンやグルジアが共同国家化を断固として拒否したにもかかわらず、ロシアが南コーカサスの紛争解決を「共同国家」化によって解決することを推進した点に注目したい。政策の名前は同じでも、ロシアの最終目的は、欧米が意図するものとは異なる。欧米は、主権の共有化によって紛争の種をなくし、南コーカサスの安定強化と地域の発展を促進して、ロシアの当地域に対する影響力を極力なくすことを目的としてきた。だが、ロシアが「共同国家」にこだわった理由に関し、アゼルバイジャンの政治アナリストは以下のように説明する。すなわち、アゼルバイジャンやグルジアが独自路線を追求し、軍の駐留にも反対してきたのに対し、分離主義勢力は親ロ的で、軍事的駐留も大歓迎している。そこで共同国家化が実現すれば、ロシアはグルジアやアゼルバイジャンの領土内に公然と軍隊を駐留させられるだけでなく、国家の意思決定についても分離主義勢力が中央と同等の権限を持っている以上、中央政府の政治決定を反故にすることで法的親国の政治までをも骨抜きにすることができるからだ、と。しかも、分離主義勢力とロシアの関係は不透明であり、実際は内政干渉であっても、欧米諸国からは非難を受けにくいだろうということもある。なお、南コーカサスではいまだに「共同国家」は成立していないが、第三章で述べたように、二〇〇八年のグルジア紛争をへて、グルジアの未承認国家を国家承認したことによりロシアは、法的親国の政治を骨抜きにすることはできなくなったものの、軍隊の駐留などの目的は果たせたことになる。

ともあれ、「共同国家」案が未承認国家問題の和平案としていまだに妥結の可能性があると考えられていることは間違いない。かつて民族共存を可能とする議論として力を持っていた「連邦」案は、強固な中央集権（ソ連、アメリカなど）もしくは高度な民主化（カナダ、オーストラリアなど）を必要とする。しかし、現時点で民族共存の模索をしている地域では、政治的混乱が激しく、その前提を満たしえないケースがほとんどである。

さらに、民族紛争はナショナリズムだけでは説明できず、経済社会状況、国際環境、歴史的変遷などさまざまなものが絡み合って発生し、激化していくものであるので、白黒はっきりさせた解決を導くことは不可能に近い。「勝者も敗者もない」（ロシアのプーチン大統領）ようなグレーな和平案として現在可能性が高いのは、やはり「共同国家」案であるが、共同国家という提案はさまざまなケースで出されながら、実際にそれが長期間にわたって成功した事例はないのが実情であった。

共同国家としてのセルビア・モンテネグロ

しかし、二〇〇一年に旧ユーゴスラヴィアの一部で共同国家案が実現した。ユーゴスラヴィアが解体したあと、多くの流血の惨事をへて連邦を構成した共和国が独立していくなか、セルビアとモンテネグロがユーゴスラヴィア連邦共和国（旧ユーゴスラヴィアと区別するために「新ユーゴスラヴィア」や「新ユーゴ連邦」などと呼ぶことが多い）を形成したのである。だが、新ユーゴ連邦には、モンテネグロとは民族構成が異なる、コソヴォとヴォイヴォディナの二つの自治州が含まれ、また連邦政府はセルビアが中心に運営していたためモンテネグロ側の不満が高まった。必然的に独立要求が起こり、その不安定要因を回避するため、モンテネグロの独立要求とセルビアの独立反対の立場との間に妥協点が見出せないかという発想から、二〇〇一年夏以降、たびたびその見直しが問われるようになり、バルカン地域の安定を強く望むEUの仲介もあって、ついに二〇〇二年三月一四日にセルビアとモンテネグロを「共同国家」として再編する協定（ソラナ合意）に調印がなされたのだ。それは「連邦でも国家連合でもない、オリジナルな解決策」と評価された。「共同国家」内のセルビアとモンテネグロの関係に関する原則協定の要旨は以下の通りである。

- 国名は「セルビア＝モンテネグロ（Srbija i Crna Gora）」とし、国連に一つの議席を持つ。
- 離脱は三年後から可。現ユーゴ連邦の国際法上の継承権は、セルビアが獲得する。
- 共同議会、大統領、閣僚会議、裁判所を設置し、省庁の一部はポドゴリツァに設置可。閣僚や在外公館など各ポストに関し、両共和国が平等となるよう数や輪番制などを加味。
- 共同議会は一院制、選挙を前提とするが選出方法は各共和国議会に委ねる。モンテネグロには実際の対セルビア人口比より優遇した議席枠を設けるほか、多数決による不利を防ぐような、なんらかの措置をとる。
- 大統領は共同議会により選出され、閣僚人事を選定。閣僚会議は外務、国防、対外経済関係、対内経済関係、人権・少数民族権の五省庁を設置。
- 国防の指令権は、共同国家大統領と両共和国大統領の三名からなる最高防衛評議会に付与。徴兵期間は原則的に出身共和国領内で任務につくことができる。

・経済に関し、両共和国間の共通市場が機能し、人間、物品、サービス、資本の移動の自由が保証されなければならない。両共和国間の現在の貿易・関税規定の差異は、規定をEUの基準に接近させる努力により解消を図る。EUはそれを支援、監督する。
・現連邦・両共和国議会での協定に関する討議と承認のあと、三サイドによる新憲法制定委員会を設置。新憲法草案は二〇〇二年六月末までに両共和国議会、現連邦議会で討議されたあと、批准を受ける。各共和国は新国家発足にともない、二〇〇二年末までに共和国憲法を改正する。

このセルビア・モンテネグロの共同国家はもはや連邦ではなく、完全に対等な共存体制である。このような体制は過去にも例がなかった。しかし、共通の管轄事項は司法・防衛・経済政策・金融政策に限られ、その連邦体制は緩やかなものとされた。実際、共同国家がスタートしたときに、モンテネグロは独自に通貨としてユーロの採用を決定していたのに対し、セルビアはディナールを通貨として存続させる方針を貫いた。三年間のテスト期間をへて、モンテネグロは独立を国民投票で問うことが決まっていた。

だが、その直後からモンテネグロではセルビアにとって厄介な動きがあった。二〇〇二年四月二二日のモンテネグロ議会選挙でモンテネグロ独立派が勝利したのだ。これによって、モンテネグロ人はセルビアと運命をともにするよりも独立を志向しているととらえられた。

予定の日程からはかなり遅れたものの、憲法委員会は二〇〇二年一二月にようやく新憲法案を起草し、二〇〇三年二月四日に、セルビアとモンテネグロ両共和国で構成された新ユーゴ連邦の上下両院は、「セルビア・モンテネグロ」の憲法草案をそれぞれ賛成多数で承認し、両院合同総会でミチュノビッチ下院議長が新ユーゴ連邦の消滅と「セルビア・モンテネグロ」という新連合発足を正式に宣言した。これにより、一九二九年に成立したユーゴスラヴィア王国以来、故チトー大統領が率いた社会主義政権時代をへて使われてきた歴史ある「ユーゴスラヴィア」という国家名称が消滅した。だが、共同国家の首都はユーゴスラヴィア時代と同じく、セルビアの首都であるベオグラードとされた。

国家機関を共同運営する

新憲法の主な内容は以下の通りである。共同国家をセルビアおよびモンテネグロ両共和国による緩やかな国家連合と規定し、外交、軍事などを共有し、大統領と一院制の議会(定数一二六)がおかれた。なお、議会議員の内訳は、九一名がセルビアから、三五名がモンテネグロからの選出とされたが、当時の人口比が、セルビアが約七五〇万人、モンテネグロが約六〇万人と約一二対一だったことを考えれば、かなりモンテネグロ側に配慮した配分となったことがわかる。

また、かつてユーゴスラヴィア大統領が国民の直接投票によって選出されていたのに対して、セルビア・モンテネグロ大統領は議会により選出されることとなり、ユーゴスラヴィア時代に存在した首相は廃止され、閣議の主宰も大統領の任務とされた。とはいえ、セルビア・モンテネグロ大統領の実権はほとんどなく、セルビアおよびモンテネグロそれぞれの大統領の権限のほうがずっと大きかった。このようなシステムはモンテネグロに既存のものであったため、とくに混乱はなかったのだが、セルビアではユーゴスラヴィア連邦共和国の最後の大統領であるヴォイスラヴ・コシュトニツァが、より大きな権限を求めて、セルビア大統領への鞍替えを狙って出馬するなどさまざまな混乱が生じた。

セルビアとモンテネグロが共同運営した省庁や国家機関は、国防軍、外務省はじめ五つだったが、モンテネグロが負担金の支払いを履行しなかったため、ほとんど機能しなかったと言われている。だが、軍に関しては、セルビア、モンテネグロがそれぞれ異なる指揮系統を有し、外交に関してもモンテネグロが独自の外交機関を有し、セルビアとモンテネグロとの国境において入国審査を行い、税関を設けるなど独自の外交を死守しようとしていたようだ。それでも、国連など国際機関では議席を共有した。

そして新憲法で重要だったのは、三年後に両共和国は独立の是非を問う国民投票を実施することができるという規定であった。このことはのちに大きな意味を持つ。さらに、一九九八〜九九年のコソヴォ紛争後に国連の暫定統治下におかれていたコソヴォ自治州については、新・共同国家に属すると明記された。また、コソヴォと同じくセルビアの自治州であるヴォイヴォディナ自治州も同共同国家に属することとなった。つまり構成体は新ユーゴ連邦と同じであった。

だが国家運営はスムーズとは言えなかった。コソヴォ問題の停滞や、ミロシェヴィッチ元大統領をはじめとした戦犯問題を抱えているうえに、憲法制定直後の二〇〇三年三月一二日には、セルビア首相ゾラン・ジンジッチが暗殺される事件も起きた。その事件に対し、共同国家政府はマフィアの一斉検挙を行い、一〇〇〇人以上が逮捕されるという展開となった。

国民はどう思っていたのか

それでは、共同国家について国民はどのような認識を持っていたのだろうか。時期と質問内容にずれがあるが、共同国家が設立された二〇〇二年にセルビアおよびモンテネグロで望ましい国家像などについての意識調査が行われた（図終－1～終－4）。

モンテネグロの結果から見る限り、モンテネグロの強い独立の意思は感じられない。セルビアと共同国家を構成し続ける選好と連邦を組む選好の二つを足し合わせれば、むしろ単独で独立するより、対等な立場でセルビアとともに歩んでいくことを望んでいる意見のほうが強いようだ。

だが、国家の重要な機能の一つである通貨については、セルビアと同化することに否定的な住民が多そうである。モンテネグロが用いていた通貨が、モンテネグロの単独通貨ではなく、欧州および世界への流通率が高いユーロであるということで、セルビアン・ディナールとの比較は単純

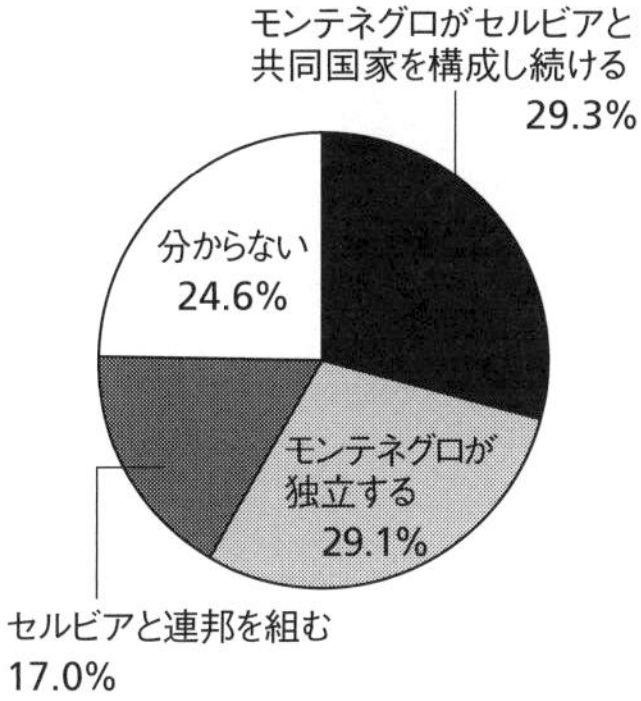

図終-1　3年後のモンテネグロ・セルビアの望ましい関係
（モンテネグロにおける意識調査、2002年9月実施）

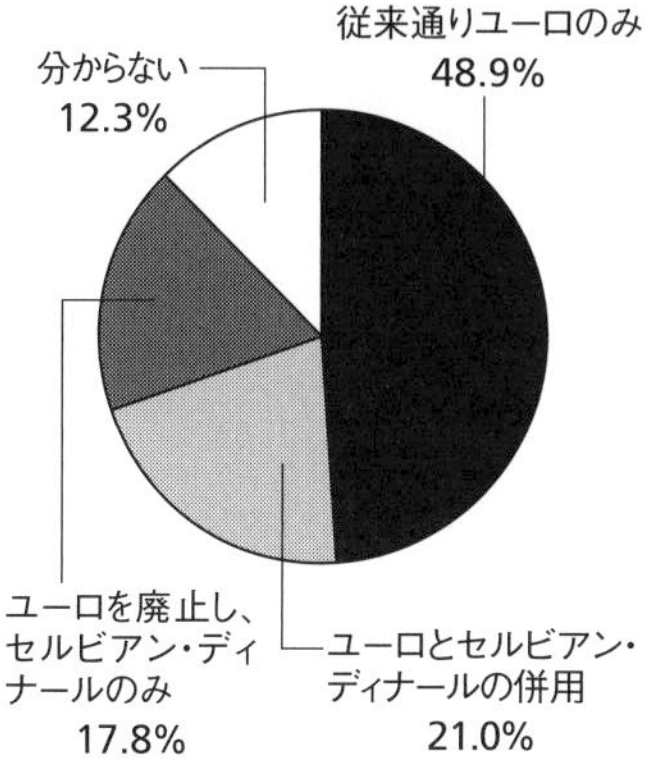

図終-2　共同国家におけるモンテネグロでの望ましい通貨システム
（モンテネグロにおける意識調査、2002年9月実施）

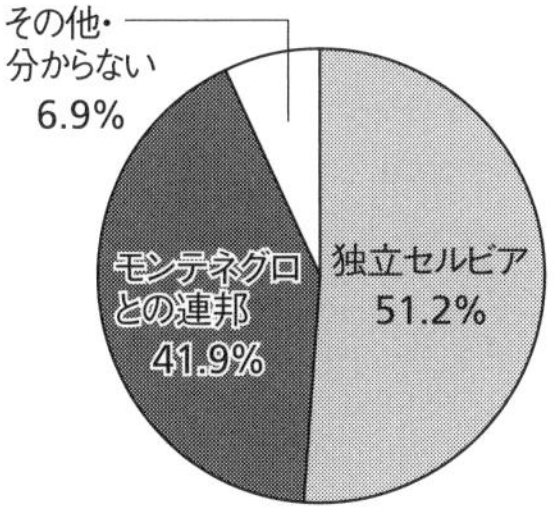

図終-3　セルビアの望ましい国家形態
（セルビアにおける意識調査、2002年3月実施）

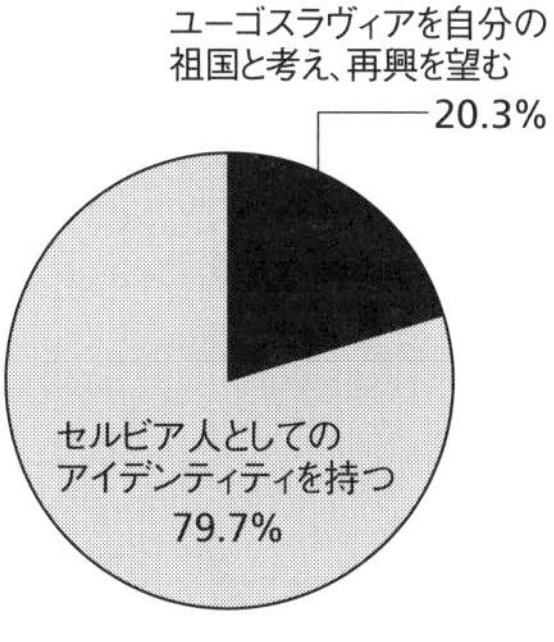

図終-4　セルビア人のアイデンティティ
（セルビアにおける意識調査、2002年3月実施）

にはできないかもしれないが、それでもセルビアへの従属には否定的な者が多いと考えてよいだろう。

次に、セルビアの結果を見てみよう。この結果を見ると、セルビアに対する強いアイデンティティを持つ者が多く、また独立セルビアを望む声も半数以上となっている一方、モンテネグロとの共同国家に対する支持もかなり高いと言える。共同国家において、いくら「対等」といっても、国家規模でのセルビアの優位は明らかであり、のちに共同国家が解体した際に、セルビア・モンテネグロの継承国家がセルビアとなったことからもわかるように、やはりセルビアに主導権があったと言ってよいだろう。これにより、セルビア人が優越感を保てたこともあるであろうが、セルビア側からすれば、一時的にせよユーゴスラヴィア解体後の混乱を平定するための実践的な折衷《せっちゅう》案だったと言えるのではなかろうか。セルビア人は、共同国家成立前の「名義上だけの新ユーゴ連邦とセルビア」という二重組織の存続にきわめて批判的であったと言われる。その意味では　セルビアにとっては小さな存在であるモンテネグロの帰趨は大きな問題ではなく、むしろなにより明確なアイデンティティを確保する、ということが急務だったと言えるように思われる。

このように、国民感情としては民族国家の独立を望む気持ちが大きかったとはいえ、平和裏に国際的に承認される形で国家建設ができる基盤が整えられた共同国家化は、セルビアおよびモンテネグロ両国民にとって受け入れられる解決だったであろう。

セルビア・モンテネグロはあくまでも一つの共同国家の事例に過ぎず、それを包括的な「共同国家」のひな形だと考えるのは無理がある。各地域の歴史や背景、状況に従い、ケースごとに綿密な議論が戦わされ、さまざまなタイプの共同国家が生まれうると言えるのではないだろうか。

共同国家の解体

セルビア・モンテネグロは、今後の紛争解決と民族の平和共存を可能にする方法としての「共同国家」の今後を見据えるうえでのテストケースとなると考えられていたにもかかわらず、結論としては短命に終わった。セルビア・モンテネグロの憲法で、創設から三年後に両共和国は独立の是非を問う国民投票を実施することができるという規定があったことは前述したが、結局それにより、モンテネグロは独立したからである。

二〇〇六年五月二一日に、モンテネグロでセルビアからの分離独立の可否を問う国民投票が実施された。当初、ＥＵは、「セルビア・モンテネグロ」でなければＥＵへの加盟を認めないという立場を取っていたが、その後立場を変え、モンテネグロの独立の条件を国民投票の「五〇％以上の投票率と五五％以上の賛成」というように緩和し、かつモンテネグロ単独のＥＵ加盟も同時に容認した。これを受け、独立支持派は「モンテネグロの独立こそがＥＵ加盟への早道」だという大キャンペーンを展開した。その結果、投票率八六・五％、賛成票五五・五％で、ＥＵが提示した条件を、投票率については大幅にクリアし、賛成票についてはまさにかろうじてクリアし、独立が決まったのである。

二〇〇六年六月三日夜（日本時間四日未明）に独立賛成派が国民投票の結果にもとづき独立を宣言し、一九一八年のセルビアとの併合以来、八八年ぶりに独立を回復することとなった。それにともない五日にはセルビア議会も独立およびセルビア・モンテネグロの継承を宣言して、モンテネグロの独立を追認した。こうして、第二次世界大戦後にスロヴェニア、クロアチア、ボスニア・ヘルツェゴヴィナ、セルビア、モンテネグロ、マケドニアの六共和国で構成されてきたユーゴスラヴィア連邦は完全に解体を見た。コソヴォ問題を抱えながらも、セルビアとモンテネグロはそれぞれ国際的に承認され、個別にEU加盟の道を歩みはじめることとなった。

だが、筆者が二〇一〇年にモンテネグロで行ったインタビュー調査では、共同国家解体に否定的な声もずいぶん聞かされた。否定的な意見を持っている人のうち、共同国家のみならず、ユーゴスラヴィアの解体そのものが欧米によって作為的になされたと述べている人が何人もいたことが印象的だった。理由を聞くと、冷戦終結後に生まれたセルビア悪玉論のずっと以前から、欧米にはセルビア脅威論が深く根付き、セルビアの勢力を弱めるためにEU加盟をちらつかせて、スロヴェニアとクロアチアに独立の機運を高めたことがユーゴスラヴィアの混乱の最大原因だというのである。モンテネグロとセルビアの分離についても、実際、国民投票では独立を望んだのは五五・五％と条件ぎりぎりの結果だったことから見て、モンテネグロ国民の半数近くは独立に反対であったことは明白だった。独立派はコソヴォ問題を抱えるセルビアと分離したほうが、EU

加盟が容易になるという主張をしていたが、セルビアとの共同国家維持派は、モンテネグロのような夏の観光しか経済的リソースがない小国は単独では経済発展も難しく、独立国家として発展していくことは非現実的だと考えていたのだ。

ユーゴスラヴィアへのノスタルジー

また筆者は、知識人をも含む数人の独立に批判的であった人々から欧米による陰謀論を聞いた。欧米がセルビアの力を完全に弱めるためにモンテネグロを独立させるべく画策したというのである。事前の意識調査で独立賛成派と独立反対派がほぼ拮抗していたため、国民投票で五五・五％以上の独立支持の票を確保するべく、モンテネグロ市民権を持つ在外アルバニア人を国民投票の際に連れてきて、独立に必要な賛成票を死守したというのだ。そしてそれこそが、きわめて僅差で独立が決まった理由だというのだ。筆者にはこの話の真偽はわからないが、複数の筋から同じ話を聞いたので、少なくともある一定のモンテネグロ人は信じている話だろう。真偽にかかわらず、そのような言説が、ある程度でも人々に共有されていること自体に大きな問題を感じる。なお、このような議論をする人々は、コソヴォ問題にもきわめて冷ややかで、バルカンの歴史を無視した欧米の干渉の結果であり、その「解決」はバルカンのさらなる混乱の幕開けになると話していた。

モンテネグロはEU加盟に向けて経済改革、民主化を進めており、「表向き」はそれらについてよいパフォーマンスを示しているが、現実は、きわめて厳しいという。政府は欧米向けのポーズをとるだけで、国民が本当に必要としていることを一切無視しているというのである。そして、旧ユーゴスラヴィアの平和については、かつてのユーゴスラヴィアのように民族と国境の間をなくし、再び一つになるしかないという意見が出たのがとても印象的だった。

このように考えると、各民族すべてが一枚岩的に独立を望んでいるとは言えなさそうだ。実際、旧ソ連の多くの共和国や旧ユーゴスラヴィアの別の共和国でも、ソ連やユーゴスラヴィアへのノスタルジーを頻繁に耳にする。ノスタルジーの理由は、社会主義に守られた安定した生活と大国の一員だったという誇りである。

民族国家から脱皮できるか

一九世紀に国民国家という幻想に取り憑かれた西洋は、第二次世界大戦後に民族問題に苛《さいな》まれるようになった。その解決策としてとられたのが、エスニック集団に対する文化・言語を中心とした自治の付与と欧州統合であった。

地域の政治的統合を進める一方で、少数民族の自治と文化・言語を尊重するという政策は、進歩的な政策として一九二〇年代の旧ソ連で実施されたものだった。しかし、それが問題をむしろ複雑化してしまった背景には、最上層に大ロシア主義をおき、中位に共和国基幹民族の民族主義、下位に自治地域の民族主義、さらに最下位に自治すら認められない少数民族の民族主義をおいた、スターリン統治下の民族のピラミッド構造もあるが、民族問題は事例ごとにさまざまな要因が複雑に絡み合って問題を深刻化させていることが多い。世界には、一つの民族が二つ以上の国家に分断されているケースや少数民族が弾圧されていると感じる状況が数多く存在する。この国家的・民族的「悲劇」を「民族自決」原則を尊重して解決するとすれば、人工的境界の確定と、有無を言わさない強制移住によらない限り不可能である。ソ連時代に国境の変更や民族の強制移住をたびたび行ったスターリンですらあえて行わなかったことであるが、仮になされていたとしても一時的な効果しか持ち得なかったであろうと思われる。真の解決は、民族国家、国民国家を捨て去ることによってしかなしえないのではないか。

これらの事情を鑑みれば、やはり「共同国家」は、一つの民族が共存しうる前提を整える制度として、今後も民族紛争の和平案などにおいて、その地域に見合った形に修整を施しつつ、考慮されるべきなのかもしれない。民族国家からの脱皮、これこそが今後の民族共存を可能にするためのキーワードなのであろう。

想定しうる六つのシナリオ

それでは、未承認国家問題の今後をどのように考えてゆけばよいのだろうか。少なくとも現実的なレベルで六つのシナリオがあると思われる。

リアリティの欠如

第一のシナリオは、先述した現状維持である。つまり、未承認国家が、法的親国と並立する形で未承認国家のまま存続し続けるというシナリオだ。決して望ましいシナリオではないにもかかわらず、現状を動かすことによって激動が生じることを避けられるという点において、現状維持を悪くないと考える論者も少なくないことはすでに述べた通りだ。二〇一四年三月のロシアによるクリミア編入問題も、アルメニア、ベラルーシなどを例外として世界のほとんどの国々はロシアへの編入を認めていないとはいえ、その「未承認編入」は、もはや既成事実化してしまっており、そうなると「現状維持」を目指す対象になったともいえる。

第二に、法的親国が武力行使に出て、強制的に未承認国家との統合を取り戻すというシナリオである。第一章の表1－1の結果で「強制的な親国への吸収」となっているようなケースがほぼこれに該当し、一見、政治的解決が難しい未承認国家問題を容易に解決したかのように見えるが、実際はかなりのコストを要するシナリオであることに留意したい。まず、そのような力による統合の回復は、自国内に不満分子を常に抱えることを意味する。それら不満分子が、いつまた反政権運動などを起こすかもしれず、統合したところで、法的親国政府の危機感は軽減されるどころか、増していく可能性が高い。さらに、武力行使には当然多くの死傷者がともなうため、法的親国に対する国際的な批判は免れない。また、その人的被害によって、当該未承認国家の住民はもちろん、兵隊の損失が多くなるであろう法的親国の住民からの批判や反発も必ず生じるからである。

第三のシナリオは、平和的・政治的に未承認国家が法的親国の主権内に戻り、再統合が実現するというものだ。第一章の表1－1の結果が「自主的に親国に統合」となっているようなケースだと言えるだろう。これはかなり望ましいパターンだと言えるだろう。だが、これが実現するには、法的親国が広範囲の自治など高いレベルの譲歩をして未承認国家側に歩み寄る必要がある。また未承認国家側にとっても、未承認国家であることに疲れたり、不利益を感じたりし、離れてみて実は法的親国の主権下にいることもそんなに悪くなかったのではないかと考え、法的親国に歩み寄ることが前提となる。法的親国は再統合後も、再統合前に交わした自治などの約束をちゃんと履行し続けなければ、再び当該未承認国家が分離独立の動きを起こす可能性があることを忘れるべきではない。

第四のシナリオは、法的親国の合意なしに未承認国家が国際的な承認を受けるというもので、コソヴォの例がまさしくあてはまるが、危険な先例となるであろうことは第三章で述べた通りである。法的親国の意向が無視されたうえにさらに、その領内の地域を諸外国が国家承認するということは、その法的親国の主権を侵害したことにほかならず、またそれはほかの未承認国家問題にもよからぬ影響を与えてしまうであろう。

第五のシナリオは、国家承認の問題はひとまずおいておいて、国際社会がその未承認国家と公的な関係を持っていくというものだ。これには、台湾やパレスチナのケースがあてはまるだろう。現状のコソヴォもこれにも相当する。ただ、法的親国にとっては決して望ましい状況ではないし、国家を国際関係の基本とする国際システムにおいても決して歓迎できる状況ではないだろう。だが、この状況により、当該未承認国家の住民の生活の安定度と幸福度が上がり、かつ関係を持った国際社会も利益を得られるのであれば、あながち悪い選択肢ではないと思われる。

第六のシナリオは、法的親国の同意をともなって未承認国家が国際社会に国家承認され、国家として独り立ちするケース、すなわち第一章の表1-1の結果が「独立」となっているようなケースである。もちろん、このケースですら未承認国家化する際などに武力対立があったわけで、多くの痛みがあったということを忘れるべきではない。また、このケースが成立するのはきわめて稀であることにも留意すべきだろう。主権国家にとって、領土はその存続の血肉であり、少しでも多く確保しておきたいものだ。それを自らの意思で手放すというのは相当の決心が要るものであり、法的親国がこのような決心をする場合、たいていは諸外国や国際機関からのかなり強い説得やときに脅迫や制裁などを受け、苦渋の選択を下したと考えるのが正しいだろう。第三章で述べたように、現在、EU加盟などをちらつかせてセルビアに対するさまざまな圧力がかけられている現状に鑑みれば、将来、コソヴォがこのカテゴリーに入ってくる可能性は大いに考えられる。

遠い解決への道

このように、シナリオは多くあるが、どれもあまりポジティブな感じがしないのは気のせいだろうか。未承認国家問題においては、まずは住民の人権と安定を保証することが一番優先されるべきであるが、それはシステムの温存につながる。また、すべてのシナリオにおいて、すべてのアクターがウィン・ウィンになるものはないように思われる。結論が出るのがかなり難しいうえに、それは妥協の産物でしかないからだろう。妥協はどのアクターにとっても本当に難しいことだ。未承認国家も単なる傀儡ではなく、それ自身も強い意思を持っており、パトロンの意向にすら従わないことも少なくない。未承認国家は帝国の利害関係と大きくかかわっているが、それでも帝国に動かされるだけの主体でもないのだ。とはいえ、未承認国家はなんらかの国際関係なしには存続しえないので、どうしてもパトロンに頼ることにはなるのだが。

未承認国家問題において真の問題解決を導くことはとても難しい。仮に解決を見たとしても、未承認国家に絡む問題で学習したことをその後の関係に活かせなければ、同じ過ちが繰り返される可能性も否めない。

本章の冒頭で述べたように、やはりモンテヴィデオ議定書に象徴される主権国家システムがもはや限界を迎えている。未承認国家問題を考えて行くうえでは、国家という枠組み、より具体的には主権や領土保全という概念にこだわっていては、閉塞状態に陥ると言える。たとえば、法的親国は未承認国家を違法な存在だとして、直接交渉のテーブルにつくことを避ける傾向があり、セルビアのように、よほどのアメ（セルビアの場合はＥＵ加盟）がなければ、なかなか直接交渉は成立しない。だが、そのように意固地になっていれば、今後の道筋は再度の武力衝突ないし戦争か、現状維持のどちらかにしかなり得ず、どちらの選択肢も決して望ましいものではないのではないか。限定的にでも、未承認国家を主体として認め、話し合うことがまず現状を脱する第一歩になり得るのではないだろうか。

未承認国家に生きる人々

同時に、未承認国家に住む人々を十把一絡げに色眼鏡で見たり、偏見をもったりするのをやめていただきたいと個人的に考えている。たしかに未承認国家という主体レベルで見れば、未承認国家はわれわれが住んでいるような確固たる主権国家とは違う異質な存在である。しかし、そこに住む人々はごくごく普通の人間だ。未承認国家が一枚岩ではないことは本書のなかでも述べてきたが、実際、その住人たちはさまざまな考えを持っている。しかも、未承認国家誕生の際にある一定の年齢以上の人は、未承認国家に住むことをある程度は選んだと言えるかもしれないが、二世、三世は生まれながらにして自分の意思とは無関係にそこに関連づけられた者でしかなく、未承認国家と精神を共有していない可能性も高いだろう。このように考えれば、未承認国家の住人が、「政府」などからの明示的・暗示的脅迫などによって自分の考え、意見を封じ込めている場合も少なくないだろう。

たとえば、筆者が現地調査を行った沿ドニエストルでは、人々にインタビューを試みても、誰もが明らかに自分の本心を隠していると感じた。インタビューをしても、皆同じような見解を示し、質問への答えはどうも歯切れが悪いものであった。筆者も、当地滞在中には、明らかに日本語のできるスパイがつけられていて、尾行や盗聴がなされ、調査の同行者などの会話もすべてチェックされていたと思われる。筆者らが話した日本語での会話内容を、ホテルの女性にロシア語で語っている男性がいたので、それはまず間違いないだろう。そのような体制では、当然、その住民も厳しい監視下におかれていると考えてよいだろう。このような状況では住民の本心を聞くことは難しい。でも、粘り強く話を聞いた若い女性の発言の行間を読むと、明らかに彼女は体制に反発する心を持ち、国外に出たいと考えているようだった。このように未承認国家に住む人々は、全員が過激なわけでもなく、全員が完全に洗脳されているわけでもなく、ごくごく一般的な人々なのである。

　未承認国家に関する研究はかなり進んできたとはいえ、残された課題は山積している。とくに未承認国家の研究を進めるうえでは、国際政治的アプローチだけでは限界があり、国際法をはじめとした学際的なアプローチを進めていくことが肝要だろう。そういう意味でも、これまでの国家観にとらわれず、学際的なアプローチでそれぞれの未承認国家の歴史や背景を押さえつつ、柔軟に対応策を考えていくことが重要なのは間違いない。細やかなケーススタディを通じて、さまざまな国々の多くの分野の専門家があらゆる視点から分析を行い、検討を積み上げていくことが必要となるだろう。

　未承認国家一つ一つは小さな主体であり、一見目立たないが、その今後の動向は、これからの国際政治システムのあり様にも影響しうるものなのだ。世界が未承認国家にもっと注目し、多少の必要悪があったとしても、より多くのアクターが受け入れられる、よりウィン・ウィンに近い未承認国家解決の望ましい前例、解決のひな形を作っていくことが望ましいだろう。

主要参考文献

未承認国家関係

北川誠一／前田弘毅／廣瀬陽子／吉村貴之編著『コーカサスを知るための60章』明石書店、二〇〇六年
富樫耕介『コーカサス――戦争と平和の狭間にある地域』東洋書店、二〇一二年
ナイーム、モイセス「マフィア国家の台頭――融合する政府と犯罪組織」『フォーリン・アフェアーズ・リポート』二〇一二年七月号
廣瀬陽子『旧ソ連地域と紛争――石油・民族・テロをめぐる地政学』慶應義塾大学出版会、二〇〇五年
廣瀬陽子『強権と不安の超大国・ロシア――旧ソ連諸国から見た「光と影」』光文社新書、二〇〇八年
廣瀬陽子「未承認国家と地域の安定化の課題――ナゴルノ・カラバフ紛争を事例に」『国際法外交雑誌』一〇四巻二号、二〇〇五年
廣瀬陽子「時の問題　ロシアによるクリミア編入――ロシアの論理と国際法」『法学教室』（No.406）二〇一四年七月号
前田弘毅『グルジア現代史』東洋書店、二〇〇九年
百瀬亮司「序文にかえて――旧ユーゴ研究をめぐる地域概念に関する一考察」柴宜弘監修、百瀬亮司編『旧ユーゴ研究の最前線』溪水社、二〇一二年
吉村貴之『アルメニア近現代史――民族自決の果てに』東洋書店、二〇〇九年
Bahcheli, Tozun., Barry Bartmann, Henry Srebrnik (ed.), *De Facto States*, London: Routledge, 2004.

Caspersen, Nina. "Playing the Recognition Games," *The International Spectator*, Vol.44 No.4, 2009.

Caspersen, Nina and Gareth Stansfield, *Unrecognized States in the International System*, Routledge, 2011.

Caspersen, Nina, *Unrecognized States*, Polity Press, 2012.

CEDEM: Center for Democracy and Human Rights, "Public opinion in Montenegro 2002," September 2002.

Deon Geldenhuys, *Contested States in World Politics*, New York: Palgrave Macmillan, 2009.

Eiki, B. and R. Toomla, "Form of Normalization in the Quest for De Facto Statehood," *The International Spectator*, Vol.44 No.4, December 2009.

Fabry, Mikulas, *Recognizing States: International Society and the Establishment of New States Since 1776*, Oxford: Oxford University Press, 2010.

Hirose, Yoko. "The Need for Standard Policies on State Recognition: The Case of the Russia-Georgia War, Georgia, and Azerbaijan From 2008 to Early 2012," *International Relations and Diplomacy*, January 2014, Vol. 2, No. 1.

Ian O'Flynn and David O. Russell (eds.), Donald Horowitz (Forwarded), *Power-Sharing: Institutional and Social Reform in Divided Society*, Pluto Press, 2005.

Ian S. Spears and Paul Kingston (eds), *State within States: Incipient Political Entities in the Post-Cold War Era*, New York: Palgrave Macmillan, 2004.

King, Charles, "The Benefits of Ethnic War: Understanding Eurasia's Unrecognized States" *World Politics*, Vol. 53, No. 4 (July 2001).

Kolstø, Pål, "The Sustainability and Future of Unrecognized Quasi-States," *Journal of Peace Research*, Vol.43, 2006.

Lynch, Dov, "Separatist states and post-Soviet conflict," *International Affairs*, Vol.78 No.4, 2002.

Lynch, Dov, "De Facto 'States' around the Black Sea," *European and Black Sea Studies*, Vol.7 No,3, 2007.
Pegg, Scott, *International Society and the De Facto State*, Aldershot: Ashgate, 1999.
Reinold, Theresa, *Sovereignty and the Responsibility to Protect: The Power of Norms and the Norms of the Powerful*, Routledge, 2012.

帝国論、国家・連邦論、民族問題、民主主義と紛争、国際政治

井上俊／上野千鶴子／大澤真幸／見田宗介／吉見俊哉編『民族・国家・エスニシティ』岩波書店、一九九六年
久保慶一『引き裂かれた国家――旧ユーゴ地域の民主化と民族問題』有信堂高文社、二〇〇三年
塩川伸明『多民族国家ソ連の興亡（Ⅰ）民族と言語』岩波書店、二〇〇四年
塩川伸明『多民族国家ソ連の興亡（Ⅱ）国家の構築と解体』岩波書店、二〇〇七年
塩川伸明『多民族国家ソ連の興亡（Ⅲ）ロシアの連邦制と民族問題』岩波書店、二〇〇七年
塩川伸明『民族とネイション――ナショナリズムという難問』岩波新書、二〇〇八年
ダンコース、エレーヌ・カレール、高橋武智訳『崩壊したソ連帝国――諸民族の反乱』藤原書店、一九九〇年
月村太郎『ユーゴ内戦――政治リーダーと民族主義』東京大学出版会、二〇〇六年
廣瀬陽子「グルジア紛争をどう捉えるか――旧ソ連地域における未承認国家の問題」『外交フォーラム』（No.246）二〇〇九年一月号
廣瀬陽子『ロシア　苦悩する大国、多極化する世界』アスキー・メディアワークス、二〇一一年

廣瀬陽子「「新冷戦」議論と米ロ関係改善の展望――グルジア紛争にみる両国対立と国内要因」『国際問題（焦点：オバマ新政権の危機対応戦略）』二〇〇九年三月号
藤原帰一『国際政治』放送大学教育振興会、二〇〇七年
松里公孝「クリミアの内政と政変（二〇〇九―二〇一四年）」『現代思想（特集：ロシア――帝政からソ連崩壊、そしてウクライナ危機の向こう側）』二〇一四年七月号、青土社
山内昌之『民族問題入門』中公文庫、一九九六年
山影進『対立と共存の国際理論――国民国家体系のゆくえ』東京大学出版会、一九九四年
ＡＦＰ「相次いで再燃した日本の領土問題、その背景を探る」（二〇一二年八月二二日）http://www.afpbb.com/article/politics/2896401/9390551
Anderson, Benedict. *Imagined Communities*, Verso, 1983 [1991, revised and extended edition]（ベネディクト・アンダーソン著、白石隆／白石さや訳『定本 想像の共同体――ナショナリズムの起源と流行』書籍工房早山、二〇〇七年）
Calder, Kent E. "Embattled Garrisons: Comparative Base Politics and American Globalism," Princeton University Press, 2007.
Carr, Edward Hallett. *Nationalism and after*, Macmillan & co., ltd, 1967（E・H・カー著、大窪愿二訳『ナショナリズムの発展』みすず書房、二〇〇六年）
Chomsky, Noam, *Hegemony or Survival: America's Quest for Global Dominance*（*American Empire Project*）, Holt Paperbacks, 2004.
Cooley, Alexander. *Base Politics: Democratic Change and the U.S. Military Overseas*, Cornell University Press, 2008.
Deutsch, Karl Wolfgang. *Nationalism and Social Communication: An Inquiry into the Foundations of*

Nationality, MIT Press, 1953.
Gaddis, John Lewis, "The Long Peace: Inquiries into the History of the Cold War," 1987.
Gellner, Ernest, "Nations and Nationalism," Cornell University, 2009（アーネスト・ゲルナー著、加藤節監訳『民族とナショナリズム』岩波書店、二〇〇〇年）
Gillem, Mark L. *America Town: Building the Outposts of Empire*, Univ. of Minnesota Press, 2007.
Glazer, Nathan and Daniel P. Moynihan eds., *Ethnicity: theory and experience*, Harvard University Press, 1975（N・グレーザー／D・P・モイニハン編、内山秀夫訳『民族とアイデンティティ』三嶺書房、一九八四年）
Hardt, Michael, Antonio Negri, *Empire*, Harvard UP, 2001.
Hobsbawm, Eric. *Nations and Nationalism since 1780*, Cambridge University Press 1990（E・J・ホブズボーム著、浜林正夫／庄司信／嶋田耕也訳『ナショナリズムの歴史と現在』大月書店、二〇〇一年）
Hobsbawm, Eric. and Terence Ranger eds. *The Invention of Tradition*, Canto, 1992（E・ホブズボウム／T・レンジャー編、前川啓治／梶原景昭ほか訳『創られた伝統』紀伊國屋書店、一九九二年）
Ignatieff, Michael, *Empire Lite: Nation-building in Bosnia, Kosovo, Afghanistan*, Vintage, 2003.
Kohn, Hans. Nationalism: Its Meaning & History, Van Nostrand, 1955.
Lijphart, Arend, Democracy in Plural Societies: *A Comparative Exploration*,（Yale University Press, 1977）（アーレンド・レイプハルト著、内山秀夫訳『多元社会のデモクラシー』三一書房、一九七九年）
Lutz, Catherine ed., *The Bases of Empire: The Global Struggle Against Us Military Posts*, Pluto Press, 2009.
Martin, Terry, *The Affirmative Action Empire: Nations and Nationalism in the Soviet Union 1923–1939*, Ithaca: Cornell UP, 2001.（テリー・マーチン著、半谷史郎監修、荒井幸康ほか訳『アファーマティヴ・アクションの帝国——ソ連の民族とナショナリズム、一九二三年〜一九三九年』明石書店、二〇一一年）

Reynolds, Paul P. "New Russian world order: the five principles," BCC, 1 September 2008.

Seton-Watson, Hugh. *Nations and States: An Enquiry Into the Origins of Nations and the Politics of Nationalism*, Methuen, 1977.

Shils, Edward. "Primordial, Personal, Sacred and Civil Ties: Some Particular Observations on the Relationships of Sociological Research and Theory," *The British Journal of Sociology*, Vol. 8, No. 2（Jun., 1957）.

Smith, D. Anthony. National Identity（Ethnonationalism in Comparative Perspective）, University of Nevada Press, 1991（アントニー・D・スミス著、高柳先男訳『ナショナリズムの生命力』晶文社、一九九八年）

Snyder, Jack, From Voting to Violence: Democratization and Nationalist Conflict, NY: W. W. Norton & Company, 2000.

Sunter, Daniel. "Serbia: Union with Montenegro Loses its Appeal," *IWPR'S Balkan Crisis Report*, No. 325, 20 March 2002.

Vine, David. "The Lily-Pad Strategy: How the Pentagon Is Quietly Transforming Its Overseas Base Empire and Creating a Dangerous New Way of War," *TomDispatch*, July 15, 2012（http://www.tomdispatch.com/archive/175568/）

Walter, Barbara F. and Jack Snyder, eds., Civil Wars, Insecurity, and Intervention, NY: Columbia University Press, 1999.

Иосиф, Сталин Виссарионович. "Марксизм и национальны й вопрос"（1913）（ヨシフ・スターリン「マルクス主義と民族問題」）

パレンティ、エンリコ＆ファツィ、トーマス監督『誰も知らない基地のこと（Standing Army）』【映画】イタリア・メダリオンメディア、二〇一〇年

あとがき

本書の執筆にあたり、筆者は、文献調査はもちろん、いくつかの未承認国家と未承認国家の法的親国ないし文化/歴史的母国、パトロンである諸国や機構にもできるだけ多く足を運んで未承認国家の調査を行った。具体的には、アゼルバイジャン、アルメニア、グルジア、モルドヴァ、セルビア、ボスニア・ヘルツェゴヴィナ、イスラエル、ウクライナ、ルーマニア、キプロス、トルコ、ギリシャ、ロシア、アメリカ、EU、OSCEである。かなりの年月をかけて調査を行ったにもかかわらず、いまだ多くのことがわからないし、今後の展開が読めないのが未承認国家だということを、執筆を通じて改めて認識した。

本書は未承認国家問題をより広い文脈で知っていただくことに第一義的な目的があり、政策提言や今後の展開の予想などを示しているわけではない。そういう意味では、本書は問題の大風呂敷を広げただけだとも言え、読者の方々にとっては消化不良な感覚が残るかもしれない。それは仕方のないことであろう。

アジアとアフリカでの直接の調査がまったくできなかったことが心残りであるが、近年生まれた未承認国家については、いくつかを実際に訪れ、情勢をつぶさに見ることができたことで、未承認国家がやっと具体的にとらえられてきた。本書でも述べたように、未承認国家はそれぞれに特徴があり、未承認国家であるからと言って一括りにすることはできない。一つ一つの事例を丁寧に追う必要がある。その一方で、そこに住む人々はごくごく普通の人間だ。未承認国家を訪問することは、法的親国の主権を侵害することになるため、安易にそれらへの訪問を勧めることは筆者にはできない。だが、コソヴォは査証なしで、まさに普通の欧州諸国に旅行するような感覚で「入国」が可能であるし、パレスチナ、北キプロスなどは観光客ですら簡単な手続きで「国境」越えが可能である（ただし、パレスチナの場合は、簡単に入れる場所は西岸のジェリコ、ベツレヘムなどの少数の観光地に限られる）。本書を通じて、未承認国家というものに関心を持たれた向きは、そのようなところを実際に訪問してみるのもよいかもしれない。なるべく工夫して未承認国家の姿を描いたつもりではあるが、それでも本書で未承認国家をリアルにイメージすることは難しいのではないかと懸念するからだ。

二〇一四年三月のロシアのクリミア編入は、短期間ながらこの未承認国家のロジックを用いた巧妙な外交的な技であり、それだけを見ても、今後の国際政治のカギを握るのは未承認国家だと言ってよいと思われる。また、公的にロシアによる編入を認める国家が少ない現状に鑑み、クリミアが未承認国家に準じる存在となっていく可能性も高いだろう。

加えて、本書脱稿時にまだ続いているウクライナ東部の混乱も、今後、未承認国家という結果に落ち着きかねないと筆者は密かに考えている。東部のドネツクとルガンスクの親ロシア派は二〇一四年三月半ば頃から市庁舎などを占拠し、独立を求めているが、武力衝突はどんどん過激となり、五月一一日には同二州が違法ながら「国家としての自立」を問う住民投票を行ったうえ、賛成多数として個別の共和国独立宣言をへて「人民共和国」を自称した。五月二四日には両「人民共和国」を統合して「共和国連合」を成立させる文書に署名し、「ノヴォロシア」を名乗っている。七月初旬現在、ウクライナ政府の優勢が続いているが、万一、東部の混乱をウクライナ政府が抑えることができず、主権が及ばない状況が二年も続けば、未承認国家の定義を満たす「国」がウクライナに誕生するかもしれないのである。

未承認国家は今後、国際政治において確実にアクターの一つとして存在感を強めていくはずであり、世界を分析するうえでの一つの重要な要素となっていくだろう。

このように国際政治の重要なアクターとなりつつあるにもかかわらず、実態がつかみづらい未承認国家であるが、本書を通じて、未承認国家に対する皆様の理解が少しでも深まれば嬉しい限りである。

本書の出版に際しては、NHK出版の石浜哲士氏にたいへんお世話になった。本書を執筆するにいたったのも、石浜氏が筆者に勧めて下さったからである。石浜氏からご連絡をいただいたのは、二〇〇八年夏で、グルジア紛争が起きた直後のことだった。石浜氏は拙著『コーカサス 国際政治の十字路』（集英社新書、二〇〇八年、二〇〇九年アジア太平洋賞特別賞受賞）をお読み下さり、同書でも少し取り上げていた未承認国家についての概説的な本を出してみないかとお声がけ下さったのだ。筆者一人ではこのような形で何かをまとめることはなかったように思うが、石浜氏のお誘いにより、地域研究を超えて、未承認国家を包括的に考える研究ができたことは筆者にとってもきわめて刺激的で幸運なことであった。しかし、お話をいただいたのは、息子の妊娠中で、二〇〇九年五月の出産以降は、育児と大学の仕事の両立すらままならない状態で、執筆に着手することがなかなかできなかった。だが、二〇一三年度に勤務先から一年間の留学の機会を与えていただき、アメリカ・ニューヨークのコロンビア大学ハリマン研究所の訪問研究員として研究をすることができたため、やっと本書の執筆を開始することができるようになった。六年近くものお時間をいただいてしまい、本当に申し訳なく思っているが、石浜氏は辛抱強く筆者におつきあい下さり、筆者の講演にもできうる限り足を運んで下さり、また筆者との議論の時間を繰り返し持って下さった。さらに編集の過程でも、素晴らしい編集手腕を見せて下さった。石浜氏なくして、本書の成立はありえなかった。さらに、NHK出版の五十嵐広美氏のご助力にも本当に助けられた。お二人に心より御礼申し上げたい。

また、現在の研究ができているのは、慶應義塾大学湘南藤沢キャンパスの同僚の皆様および職員の皆様、筆者が参加しているさまざまな学会、研究会や共同プロジェクトなどのメンバーの皆様などのご協力やアドバイスのお陰である。そして、学生の皆さんからの刺激も研究に大きな新鮮味を常に与えてくれる。すべての方々のお名前を記す紙幅はないが、心よりお礼申し上げたい。

そして、もちろん、筆者を支え、研究の継続に協力してくれる家族、親族にこの場を借りて心から感謝を申し上げたい。

最後に、本書は、①科学研究費・若手研究（B）「旧ソ連・東欧地域のEUへの接近・統合プロセスの総合的比較研究」（二〇〇七〜一〇年度）、②科学研究費・若手研究（B）「ポストウェストファリア体制の国家像の模索：欧州辺境の未承認国家の比較研究から」（二〇一二〜一五年度）、③福澤基金（二〇一三年度）、④慶應義塾大学学事振興資金「旧ソ連・東欧の平和構築と民主化の模索：比較政治と四レベル分析からの体系化の試み」（二〇一〇年度、二〇一一年度）、⑤慶應義塾大学学事振興資金「現代の領土問題と国際政治：国際法の矛盾と大国の論理」（二〇一四年度）、⑥財団法人JFE21世紀財団・アジア歴史研究助成「コーカサスの紛争を巡る歴史的背景の客観的事実と認識ギャップの比較研究」（二〇一一〜一二年度）、⑦公益法人野村財団・社会科学助成「未承認国家の総合的比較分析〜旧ユーゴスラヴィアと旧ソ連を事例に」（二〇一一〜一三年度）という多くの研究助成をいただいた研究の成果である。これらの研究助成金なしに、現地での調査をふまえた充実した研究はできなかった。ここに記し、心より御礼申し上げます。

廣瀬陽子（ひろせ・ようこ）
1972年、東京都生まれ。慶應義塾大学総合政策学部卒業、東京大学大学院法学政治学研究科修士課程修了、同博士課程単位取得退学。政策・メディア博士〔論文〕（慶應義塾大学）。現在、慶應義塾大学総合政策学部教授。専門は、国際政治、比較政治、旧ソ連（特にコーカサス）地域研究、紛争・平和研究。
著書：『旧ソ連地域と紛争～石油・民族・テロをめぐる地政学』（慶應義塾大学出版会）、『強権と不安の超大国・ロシア～旧ソ連諸国から見た「光と影」』（光文社新書）、『コーカサス～国際関係の十字路』（集英社新書、第21回アジア・太平洋賞特別賞）、『ロシア　苦悩する大国、多極化する世界』（アスキー新書）、『アゼルバイジャン～文明の十字路で躍動する「火の国」』（群像社）、『ロシアと中国　反米の戦略』（ちくま新書）、『ハイブリッド戦争～ロシアの新しい国家戦略』（講談社現代新書）など。

NHK BOOKS 1220

未承認国家と覇権なき世界

2014年 8 月25日　第 1 刷発行
2022年 5 月20日　第 2 刷発行

著　者　**廣瀬陽子**　©2014　Hirose Yoko
発行者　**土井成紀**
発行所　**NHK出版**
東京都渋谷区宇田川町41-1　郵便番号150-8081
電話 0570-009-321（問い合わせ）　0570-000-321（注文）
ホームページ　https://www.nhk-book.co.jp
振替　00110-1-49701
装幀者　**水戸部 功**
印　刷　**三秀舎・近代美術**
製　本　**藤田製本**

Printed in Japan　ISBN978-4-14-091220-1 C1331

NHK BOOKS

＊政治・法律

＊経済

※在庫品切れの際はご容赦下さい。

NHK BOOKS

*歴史(I)

※在庫品切れの際はご容赦下さい。

NHK BOOKS

＊社会

＊教育・心理・福祉

※在庫品切れの際はご容赦下さい。

NHK BOOKS

＊宗教・哲学・思想

※在庫品切れの際はご容赦下さい。

NHK BOOKS

＊自然科学

植物と人間―生物社会のバランス― 宮脇 昭
アニマル・セラピーとは何か 横山章光
免疫・「自己」と「非自己」の科学 多田富雄
生態系を蘇らせる 鷲谷いづみ
がんとこころのケア 明智龍男
快楽の脳科学―「いい気持ち」はどこから生まれるか― 廣中直行
物質をめぐる冒険―万有引力からホーキングまで― 竹内 薫
確率的発想法―数学を日常に活かす― 小島寛之
算数の発想―人間関係から宇宙の謎まで― 小島寛之
新版 日本人になった祖先たち―DNAが解明する多元的構造― 篠田謙一
交流する身体―〈ケア〉を捉えなおす― 西村ユミ
内臓感覚―脳と腸の不思議な関係― 福土 審
暴力はどこからきたか―人間性の起源を探る― 山極寿一
細胞の意思―〈自発性の源〉を見つめる― 団 まりな
寿命論―細胞から「生命」を考える― 高木由臣
太陽の科学―磁場から宇宙の謎に迫る― 柴田一成
形の生物学 本多久夫
ロボットという思想―脳と知能の謎に挑む― 浅田 稔
進化思考の世界―ヒトは森羅万象をどう体系化するか― 三中信宏
イカの心を探る―知の世界に生きる海の霊長類― 池田 譲
生元素とは何か―宇宙誕生から生物進化への137億年― 道端 齊
土壌汚染―フクシマの放射線物質のゆくえ― 中西友子
有性生殖論―「性」と「死」はなぜ生まれたのか― 高木由臣
自然・人類・文明 F・A・ハイエク／今西錦司
新版 稲作以前 佐々木高明
納豆の起源 横山 智
医学の近代史―苦闘の道のりをたどる― 森岡恭彦
生物の「安定」と「不安定」―生命のダイナミクスを探る― 浅島 誠
魚食の人類史―出アフリカから日本列島へ― 島 泰三
フクシマ 土壌汚染の10年―放射性セシウムはどこへ行ったのか― 中西友子

※在庫品切れの際はご容赦下さい。